第2部

新しい仕事に取り組む

第3部

心を掴み、人を動かす

第4部

人事評価を行う

第5部 成長し、さらに上を目指す

第6部

人としての総合力を高める

第7版に寄せて

本書は40年以上にわたり、50万人を超える読者に非常にポジティブな影響を与えてきた。その改訂という重大プロジェクトの一員として加われたことを誇りに思っている。本書との出会いは、AMACOMの出版部門が改訂第6版を出すにあたり、声をかけてくれたことだった。そして、この名著を読んだ私は4つの結論に至った。

第1に、本書は数多の新人マネジャーを支えてきた素晴らしい教科書である、ということ。第2に、本書を読めば、それまでのマネジメント経験の長短を問わず、必ずマネジメント能力を向上できる、ということだ。そして第3に、初版の著者ローレン・ベルカーと、共著者ゲーリー・トプチックとともに語らうことができたらどれほど楽しかったろう、と思った。2人のマネジメント哲学や人生観はとても共感できるものだったからだ。最後の4つ目は、この名著に手を加えるのは、相当に荷の重い挑戦になるだろう、ということだった。すでに輝いている宝石をさらに磨けと言われているように感じられた。

ローレンとゲーリーには会うことが叶わなかったが、そのことで私の責任感はむしろ強まった。2人の仕事を引き継ぎ、新しい視点も加えつつ、旧版の価値を損なわないよう尽力しようと誓った。私が本書を通じて役に立てたのであれば、それは、アイザック・ニュートンの言葉を借りるなら「巨人の肩に立つ」ことができたからである。

感謝を込めて

ジム・マコーミック

謝辞

私のキャリアを通じて出会ったすべてのマネジャーに感謝したい。卓越したスキルの持ち主から、お粗末な人までさまざまだったが、その一挙一動から学ぶことができた。光栄にもリーダーとして関われた部署のメンバー全員にも感謝を伝えたい。君たちは私にとって、喜びと学びの源だった。また、意欲的なマネジャーたちを教える機会を持てたことにも感謝している。彼らの学びへの熱意に拍手を送りたい。そして、本書の改訂という大仕事を託してくれた担当編集のエレン・カディン、本当にありがとう。最後に、本人以上に私のことを理解してくれているエージェントのマリアン・カリンチに感謝を伝えたい。

はじめに

本書を開いた時点で、あなたは周囲の人とは違う。自分のマネジメント能力を高めたいという意志の持ち主なのだ。プロとしてのスキルを磨き、部下の仕事人生を充実させられる力をつけたい、という意欲に賛辞を送りたい。本書は、そんなあなたの役に立つよう作られた一冊だ。

誰も後ろをついてこなければパレードを先導できないのと同様、率いるチームなしにはマネジメントは成立しない。

本書に一貫した信念は、「チームが機能すれば、個人でやるより優れた成果を出せる」というものだ。その信念のもと、本書はチームで執筆されている。著者3人は異なる時期にそれぞれのやり方で本書に取り組み、新任マネジャーや未来のマネジャー候補にとって最高のガイダンスを提供すべく奮闘した。

本書は、チームによる共同作業の成果である。本書で得られる視点やアドバイスを心に留めてチームで協力すれば、あなたの仕事も同様にうまくいくことだろう。

本書のアドバイスはすべて、２つの重要なメッセージを基軸に書かれている。「考え抜かれた行動」と「品格ある振る舞い」、この２つを守って後悔することはないはずだ。

第1部

マネジャーになるあなたへ

マネジメントという難しくも楽しい仕事の世界へようこそ。
できるマネジャーになるには、
人という非常に複雑なものの集まった組織を尊重し、
理解して、導くことが必要だ。
マネジメントは科学というよりむしろアートの要素が強いもので、
うまくできればこれほど達成感のある仕事はないだろう。

第1章

マネジャーになるまで

　管理職に登用されるまでのプロセスはさまざまだが、残念なことに、人材の見極めや登用の基準がきちんとしている企業は少ない。今の業務成績だけを見て選考するのも、よくあることだ。個人成績優秀者が必ずしもいいマネジャーになるわけではないのに、「今まで成功してきたんだから、今後もやれるだろう」という見通しで昇進させてしまっている。だが、マネジメント能力とは、個人として成果を上げるためのスキルとはまったく別のものだ。

　今まで輝かしい成績を収めていた優秀な従業員が、管理職として通用しないケースは、この「スキルの差」が原因だろう。マネジャーには、「一流の個人プレーヤーとしてのスキル」とは別種の能力が要求される。それが「人を動かす力」だ。いくらうまく仕事を動かせたとしても、人を動かせなければマネジャーとしては失格である。ひとりでうまく仕事を回すより、他の人を頼って仕事をしてもらうことが重要になる。チームとして最善になるよう俯瞰して考えるのがマネジャーの仕事なのだ。これは、こだわって職人的に仕事を進めればうまくいったプレーヤー時代とは大違いだ。

マネジャーになるというのは、職人から芸術家への転向に匹敵する大変身だといえる。マネジャーともなると、芸術家のようなニュアンスや考え方も大事になるわけで、とにかく、今までとはまったく違う観点が求められるのだ。

「マネジメントは誰でもできる」は間違い

管理職の育成については、よくできた研修制度を導入している企業から、お粗末なところまで幅がある。残念なのは、たいていが経験の長い現役管理職を対象にしている点だ。もちろん経験豊富なマネジャーも定期的にマネジメント技術やスタイルを学び直せたほうがいいけれど、研修の効果から考えれば、まずは管理職候補に挙がっている未経験者にこそ受講させたいところだ。というのも、着任後の仕事の失敗を予防できるだけでなく、候補者が「自分はリーダーに向いているか」を判断する機会として貴重だからだ。研修を通じて、候補者のマネジャー適性を事前に見極められるのは、本人だけでなく所属組織にとっても非常にありがたいことだ。

ところが、いまだに多くの企業では、管理職の育成が「出たとこ勝負」になっている。そもそもマネジメントのやり方は教えなくてもわかるものだ、と思われているらしい。そんなわけがない。組織の明暗を分けるのはマネジメントであるのに、なりゆき任せにされているのは大問題だ。昇進してもその後うまくいかず、以前の業務に戻りたがっている人を職場で見かけたことはないだろうか？　多くの企業でこうした不幸が起きているのは、管理職以外の昇進ルートが存在しないためだ。別の形で昇進・昇給が見込めるのなら管理職などやりたくなかった、マネジメントに不向きな人が管理職についてしまっている。

この「管理職に不向きな人が起用されてしまう問題」を、うまいやり方で解決した企業がある。マネジメント未経験の管理職候補生たちが受ける研修の一環として、管理職の仕事が体験できる一日ワークショップを開いたのだ。そこで参加者は、「マネジメントあるある」問題の数々に対処する。研修に先立って、企業から参加者にはこう伝えてある。「この研修を受けて、管理職を希望しないと判断した人は、あとで教えてください。これによる、管理職以外への昇進機会の減少や、現業務での昇給への悪影響は一切ありません」

ワークショップに参加した約5百名のうち、2割にあたる約百名が管理職を辞退した。マネジメントの「お試し体験」を通じて、それだけの人が「自分は管理職向きではない」と自覚し、一般従業員として引き続き貢献してくれることになったのだ。この話の示唆するところは大きい。管理職に登用される人のうち2割は、本当はなりたくないのだが、昇進を断ればキャリアが行き止まりだと考えて（実際そうなることが多い）、仕方なく受諾しているわけだ。

「何でも自分でできる人」がダメな理由

何でも自分でやったほうが仕事はうまくいく、と考えるタイプの人がいるが、こういう姿勢では、リーダーやマネジャーとしてはうまくいかない。仕事を割り振って部下に任せるのが下手では管理職は失格だ。この手の人は、周りから「誰でもできるつまらない業務しか割り振ってくれず、やりがいのある仕事は独り占めしている」と思われている。それで夜も週末もかまわず働き、仕事を家に持ち帰って忙しくしているのだ。残業すること自体が問題なのではない。定時外に仕事を進めなければならない状況はよくある。ただ、こうした働き方が身についてしまっているマネジャーは困り物だ。部下を信頼できないから、重要な仕事を任せられず、結果、自分で抱え込んでいるのだから。これは、部下を育成する能力の不足でしかない。

こうした管理職の下では従業員の離職も起こりがちだ。「何でも自分でできる人」が思っている以上に部下には能力があるもので、つまらない仕事ばかりやらされると嫌になってしまうのだ。

職場にも「何でも自分でできる人」がいるだろう。それが上司なら大問題だ。こういう人の部下になると、なかなか昇進できないからだ。大事な仕事を何も任せてくれない、という自分ではどうしようもない状況に置かれてしまい、実力を発揮できる機会が回ってこない。

しかもこのタイプの上司が、部下の昇進を推薦してくれることはまず望めない。「仕事を全部、自分がやらなくてはならないのは、部下が引き受けてくれないからだ」と思い込んでおり、部下に仕事を任せられない自分に問題があるとは絶対に考えない。自身の行動の癖を認められないために、「何でも自分でできる人」はますます厄介になってしまう。

「そういえば部下に小さい仕事しか割り振れていないな」と気づけたなら、立ち止まって、自分のマネジメントのやり方を見直してみよう。

「何でも自分でできる人」にありがちな特徴として、なかなか休暇を取らないことがある。「自分がいないと職場が回らない」と思い込んでいるため、この手の人は長期休暇を取ろうとしない。休暇前には、「自分が戻るまでこの仕事には手をつけないように」と細かく指示しがちだ。さらには休み中でも、仕事で何かあればメールや電話で報告するよう部下に命じる。それでいて、家族や友人には「ほんの数日すら仕事から解放してもらえないんだ」などと愚痴をこぼすのだ。自分が重要な人材だと感じていたいから、わざとこういう状況になるよう仕向けているとは決して明かさない。

このタイプの管理職は、退職とともに仕事に打ち込む充足感を失い、「替えのきかない大事な人」としての自尊心も崩れて生きがいを失うためか、その後の人生が楽しくなさそうな人も多い。

経営者・上司とのコネで昇進した場合

世の中には、「偉い人」とコネがあるとか、上司と親しいという理由でリーダーに選ばれる人もいる。この手の企業で働いていないなら、自分を幸運だと思ったほうがいい。もし経営者とコネがあったとしても、こうした立場で責任ある役職を務めるのは非常に難しいのだ。確かに威光はあるだろうが、今どきの職場は独裁制ではないので、偉い人から特別扱いされているというだけでは、部下はあなたに尽くしてくれない。

むしろ、もし自分が経営者の家族や友人であれば、本気で実力を証明しなければならない。同僚は「コネのない人より有利なんだから、成果を出して当然だ」と考えて、勝手に期待値を上げてくるため、その高いハードルを越えなくてはならなくなる。世の中、そういうものなのだから仕方がない。立場上、部下は表面的には敬ってくれるだろうが、内心でどう思っているのかは別問題だ。心地よいことをいくら言ってくれようとも、本音は行動に表れるものだ。

優良な組織であれば、細かい知識の有無でマネジメント人材を選ばず、リーダーとしての資質に光るものがあるかで判断される。これは、自分で磨いていくしかない。

リーダーシップを定義するのは難しいが、リーダーとは、進むべき方向を人々に指し示し、いつも適切な判断をすることで尊敬を勝ち得ている人のことだ。合理的な判断を重ねて、妥当な意思決定をする能力を磨いてゆく中で、リーダーとしての特性が身についていく。そうして、自らの意思決定に確信を持てるようになり、難しい決定もひるまずできるようになるのだ。

リーダーとは未来を見通し、自分の意思決定による結果をはっきりと思い描ける人のことだ。個人的な感情を脇に置いて、事実に基づく意思決定ができなければならない。これは、感情という人間的な側面を無視することとは違う。事実は事実として扱い、事実については人の感情に左右されないことだ。

自分の決定によって生じる感情的な反応に鈍くていいわけではなく、それに惑わされて意思決定を歪めないことが重要だ。マネジャーとして選ばれるにはさまざまな理由があるが、あなたが適切な理由で選ばれているならば、自分の部下となる人たちから受け入れられるのは、そう難しいことではないはずだ。

第2章

管理職としてのスタート

マネジャーになって最初の1週間は、控えめに言っても「普通じゃない」だろう。人間行動学の学生が驚くような発見に満ちているはずだ。

まずは慌てない

あなたの昇進を誰もが歓迎しているわけではない。同僚の中には「自分のほうが適任だったのに」と思っている人もいるだろう。役職を妬んで、内心「失敗すればいいのに」と考えている人もいるかもしれない。

逆に、職場の「イエスマン（男女問わず）」たちは、いきなり取り入ろうとしてくるだろう。選ばれしあなたは、彼らにとって「成功への切符」だからだ。その思惑がすべて悪いとは言いきれないが、急に擦り寄ってくるのは気持ちのよいものではない。

いきなり試してくる人もいる。「答えられますか？」と質問をぶつけてくるのだ。答えがわからない場合に、それを認められる器があるのか、知ったかぶりをする人なのか、あなたを試しているわけだ。恥をかかせたいだけのために、絶対にわからないような質問をする人さえいるだろう。

それ以外の多くの人は（大多数でありますように）、まずは様子見の態度を取ってくるだろう。実際に動いて結果が出るまでは褒めも貶《けな》しもしない。この態度はまともで、ありがたいものだ。

当初は前任者と比較される。前任者がダメ上司だった場合には、普通にやっているだけで高評価を得やすい。一方、優秀な人の後任となった場合には、適応するのがなかなか厳しい。

ひどい前任者から引き継いだ場合には、「同じようにやればいいや」と慢心せず、前任者の能力不足のせいで山積みになった課題のことを考えよう。このせいで前任者は役職を失ったのだ。これは大変だが、頑張れば成果を出しやすい状況だ。逆に前任者が優秀だった場合は、さらに昇進の期待できるポストだともいえる。いずれにせよ、あなたはやりがいのあるポジションに着いたわけだ。

着任に際しては、「運用に関わる変更はすぐにやらない」と決めておこう（もちろん、深刻な状況では、早急な変革を経営陣から求められて着任することもあるが、その場合には役員から説明があるはずだ）。まずは慌てないこと。たいていの人にとって変化は脅威であり、意識的にでも無意識にでも、とにかく抗ってしまうものだ。急激な変化は恐怖を呼び起こすため、結果としてうまく進まず、目指した成果を達成しづらい。

着任直後に限らず、何かを変える必要がある際には、その内容と理由について、できるだけ丁寧に説明しよう。変化自体も恐怖だが、変化を知らされていないことは、より大きな障壁になる。詳細のすべてを開示せよと言っているわけではない。開示すべきこと、しないことを判断するのもマネジャーの仕事だ。とはいえ、できるだけ情報を共有しておいたほうが、人間の本性である変化への抵抗を、チームとして克服しやすいのは確かだ。

常にそうだが、何かを変えようとするときには特に、部下の質問にはできるだけ率直に答えるようにしたい。着任直後であれば、「わからない」と言うのを恐れる必要はない。部下だって、あなたが何でも知っているとは思っていない。信頼していいのか確かめているだけかもしれない。わからない質問に対して、答えをでっち上げるのは論外だ。信用や信頼が一気に損なわれてしまう。

性急な変更は反発を受けやすい。部下は不安になるし、前任者にとっては無礼で傲慢な態度に映るだろう。マネジャーになりたての人は、手に入れた権限をフル活用しなければ、と焦りがちだが、それでは仕事人生は難しくなる。「落ち着け」と自分に言い聞かせよう。あなたは上司として「お試し期間中」であり、部下を試していい立場ではないのだ。

ここで、自身の態度に関する重要な指摘をしておこう。新任の管理職の多くは、上長とのコミュニケーションはうまくやれるが、直属の部下とうまくいかないようだ。だが、自分の将来に影響が大きいのは、上司よりも直属の部下のほうである。今後、あなたの人事評価は、部署の業績――あなたのチームがどれだけうまく機能しているか――で決まるのだから、あなたのキャリアにとって最重要なのは、直属の部下たちである。

意外にも、あなたの今後の昇進については、社長よりも部下の影響が大きい。この豆知識は常に明白であるにもかかわらず、新任マネジャーは上長とのコミュニケーションの準備にばかり時間を使いがちで、自身のキャリアを実際に左右する部下を軽視しがちである。

新しい職権を振りかざさない

権威や権限の扱い方をしくじるのは、新任マネジャーにありがちな失敗だ。マネジメントについて学ばず、いきなり管理職になって、自力で何とかしなくてはならない場合は特にそうだ。「管理職という肩書きを手にしたからには、その権威を使わなくてはならない」という勘違いから、権威を振りかざして使い倒そうとするのは、新任マネジャーにありがちな最大の間違いだと言えよう。

新しい役職に伴う権威については、「数量限定の在庫」だと考えておきたい。使わずにとっておけば、本当に必要なときに大量に使えるわけだ。

新任のマネジャーが、偉そうに命令や指示を出すのは、出だしからまずい状況だ。じかに批判が聞こえなくても、たいてい陰では、「やれやれ、権力に酔ってるよね」、「肩書きのせいで、つけ上がってる」、「昇進してから自分大好きって感じで困る」などと言われている。こういう評判が出ないようにしたい。

権威を使わずしまっておくと、本当に必要な事態では、強い効果を発揮できる。周囲が見慣れていないからだ。部下はあなたが上司だとわかっているし、あなたからの依頼には権限が伴うとも理解している。わざわざ権威を振りかざす必要はないはずだ。

芸術の世界には、「控えめな表現」という技法がある。あえて言葉にせず、言外に重要なことを伝えるテクニックだ。権威を使う際も同様だ。依頼という形で指示をするのはマネジメント上の「控えめな表現」である。依頼してもきちんと返答が来ない場合には、いつでもはっきり依頼の意味を伝えるなり、ちょっと権威のニュアンスを足すなりできる。一方で、仕事を進めるのにいちいち偉そうに振る舞って、部下の反応を見て「やりすぎた」と気づいてからでは遅い。権威を振りかざさずに部下を動かすことは、もう難しい。

要するに、地位があるからといって権力を振りかざす必要はないのだ。穏やかに部下と接していれば、部下から悪い印象を持たれずに済む。一度悪いイメージができると、あとで消すのはほぼ無理なので、この点でも非常に重要である。

個別に話す機会を持つ

着任後2カ月以内に、自分の監督範囲にあるメンバー全員と個人面談をしておくとよい。ただし、着任1週目からいきなりやるのは得策ではない。上司としてのあなたの存在に慣れてもらう機会を、まずは与えておきたい。個別面談が拙速すぎると、部下が委縮したり、緊張したりする恐れがある。面談の際には、個室に呼ぶなり、ランチや社外でのお茶に誘うなりして、部下がのびのびと思いを話せる状況を作ろう。あなたは必要以上に話さないこと。この面談は、あなたが部下に何かを伝える場ではない。今後、相手が相談しやすいよう回線を開いておくのが目的だ（自分が話すより、相手にたくさん話させたほうが「会話の名手」だと評価してもらいやすい、というのは有名な話だ）。

部下の個人的な問題も大切だが、面談の話題は仕事関係に限定しておいたほうがいい。この境界線を引くのが難しいこともある。家庭の事情こそが最大の問題だという部下もいるからだ。それでも、個人的なアドバイスはしないように。あなたは上司になったのであって、人生の問題解決のプロではない。ただ話を聴こう。誰かに話を聴いてもらいたいだけのことも多いものだ。

「メールや電話でも十分でしょう？」とは考えないように。論外だ。対面とはコミュニケーションの質に大きな差があり、望むような関係性の構築は難しい。部下が遠隔地にいる場合には、最初の2カ月以内に対面の面談ができず、オンラインでのコミュニケーションになってしまうかもしれない。その場合も「できるだけ早く対面で話せる機会を作るよ」と伝えておくこと。

部下を理解しよう

部下との個別面談の目的は、相手が今後、あなたとコミュニケーションしやすいよう、接点を作っておくことだ。部下の関心ごとに心から興味を示し、一人ひとりのキャリア上の目標や野心を理解することも大切だ。そのためにも、部下の価値観や考え方が引き出せるような質問をしよう。うわべの関心を装うのではなく、部下が楽しく健やかに働けるよう、本気で考えよう。

部下の個人的な関心や目標を理解するのは、双方にメリットがある。部下自身の夢や目標を実現できるようサポートすることで、部下の生産性は上がるはずだ。「目標に向かって前進できている」と部下に実感させられれば、非常に効果的だ。

というわけで、着任後の面談の目的は、「上司は部下一人ひとりのことを真剣に考えて、目標を実現できるようサポートしてくれる」と部下にわかってもらうことだ。仕事上の問題解決に向けて、できる限りのサポートをする姿勢を伝えよう。部下が安心してあなたと仕事ができる基礎を築いておくのだ。ちょっとした問題や違和感について話し合える関係ができていれば、深刻な問題は起こりづらい。

マネジャーになって数カ月もしないうちに、自分の技術的なスキルは、人間力に比べれば、さして重要ではないと気づくだろう。マネジャーとしての課題の大半は技術関連ではなく人にまつわることで、技術系の専門職でもない限り、技術面で完璧でなくても人間力でやっていけると気づくはずだ。逆に、技術面では非常に優秀でも人間力が欠如している場合には、マネジメントは難しいはずだ。

友人が部下になっても特別扱いしない

友人が部下になった場合、友情関係をどうすればいいか、というのは新米マネジャーが直面しがちな問題だ。「仲のよい同期が自分の部下になったのだけど、友達のままでいられるだろうか」というケースが典型だが、これは難しい状況で、完璧な正解はない。

昇進したからといって友人関係をやめる必要はない。だが、友人関係のせいで、自分や友人の業績が悪くなってもお互い困るだろう。

友情のせいでマネジメント業務に支障が出ないよう対処が必要だ。その友情が本物なら、あなたの抱えるジレンマを相手も理解してくれるはずだ。

以前からの友人が部下になった場合も、上司として他の部下とまったく同じ対応をしなくてはならない。特別扱いをしないのはもちろんだが、贔屓していないのをアピールしようと、友人に厳しく当たってしまうのもNGだ。

たとえ友達関係が続いていても、仕事上の接し方は以前と変えなくてはならない。新人マネジャーとしては、友人関係の有無にかかわらず、「この上司は部下とこんなふうに仕事する」という印象を確立しておくべきだ。すべての部下に対して、同じ業績基準、行動基準を適用し、等しく結果責任を取らせるべきなのだ。それに、自分は単に友人として接しているつもりでも、周囲からは特別扱いだと思われやすいことも忘れずにいよう。

友人を、秘密の相談ができる「腹心の部下」にしたくなるものだが、「お気に入りの人を特別扱いしている」と誤解されやすいので避けたい。特別扱いはご法度だ。「腹心」の存在が切実に必要であれば、別部署や別部門で自分と同等の役職にあるマネジャーを選ぶのが無難だ。

元同僚・現部下の友人については、別部署への異動について話し合うことも一案だ。いくら特別扱いをしないよう厳しく自分を律していても、徹底するのは難しいため、双方にとって、直属の上司と部下の関係でないに越したことはない。立場や役割のせいで、本当に大切な友情が危機にあるのなら、友人には異動してもらうのが最良の解決策かもしれない。

組織の編成は慎重に

着任後しばらく経つと、部署内の編成を変えたほうがよさそうだ、と考えたくなるだろう。だが、部下一人ひとりについて、その役割も含めて熟知しているのでない限り、組織の改編には慎重になるべきだ。組織の再構築、すなわちリストラは、関係者全員にとって強いストレスになる。回数は少なく、やるときにはうまく決めたい。組織編成の欠陥を修正するのは、やろうと思えばいつでもできるが、「手始めに組織改編をやってみたら失敗しました」というのだけは避けたい。

部署内での報告・連絡の体制を検討する際には、直属の部下の人数に注意しよう。これは「管理範囲」と呼ばれ、1人の管理者が有効に管理できる部下の数を指す。この数十年でIT技術の進化もあり、組織図の縦の階層が少なく、横に広い組織が構成されるようになった。こうした組織構造の「フラット化」には多くの利点がある。うまくやれば、コミュニケーション効率は改善し、よい意思決定ができるようになる。ただし何事にもバランスが重要であり、フラットな組織を作る際も同様である。

経験の浅いマネジャーは管理範囲を広げすぎて失敗しがちだ。やりたくなるのは無理もない。ほとんどの部下は、あなたの直属の部下になりたいだろう。そのほうが最終的な意思決定者ともつながりやすくなるし、部署内で一定の地位も築けるからだ。問題は、1人のマネジャーが持てる直属の部下の数は限られていることだ。マネジャーが直属の部下を抱えすぎると、飛び入り自由の混乱状態が起こる。毎朝、自分の席には相談の大行列ができ、メールの受信ボックスには大量のメールが届く。まる一日が、直属の部下からの質問や相談への対応で終わってしまう。「方向性をどうしましょう?」、「決断をお願いします」といった要求すべてに即答できるはずもなく、そのせいで自分の仕事が遅れていく。長期的な計画を考える時間はほとんどなくなる。管理範囲の広げすぎは、失敗に直結する。

では、自分にとって適正な管理範囲はどのくらいだろう? いくつかの事項を考慮して判断すべきだ。まず、部下との物理的な距離である。自分と同じ施設内にいるのであれば、少し多めの部下でも管理できるだろう。顔を合わせてコミュニケーションしやすいためだ。また、部下の経験値によっても違う。業務実績の豊富な部下であれば、それほど時間を取られないだろう。新人や異動してきたばかりの人、兼務が増えたばかりの人が部下であれば、しばらくは時間を取られそうだ。

目安として、週1回、個別のミーティングを設定できる人数を、直属で持つ部下の数の上限としておこう。実際に1対1で顔を付き合わせてのミーティングができる人数だ。オンラインでの打ち合わせになることもあろうが、必ず1対1でなければならない。複数の部下が集まる会議はこれに含まない。直属の部下との定例以外にも、マネジャーの仕事はたくさんあるので、最大で5人くらいに絞っておくのが賢明だ。そうすれば、1営業日あたり1件の個別定例をする勘定になる。

部下との個別定例は毎週、欠かさないよう気をつけること。マネジメントを効率的に行う上で、この業務は必須である。毎週顔をつきあわせて話すとわかっていれば、部下も翌週のミーティングまでに相談事項をまとめておこうとするだろう。廊下ですれ違った際や、空港からの電話、メールやLINEで逐一相談されるよりも、定例でまとめて相談してくれたほうがずっと効率がいい。

定例で個別に相談する機会が確保できないと、部下は相談や報告事項が出るごとに、あなたを追いかけるようになる。これは2つの観点でよくない。まず、不意に持ち込まれた案件に、考え抜いた意思決定はできない。さらに、必要以上に大量の相談が来るのも問題だ。毎週の定例をきっちりやっておけば、部下は次回の定例まではなるべく課題を自分の内に留めておく訓練ができる。結果として、課題を逐一相談せずに自身で解決できるよう部下が成長する、というマネジャーにとって嬉しい驚きも得られるのだ。

自分の気分をマネジメントする

部下は、上司であるあなたの機嫌を敏感に察知するものだ。気分の波がはっきりしているタイプならなおさらである。いい大人は職場で癇癪《かんしゃく》を起こすべきではないし、大人の振る舞いができるかに実年齢は関係ない。たまに苛立ちを表に出すのは効果的かもしれないが、それも真剣ゆえのものであるべきだし、苛立ちで他人を操作しようとするのは論外だ。

仕事以外の問題のせいで、気分に影響が出てしまうことは誰にでもある。マネジメントの本にはよく「家庭の問題は職場に持ち込むな、逆も然り」と書いてあるが、これは現実的ではない。個人的な問題を完全に遮断して仕事に影響を出さない人など、ほぼ皆無である。

それでも、こうした影響を最小限にする方法はある。まず、「ある原因で自分は心が乱れていて、その影響が仕事にも出ているかもしれない」と受け入れることだ。それが自分で認められれば、個人的な問題に関係ない人を巻き込んで犠牲にせずに済むだろう。仕事以外の問題に苛まれていて、それでも部下と難題に対処しなくてはならない場合には、いっそ「ご覧のとおり、今日は気分が絶好調ではないんだ。もしイライラしているように感じたなら、本当に申し訳ない」と伝えておこう。この手の素直さというのは、部下にとっては新鮮でちょっと嬉しいものだ。何より、部下が「自分のせいで上司がイライラしている」とか「上司がうわの空なのは、自分に問題があるからだ」と誤解してしまうくらいなら、自身の状態を打ち明けておいたほうがずっとマシだろう。

自分の気分がどうであろうと部下は気づかない、とは考えないこと。あなたの気分は仕事の質に影響しているはずだ。さらに、気分の変化がいつ起こるのか、その前兆は何なのかを部下が読み取って、機嫌が悪いときには近寄らなくなる。機嫌が戻るのを待つようになってしまうのだ。

自分の感情をマネジメントする

物事にいちいち動じず、穏やかにいられるよう努力しよう。とはいえ、何にも感情を動かすな、ということではない。喜んだり、悲しんだりする人間らしさは大事だ。自分の感情を隠す上司には、部下も親近感を抱きづらいだろう。

ただし、感情表現と落ち着きは別である。落ち着きが大事な理由はたくさんある。たとえトラブルが起きても取り乱さず落ち着いていられたほうが、明晰な判断もでき、難題も御しやすくなる。取り乱さず穏やかなままでも、自分の感情を表すことはできる。これができれば、「うちの上司はロボットなのか?」と部下に思われることはない。

優れたマネジャーになるには、人に配慮できることが大切だ。なにも宣教師やソーシャルワーカーの手法を使えというわけではないが、部下とのコミュニケーションを楽しんで、彼らの気持ちを尊重できれば、業務以外を気にしないタスク志向型の上司よりも、仕事の効率がずっとよくなる。

これこそが、従業員の業績だけを見て、上から順に管理職に任命している企業の問題点である。実務の業績がよかったのは、タスク指向型だからかもしれない。そうした従業員を管理職に昇進させれば、自動的に「人を動かす」マネジャーに変身してくれるわけではないのだ。

第3章

自信と信頼の構築

自信も信頼も、少しずつ積み上げていくものだ。部下が自身の能力に自信を持ち、さらに上司であるあなたの意見を信頼している状態を目指そう。部下が、あなたのことを有能で公正な判断をする人だと信頼してくれる状態を作りたい。

部下に自信をつけさせる

部下に自信をつけさせるのは簡単ではない。部下が「成功パターン」を確立できるようサポートするのがあなたの役割である。自信は成功の上に築かれるものだから、リーダーとしてのあなたの仕事は、部下一人ひとりにうまくやり遂げられるような業務を割り振ることだ。特に新人には、きちんと習得できるような業務を与えること。最初は小さなことでもいいので、成功体験を積ませて、成功を習慣化させよう。

部下はときに、仕事で運用の間違いや、うっかりミスをするものだ。その際の上司の対応が、部下の自信に大きく影響する。決して他人の前では叱責しないこと。「褒めるのは人前で、叱るのは個別に」を厳守しよう。そのほうがうまくいく。

人のいない場所で部下とミスについて話すとき、マネジャーとしての役割は、相手が同じ失敗を繰り返さないよう、問題の本質に気づかせることだ。その際、言葉そのものよりも態度のほうが印象に残るものだ。あくまでミスの原因を修正するための対話であって、相手の人格を問題にしてはいけない。「自分はダメなんだ」と部下に感じさせるような言動や態度は厳禁だ。部下には自信をつけさせたいのに、それを打ち砕くのは論外である。もし部下に恥をかかせることに快感を覚えているなら、自身の動機を見つめ直すことから始めたほうがいい。他人を傷つけることで自分の評判が上がるわけがないのだから。何が悪かったのか、どこで誤解が生じたのかを検証し、その点に立ち戻って進むべきだ。なお、小さなミスはいつも同じように扱うこと。実際より過剰に反応しないように。

さて、先ほどの「褒めるときは人前で」についても、少し検討しておこう。かつてはこれは絶対的真理だったが、問題もあることがわかってきた。褒められる側の人は、うきうきと嬉しくなるかもしれないが、褒められなかった人がよく思わない場合もある。落胆の矛先が、褒められた人に向かうリスクもあるのだ。さらには同僚の前で褒められるのを、きまり悪く感じる人もいる。だから「褒めるのは人前で」も手放しでは扱えない。同僚からの妬みや恨みのせいで仕事がしづらくなっては本末転倒だ。優れた業績の人をおおいに褒めたい場合には、個別に呼んで褒めるようにしよう。同僚からの反感や嫉妬なしに、褒めるメリットを享受できる。一方で、もしチーム全員が協力して目標を達成できた場合には、みんなの前で盛大に祝うことでチーム全体の士気を上げられるだろう。

というわけで、例の文言を修正しておこう。「褒めるときは人前あるいは個別に（個人の志向やチーム内での関係性による）、叱るのは個別に」というのが妥当だろうか。

部下に自信をつけさせるには、意思決定のプロセスの一部に入ってもらうのもよい。管理責任者としての権限は移譲することなく、各自の関わる箇所について意見してもらうのだ。自分の部署が担当する見込みの新規業務があれば、部下に意見を求める機会として活用できる。新しい業務を通常業務にどのように組み込めばよいか、アイデアを求めるわけだ。

部下に意見を求めることで、「あなたたちの視点やアイデアを重視していますよ」という大事なメッセージにもなる。部下に議論に加わってもらうのは、あなた自身にもメリットがある。現場に近い部下ならではの視点で、自分が見落としていた論点を出してくれるかもしれないのだ。

意見を求めた以上、心からの興味をもって話を聞く姿勢が非常に大事だ。もし部下があなたのやり方は形式だけの不誠実なものだと感じた場合には、あなたにとっても時間の無駄だし、信頼を失うリスクも大きい。

悩ましいのは、部下の発言のすべてが使えるわけではないことだ。リーダーとして、出してもらったアイデアには価値があるし、感謝している、とはきちんと伝えておこう。その上で、実装できないような案が出た場合には、採用できない理由を手短かに説明しておくのが賢明だ。その際には、意見自体やその意見を出した人への批判にならないよう、十分に注意しておきたい。

このように部下を議論に参加させておくと、新しい業務はうまくいきやすい。上司からの意見の押し付けではなく、チーム全員のプロジェクトとなっているためだ。これは部下に意思決定を任せているわけではない。あなたが決定を下す前段階に参加させることで、部下たちには上司の決めた方法を押し付けずに、協業できているわけだ。このプロセスを採れば、決定事項はより受け入れられやすくなり、反発は小さくなるだろう。

完璧主義の弊害

マネジャーの中には、部下に完璧を求める人がいる。不可能なのはわかっているのに、「完璧であれ」と要求すれば、少しでも近づけると思っているのだろう。だが、完璧を強要することで、想定とは逆の結果になりがちだ。ミスを恐れるあまり、絶対に失敗しないよう慎重になりすぎて業務速度が落ちる部下も出てくる。結果として生産性は一気に悪化し、部下は自信を失ってしまう。

完璧主義の弊害には、周りの不信感を買う、ということもある。部下は「自分の仕事で上司が満足してくれることはない」と思っており、その確信は日に日に深まっていく。これでは部下の自信は打ち砕かれる一方だ。マネジャーなら自社で妥当とされる業務水準を理解しているはずだ。もちろん上を目指しても誰も責めないが、どうせ業務改善を目指すなら、やり方を検討するところから部下を巻き込んだほうが、ずっとうまくいく。業務改善計画の主導権は自分たちにある、という気概を部下が持っていれば、部署としての目標も達成しやすくなるはずだ。

自分の部署での団結を強めることが、部下の自信につながることもある。ただし、そうしたチームとしての意識は組織全体の方向性に合うものでなくてはならず、全社の方針と矛盾してはならない。

チームに自信と信頼を構築する

チームに自信と信頼を構築する方法として、ここまで、「ミスを責めずに部下が自分の課題と向き合えるようなサポートをする」、「褒めて承認する」、「意思決定プロセスに部下を参加させる」、「完璧主義を避ける」ことを述べてきたが、他にもマネジャーとして、できることはある。

組織や部署のビジョンを部下と共有するのは自信と信頼を築くのに良い取り組みだ。目標がより明確になり、目標に向けて自分達がどんな貢献をしているか理解できるためだ。

個別に明確な指示を出すのも、自信と信頼の構築に有効だ。あなたが部下の状況を把握しており、うまく進捗している、というメッセージを伝えられるためだ。

自分の成功体験や失敗談を部下に話すのもいい。部下との間に心理的なつながりができ、人間性をわかってもらえるためだ。

部下一人ひとりと話して、それぞれが仕事に求めるものを理解するのも信頼構築につながる。あなたが部下のことを本当に気にかけていて、職業人としての成長をサポートしたいと本気で考えていることが部下に伝わるだろう。

ここまで述べてきた方法や、自分なりの方法を用いて、信頼し合える職場環境を構築していこう。

第4章

ちゃんと褒めよう

第3章でも、褒めて、よい評価を部下に伝えることの重要性については詳しく述べたが、モチベーションを高め、良い職場環境を作るには、褒めるのは非常に有効な方法だ。自分の部下を褒めない管理職は多いが、これは大間違いだ。褒められた部下は、「上司は自分の仕事を気にかけてくれているんだ」と感じられるし、「自分が取り組んでいる仕事は大事なことだ」と認識できる。やろうと思えば、褒めるのは一瞬でできるし、何のコストも必要ないが、部下には大きな影響があるのだ。

褒めるのは、対面はもちろん、電話でもメールでもショートメッセージでも可能だ。評価を伝える際には常に対面がベストではあるが、遠隔地勤務や時差などで適宜連絡の取れない部下には、電話やメールなどで褒めるようにしよう。携帯電話にメッセージを送る利点は、ほぼ即座に届くことだ。受信したメッセージをすぐ開きたい気持ちに抗える人は少ない。

褒めない上司の中には、「自分が褒められた経験がないから」という人がいるが、それならば、この負の連鎖に自分が終止符を打てばいい。「給料をもらっているのだから仕事はうまくできて当然だ。褒める必要などない」という人もいるが、あまり賢い理屈ではない。褒めたら、さらによい仕事をするかもしれない、と考えてみるべきだ。費用はゼロ、時間もほんの少しでいいのに、褒めない理由はないだろう。リーダーとしてやるべきことは、部下の持つ能力をフルに発揮できるよう、モチベーションを高めることだが、ふさわしいときに適切なやり方で部下を褒めるのは、モチベーションを引き出すひとつの方法である。

褒めるのが苦手な人もいる。新任のマネジャーに特に多いのだが、新しいスキルなのだから、最初は戸惑うのも当然だろう。気負わずに人を褒められるようになるには、とにかくやってみるしかない。やっているうちに簡単になるものだ。人を褒めたり、よい仕事を評価する際には、以下の点に気をつけよう。

具体的に褒める

特定の行動をまたやってほしい場合には、フィードバックの際に、その行動を具体的に伝えることが重要だ。より詳細に伝えれば、それだけ同じ姿勢や行動を繰り返してくれるようになる。「先週よかったよ」と言うだけではなく、「先週は、あの難しい状況で本当にうまく交渉できたし、判断も良かったよね」と伝えるようにしよう。

影響を伝えよう

たいていの人は、自分の仕事が部門や組織の目標に貢献した度合いや、事業の全体像の中で自分の果たした意義などを知りたいものだ。こうした影響があった場合には、部下の業務のおかげで部署外にも良い効果が出たことを伝えておこう。

褒めすぎてもいけない

むやみに褒めてばかりいると、発言のインパクトは薄まり、部下に不信感さえ持たれてしまう。「この上司に褒められても価値がない」と思われないためにも、褒める価値があるか、内容が見当違いでないかには気をつけておこう。

褒め方と効果

よい仕事を褒めて評価する際は、2つのステップで行おう。まず、賞賛に値する行動、態度、業績を具体的に伝える。たとえば、「製品カタログの表紙のデザイン、とてもいい仕上がりでしたね」というように。その上で、なぜその仕事が評価に値するのか、仕事の影響や貢献について話そう。「新しいデザインのおかげで確実に売上が伸びそうです」などと伝えるわけだ。

適切に褒めることの効果について、話をしておこう。あるマネジメント研修で、30人の参加者に、以下の2つの質問をした。

1　これまで経験してきた中で、最も良かったマネジメントの事例を挙げてください。
2　逆に、経験上、最悪だったマネジメントの事例は？

ほとんどの回答が、自分なりに良い仕事ができたときに受けた評価（反発したものも含めて）に関連していた。それは当然のことだろうが、そこには驚くほど強い感情が伴っていた。

鮮烈に印象に残った例を挙げよう。ある若い男性が話してくれたのは、重大な修理のために、80キロ以上トラックを運転して郊外の施設に行く依頼を受けた際のことだった。午後10時半にやっと帰宅すると、電話が鳴った。上司からだった。「無事に帰れたかを確認したくて。天候が悪かったから」。修理業務については何も訊ねなかったのだが、これは部下の技術に全幅の信頼をおいていたからだろう。ただ無事に帰宅できたかを確認したのだった。これは5年以上も前の出来事だったが、若い技術者はつい最近のことのように鮮明に記憶していた。

米国の大手企業が従業員を対象に行った調査に、「仕事をする上で何が重要か」を順位付けさせる設問があった。「給与」は6位であり、2位以下に大差をつけて1位となったのは「自分の仕事が評価されること」であった。

あなたが上司に感謝してほしいと思うならば、部下も同じことをあなたに求めている。褒めるときには、出し惜しみしないこと。コスト負担はまったく発生しないし、金銭よりずっと価値があるのだから。

第5章

積極的傾聴をマスターする

あまり知られていないことだが、マネジャーとして成功する秘訣として、積極的傾聴（アクティブ・リスニング）の能力が挙げられる。積極的傾聴とは、しっかり聞いているのが相手に伝わる聞き方のことだ。会話に熱心に加わって、ときに相手の発言を言い換えて明確にし、質問をし、聞いたことの要約をし、必要に応じて図表や音声を使うなどして、積極的な姿勢で聞くことである。優れた聞き手は、受け身ではない。

マネジャーになったからには、自身のコミュニケーション能力を意識して、積極的に人の話を聞くべきだ。新任マネジャーの多くは、昇進した瞬間から「自分の発言にすべてがかかっている」と気負いがちだが、これは誤りだ。方向性が間違っている。マネジャーとして結果を残したいなら、しっかり人の話を聞くべきなのだ。とりあえず、自分が話す量の少なくとも2倍は人の話を聞くように心がけたい。

新任マネジャーにとって、積極的傾聴が特に重要な理由は2つある。まず、積極的傾聴をしていれば、「他人の意見を聞かない独善的な人だ」と思われずに済む点だ。喋ってばかりでは、そう誤解されがちだ。さらに、発言を控えて積極的傾聴を心がけることで、組織や事業の状況が理解しやすくなり、喋ってばかりでは気づけない視点や情報が得られるようにもなる。

だが、実際に積極的傾聴ができる人は少ない。その理由を理解するのは大事だ。

話を聞くのが下手な理由

自分の声が世界でいちばん美しい響きだと思い込んでいる人は多い。自分の耳には音楽のように聞こえるのだ。だからいくらでも聞きたいし、相手にも聞かせたい。こうした人は他の人の発言より、自分が次に何を言うかに気を取られがちだ。実際、人は自分の発言についてはよく覚えているが、他人の言ったことはあまり記憶に残らないものだ。積極的傾聴をせず、「次はどんな鋭いことを言ってやろうか」とばかり考えていて、人の話をしっかりと聞けていないのだ。

この章の内容をほとんど忘れてしまっても、これだけ覚えておけば大違いだ。**優秀なマネジャーだと思われたければ、積極的傾聴を実践しよう。**

新人マネジャーもベテランも、自分が喋ってばかりで人の話をろくに聞いていない。自分が話している間は新しい情報は入ってこないが、人の話を聞けば学べることは多いのに、である。新人マネジャーは特に、「組織の長として、自分の一言一句に部下のすべてがかかっている」と気負いがちだ。だが、喋れば喋るほど、周囲にうんざりされて孤立するリスクが高まるのだ。反対に、人の話をよく聞くようにすれば、学べることは多い上に、他者の経験や意見を尊重している姿勢も示せる。人をマネジメントする上で、どちらが良いのかは明白だろう。

他人の話を聞けない理由としては、話す速さと受け手の情報処理能力のギャップも挙げられる。人は1分間に、およそ240～360字のコミュニケーションをしている。話す速度を平均で毎分300字としておこう。人間の情報処理速度はもっと速い。速読の訓練をした人なら1分間に3000字を理解できる。毎分3000字の理解速度の人に毎分300字のペースで話していると、1分あたり2700字分の容量のギャップが出てしまう。

この状況では、聞き手は情報処理に集中する必要がないので、他のことに関心が移り始める。別のことを考えつつ、ときおり話者の方に注意を向けて、「面白い話をしていないかな」と確認するわけだ。会議やプレゼンテーションの最中に、メールや携帯電話をチェックしている人をよく見かけるが、こうして片手間に別の作業をしながらでも、話にはついていける。とはいえ、いったん別のことに興味が移ってしまうと、なかなか話者に注意を戻せなくなる。

誰もが自分の話を聞いてほしがっている。それだけに、積極的傾聴には高い価値がある。積極的傾聴力の高いマネジャーになれば、部下の強いニーズに応えられるわけだ。

積極的傾聴の方法

積極的傾聴が得意な人に特有の性質や能力はすべて、生まれつきの資質に関係なく、訓練によって身につけられる。まず、他の人が話しやすいように努めることが大事だ。自分の話はなるべくせず、相手の話が続くよう会話をつないでいこう。相手の話に心から関心があることを示すには、相槌やジェスチャーが効果的だ。

話者をじっと見つめることは、相手の発言に興味があるというサインになる。ときおり頷けば、話の内容を理解している合図になる。さらに頷く際にニコッとすれば、会話を楽しんでいるのが相手に伝わるだろう。

業務課題について部下と話し合っているときには、相手の話と違う考えが頭に浮かびがちだが、自分の考えを制御できるようになっておきたい。相手が話している間は、話の流れを予測してみよう。どんな質問が来るだろうか？　相手が解決策を提案している場合には、別の案がないか考えてみてもいい。もちろん相手の話に100％集中できるのが理想だが、現実的ではないだろう。先述のとおり、話す速さと情報処理能力にはギャップがあるためだ。それならせめて、まるで無関係なことを考えず、目の前の話題に関心を持ち続けるよう工夫しよう。

部下の話を聞いているうちに、別の考えが浮かんで集中できなくなってしまった場合には、「あなたとの話に集中したいので、ちょっと頭を整理する時間をくれるかな？」と伝えて会話を一時停止し、思いついたことを書き留めてから、また傾聴モードに戻ればいい。そうすれば部下との対話に集中できるので、相手に「上司はうわの空で、自分の話に興味がない」と思われずに済むはずだ。

このテクニックは、どう返事をするかを考えているうちに、きちんと傾聴できなくなった場合にも有効だ。今すぐ話に割り込んで自分の意見を言いたいあまりに、相手の話を落ち着いて聞けなくなった際にも、会話を一瞬、中断させてほしいと丁寧に相手に伝え、考えをメモしてから再度、集中して話を聞けばいいのだ。

相手に「心から興味を持って聞いてくれているんだな」と思わせるには、タイミングよく、以下のような短いコメントを挟むのも効果的だ。

「面白いですね」

「もっと聞かせて」

「その人はどうしてそう言ったと思う？」

「そう感じたのはなぜ？」

何ならば、「面白いですね、もっと聞かせてくださいよ」と言っているだけでも、話し相手はあなたのことを会話の名手だと思ってくれるだろう。

相手の発言の「言い換え」は、積極的傾聴の真骨頂だ。話に集中しているアピールができるうえ、会話内容についての誤解を防げるのだから、これを使わない手はない。

言い換えのテクニックを使う際には、重要な論点が出た直後に、「それは、こういう理解でいいですか？」と前置きしてから、相手の発言を自分の言葉を使って言い直せばよい。最後に、間違っていないかを確認すれば、発言を尊重している姿勢を、はっきりと相手に印象づけられるだろう。

積極的傾聴では、3つのコミュニケーション形式、すなわち「言葉」、「顔の表情」、「声のトーン」が発するメッセージが、すべて一致していることが重要だ。もしも「面白いですね、もっと聞かせてください」と言いながら眉をひそめたり、皮肉っぽい声色を使ったりすれば、相手は混乱するだろう。メッセージがちぐはぐな例としては、口ではきちんと返事をしている一方で、目を逸らしている、他のことを考えている、どう返事をするかで頭がいっぱい、あるいは書類に気を取られている、などの場合がある。聞き手がそんなちぐはぐな態度では、話者が「相手は自分の話に心から興味を持ってくれている」と思えるはずがない。

会話を打ち切るテクニック

うちのマネジャーはよく話を聞いてくれる人だ、という評判が広まると、相談したい部下が列を成すようになり、中には、喋るほうが仕事より大事だと勘違いしているのか、というほど長居する人も出てくる。そうした状況に備えて、「マネジャーの道具箱」に、会話を打ち切る道具をいくつか用意しておきたい。

以下のような、会話を打ち切るための言い回しは、社会人なら誰でも知っているだろう。

「話しに来てくれてありがとう」
「話ができてよかったです」
「いろいろと参考になりました」
「しばらく考えてみるので、別途また話しましょう」

もっとさりげない言い回しも聞いたことがあるかもしれない。こうした会話の打ち切り表現を心得ておくべき理由は2つある。まず、経営層や上司が自分に対してこうした表現を使ったときに、気づくことができるのは大事だからだ。さらに、適切なタイミングで自分が使うためにも知っておきたい。

誰かの執務室で話をしている最中に、電話が鳴ったわけでもないのに、相手が受話器に手をかけたなら、それは会話打ち切りのサインだ。「電話をかけるから、すぐ出ていってくれ」という意味である。また、こちらが話している間に、相手がちょくちょくデスクから書類を手に取って眺めているのは、「君が出ていったらすぐに、やるべきことがある」というメッセージだろう。

会話打ち切りのジェスチャーには、椅子をずらしてデスクから立ち上がるような素振りもある。それでも伝わらない場合は、実際に立ち上がるだろう。あまりにも露骨かもしれないが、それが必要な場面もある。

ときに、部下が話に夢中で、こちらの合図にまるで気づかないこともあろう。そうした際には、「話すのは楽しいけど、そろそろ仕事をしないとね」と言葉をかけて、打ち切ればよい。あらゆる合図を無視してきた相手には、はっきり伝えても失礼にはならない。

合図に気づかず居座るタイプの部下や同僚には、先手を打って「今あまり時間がないのだけど」と伝え、時間が足りないなら別途打ち合わせを設定するようにしよう。この作戦は結構うまくいく。時間内に言いたいことを喋ってくれるものだ。

こうした会話打ち切りテクニックを把握しておき、相手にこのテクニックを使わせないよう、そして自分も使わずに済むよう、まずは中身のある会話を心がけたい。紹介した以外の方法もさまざまにあり、人によってお気に入りの打ち切りテクニックは異なるので、自分なりのリストを作るとよいだろう。

積極的傾聴を習慣にする

人は、自分に興味を持ってくれる人といるのが楽しいものだ。いったん傾聴のスキルを身につければ、仕事ではもちろん私生活でも活躍してくれる。これを使えば人に好かれると気づいて活用し始める人が多いのは面白いことだが、それでかまわない。あなたは周囲から好かれるし、部下にとっては、一緒にいて楽しい上司が手に入ったわけだから、いいことづくめである。

積極的傾聴のスキルの習得は簡単ではないが、徐々に身につけられる。最初は、わざと役割を演じている気分になるかもしれないが、そのうちに素の自分との境目がわからなくなるはずだ。傾聴という新習慣に違和感がなくなり、日常の所作の一部になるわけだ。こうして、一緒にいて楽しい人になることができれば、私生活も充実するだろう。そのうえ、マネジャーとしての腕がぐっと上がっているのである。

第6章

新人マネジャーの仕事とよくある間違い

マネジャーの仕事とは結局、何なのだろうか？

いろいろな答え方ができるが、「俳優が役を捉えるように、マネジメントを捉えなさい」というアドバイスが最も有益だろう。マネジャーは幅広い役割を演じ分けねばならない。コーチ、業務基準の設定者、業績評価者、教師、動機づけのプロ、ビジョナリーなリーダー、その他さまざまな役割から、状況と目的に応じて適切なものを選ぶのだ。新人マネジャーへの助言として「ありのままの自分でいればいい」とはよく言われるが、これは間違いだ。役割を使い分けられない限り、優秀なマネジャーになるのは難しい。

新人マネジャーの多くは、「自分の役割は指揮をすることだ」と勘違いしがちだ。ああしろ、こうしろと部下に指示してやらせるのが自分の仕事だと思い込んでしまうのである。確かにそれもマネジャー業務の一部ではあり、必要な場面もある。けれど、マネジャーとチーム、双方の長期的な成功を考えれば、部下が自発的に動けるようサポートするほうが重要なのだ。すなわち、あなたへの信頼と仕事への責任感を部下に持たせた上で、必要な権限を与えて、部下が仕事をしやすい環境を作ること、それがあなたの仕事なのだ。

マネジャーの主な仕事

マネジャーの主な仕事は、業種や組織形態を問わず一定である。プロの経営者なら、この考えに同意してくれるはずだ。マネジャーの主要な業務は、採用、コミュニケーション、計画、組織の編成、育成、モニタリング、評価、解雇の8つである。これらの業務に慣れてうまくやれるようになれば、マネジャーの仕事は楽になる。8つの業務の詳細は追って説明するが、ひとまずここで定義をしておこう。

1 採用：該当の仕事ができる能力やポテンシャル、やる気と熱意のある人を獲得すること。

2 コミュニケーション：経営理念や目的、組織の目標を部下に伝え、部署や事業部、業界の動きについての情報共有を行うこと。

3 計画：組織目標の達成に貢献すべく、自部署の目標達成に向けて施策を決定すること。

4　組織の編成：それぞれの業務やプロジェクトを実行するためのリソースを確保し、どの部下に何をさせるか決めること。

5　育成：部下一人ひとりの現状の能力を把握し、求められるレベルとの差を明確化して、それを埋めるべく学習の機会を提供すること。

6　モニタリング：業務の進捗を把握し、部下それぞれがプロジェクトやタスクをうまくやれているか確認、対処すること。

7　評価：部下一人ひとりの業績を評価し、本人の役に立つフィードバックを行い、個人として、チームとして要求される水準との比較を行うこと。

8　解雇：組織に貢献ができない人、あるいは個人として必要な要件を満たさない人を、部署から取り除くこと。

「部下思い」な上司になろう

マネジャーとして結果を出すためには、部下が何を求めているかを見落とさないことが大切だ。「部下を気にするのは弱い人間のやることだ」と誤解している人もいるが、心から部下に配慮できるのは人としての強さである。部下が幸せに働けるよう配慮するのは、不当な要求に屈することとはまったく違う。これを理解できていない新人マネジャーは多い。気遣いと気弱さの区別がつかないのは残念なことだ。

本当の意味で「部下思い」なマネジャーになろう。うわべだけではダメだ。真に「部下思い」であるとは、部下の業務負荷が適切かを気にかけ、仕事ぶりを正しく把握し、うまくやれた場合には必ず褒めて報い、適切なフィードバックをすることだ。

「いい人になるぞ」と独りよがりで張り切るのではなく、部下に対する責任を真剣に負うことが重要だ。事実、マネジャーとチームは相互に責任を負っているのだ。組織目標と部下の個人目標が食い違わないよう注意しておきたい。部下には、「組織全体の目標に貢献せずして個人目標は達成できない」と理解させる必要がある。

部下に組織方針を示すことも重要だ。組織全体の戦略や目標を伝える通訳としての機能も、マネジャーの大事な仕事である。部署のメンバーには、情報をきちんと共有しなくてはならない。情報を隠したり、出し惜しみしたりすると、のちのち自分が苦しむことになる。情報の不足部分を埋めるために、部下は他部署から情報を取ってくる。こうした又聞きの二次情報が間違っているリスクもある。そのうえ、情報共有に後ろ向きな上司の姿勢を見た部下は、「自分たちを信頼してくれていない」と感じるものだ。

新米マネジャーによくある間違い

新米のマネジャーがいきなり大人数の部署を任されることは稀だ。たいていは、部下が数名しかいないため、部下の業務に過剰に関与したくなるものだが、これは危険である。昇進を重ねるうちに、管理対象の部下の数は増える。部下が35人もいる状況では、全員の仕事を詳細まで完璧に把握するのは不可能だ。だから今の時点から、業務の各論を気にするより、プロジェクトの全体像を掴む習慣をつけておいたほうがいい。

初めてマネジャーになった人にありがちなのは、自分の昇進で他の人に引き継いだ業務が他より気になってしまうことだ。自分の行動や関わったことを重要視しがちなのは人間の性ではあるが、マネジャーになった以上、偏った考え方はやめる必要がある。以前の業務を、ただ慣れていて気楽にできるからといって仕事上の趣味にしてしまう誘惑に負けないように。

はじめての管理業務は、プロジェクト・リーダーなどのリーダー職であることが多い。プレーヤーとして実務をやりつつ、他の人の業務管理を行うリーダーの役割も同時進行しなくてはならない。この場合には、業務への関心を保って、しっかりと実務を行うべきだ。だが、マネジメント専任の役職についたなら、手慰みに現場の仕事をしないこと。これをやると、全体像から目が逸れてしまう。

とはいえ、ときには加減も必要だ。管理職になった途端、業務で緊急事態の部下がいても、決して手伝おうとしない人がいるのだ。納期に追われて必死で働いている部下のそばで、「管理職には管理職の仕事がある」とばかりに、マネジメント専門誌をめくっているのは、シンプルに馬鹿げている。こうした危機一髪の場面で、腕まくりをして解決をサポートできたなら、部下との関係性も一気によくなるはずだ。

また、部下に業務を割り振っておいて業務遂行に必要な権限は渡さない、というありがちな失態を犯さないよう、くれぐれも注意しよう。あなたにも、仕事をうまく進めるために必要な権限をもらえず、職責だけを割り振られて困った経験はあるだろう。その場合には、業務が遂行できなかったか、上司に権限を付与してくれと直訴したか、いずれにしても難しい状況だったはずだ。

上司も故意ではなかったのだろう。業務遂行上、必要な権限についてよく考えていなかっただけかもしれない。同様に、あなたも部下をわざと苦しめるつもりはないはずだ。部下に業務を割り振る際には、職務を果たすための権限も一緒に移譲できているか、忘れずに確認しておこう。割り振りを決める際に、必要な権限について部下と話し合っておくとよい。

部下の仕事がうまくいけば、あなたはマネジャーとして評価が上がり、成功できる。部下が仕事で結果を出せるよう、職責と権限は必ずセットで割り振ることだ。

バランスのよい視点を持つ

どんな場合でも、マネジャーにバランス感覚は重要だ。「自分は大局を見るタイプだから、細かい話はしてくるなよ」などと言う上司に遭遇したことがあるだろう。よくいる残念なタイプのマネジャーだが、全体像を見ているつもりで、全体が各論の集合で構成されているのに気づいていないのだ。この手の人は、細かい仕事にかかる労力を見くびって、無神経な態度をとりがちだ。

こういう人以外、とりわけ現場から昇進したてのマネジャーは概して、細部に気を取られて全体像を見失いがちである。必要なのはバランスだ。

第7章

上長とうまくやる

第6章では部下への態度について述べたが、上長に対する態度ももちろん重要ではある。自分のキャリアは部下にかかっている、というのはもちろんだが、上司の影響も大きいからだ。

大抜擢をされてマネジャーになったのであれば、上司には感謝しているだろうし、上級管理職の人たちが自分の能力を認めてくれたのも嬉しくて、上長への忠誠心が高まっている状態かもしれない。だが、マネジャーという職責を負った以上、忠誠心の在り方にも新たなレベルが要求される。今や、あなたはマネジメント・チームの一員なのだ。経営者としての自覚なくしては、経営層にとって有能な人材にはなれないだろう。

上には従うべきか

会社への忠誠というのは昨今、流行らなくなってきた。やみくもな服従は論外だが、忠誠は「魂を売る」ということではない。会社も経営者も、社会から金をむしり取ってやろうと思ってやっていないだろう。万が一そんな会社ならば忠誠を尽くす価値はないし、所属すること自体、やめておくべきだ。

そうではなく、会社の目指すところも真っ当であり、組織の目標に共感して自分も達成に貢献したいと思えている前提で話を進めよう。組織の方針や意思決定が倫理的である場合、忠誠心は正しく発揮されるべきだ。管理職として、自部署の関わる案件については意見を述べて意思決定に関与できる立場を得たならば、できるだけ広い視野で、考え抜いた提言ができるよう尽力しよう。

自部署の利益だけを考えて発言するマネジャーになってはならない。これを繰り返していると、発言に信用がなくなり、そのうち意見を求められなくなる。どうせ狭い視点での発言しかしない、と思われてしまうのだ。

広い視野から、組織全体の利益になるような提案をしていれば、あなたの発言には価値があると認められ、より意見を求められるようになる。自分の管轄範囲を超えて、企業の意思決定に貢献することは可能なのだ。ぜひ意識しておきたい。

もちろん、自分の意見とは異なる方針が選択される場合もある。それでも決まった以上は、その方針や決定への協力を求められるし、自部署が施策実行の主体になる場合もある。なぜその決定に至ったのか、理解できない場合には上司に確認しよう。「意思決定の背景にあるロジックを理解できれば、より効果的に実行できると思うので、ぜひ教えてください」と伝えればよい。どんな要素を考慮した結果、その方針に至ったのか、意思決定のプロセスを理解するようにしよう。

リーダーには絶対服従という生き方は、今の世の中には合わないのだが、やみくもに忠誠を求める上司や役員はいまだに存在する。

よいマネジメントを行うには、自社の意思決定や方針の背景を理解しておきたいのだが、上司はトップの決定に従うばかりで、経営に関する情報を極秘事項のように扱い、まったく共有してくれない場合もあるだろう。部下のあなたを敵かライバルだと思っているのかもしれない。

こういう上司は第6章で述べた間違いを犯している。部下の業務遂行に必要な情報を渡さないのは誤りだ。この場合、情報の空白はあなた自身で埋めるしかない。不運にも、情報を隠したがる上司にあたってしまったら、自分で対処するしかないのだ。欲しい情報が他部署にも関係するものであれば、その部署で自分と同じ役職についている人に訊ねてもいい。別の部署にいる友人の上長が、部下と情報共有をしているタイプなら、その友人からあっさりと情報をもらえるかもしれない。

マネジャーとしての上司への責任

上司と仕事を進め、円滑にコミュニケーションを取る上で、あなたの責任は大きい。うまく連携を取るために、以下の行動をしておきたい。

- 自分の計画や行動、プロジェクトの進捗は常に共有しておくこと。
- 上司のスケジュールを考えて、同席の必要な商談や打ち合わせを設定し、相手の時間を無駄にしないこと。
- 準備は万全にすること。提案内容と懸念点を論理的かつ客観的に提示しよう。説得力のあるデータや事例も用意しておくこと。
- 上司の視点からの意見をすすんで聞くこと。上司だけが持っている情報や経験があり、それを聞けば考えが変わるかもしれない。

「困った上司」への対処

この世界は完璧ではない。だから、キャリアの中で、厄介な上司のもとで働くこともあろう。きちんとマネジメントしてくれないとか、そもそも一緒に働くのが不快な上司もいる。残念ながら、無能な上司やひどい経営者を、あなたがクビにすることはできない。気持ちはわかるが。

そもそも、難のある人が長く管理職を勤めているのであれば、その状況が許されている理由を考えるべきだろう。社内の全員が、その上司の下で働くのは地獄だと思っているなら、経営層がこれを放置しているのは問題だ。

一方で、他の人から見れば、その上司はいい仕事をしていて、あなたの方に問題がある場合もある。部署に来てまだ日が浅いのなら、性急に動かないほうがよい。必要以上に気にせず、自分が良い仕事をしているうちに解決する話かもしれない。単にマネジメント・スタイルが違うだけで、業務の質に影響はないとわかってくる場合もある。

そうではなく実際に上司に問題があり、あなたや部下に悪い影響が出ている場合には、行動を起こすしかない。社内の力関係や企業文化によって、効果的な戦略は違うが、まずは、上司と直接話し合ってみるべきだろう。その際には、プロフェッショナルに、感じのよい伝え方で、上司の態度や方針、行動によって影響の出ている業務について伝えよう。個人の性格や態度に起因させず、あくまで組織の課題として話すこと。決めつけずに、建設的な議論を心がけよう。「今よりもっと効率が良くなる進め方があると思います」などと伝えるのだ。

たとえば、上司があなたの直属の部下に、あなたを介さず勝手に違う指示を出してくるとしよう。そのせいで納期遅れが起き、顧客の不満も高まっている。あくまで問題はここだ。部下に意見されるのを嫌う上司だとしても、遅延や顧客の不満についての指摘は認めざるを得ないだろう。

上司が良かれと思ってやっていることが逆効果である場合にも、フィードバックが必要だ。上司との定例ミーティングを実施し、対応が必要な課題はすべてそこで議論できるようにしておこう。「定例など不要だ」と言われてもなんとか確保しておきたい。「定例でコミュニケーションを取れば、問題を未然に防ぐことができ、お互いがより効率的に仕事ができる」と上司を説得しよう。

別の方法としては、メンターを使うのもよい。会社がメンターをつけてくれないなら、自分で確保しておこう。組織内で評判が良く、社内政治の力学を理解している味方は必要だ。経験から得た視点や方向性についてアドバイスしてもらおう。

部下が意見するのを嫌うタイプの上司の場合は、社内政治や組織文化を熟知しているメンターに登場してもらうのがベストだ。メンターでなくても、誰か第三者から上司に話してほしいところである。上司と同等の役職や職級の人でもいいし、双方のことを知っている社内の友人でもいい。人事部でもいいだろう——公平に機能していて悪評のない場合の話だが。リスクは大きいが、上司の上司と話して状況を収めてもらう、という手段もある。直属の上司との関係は修復不可能になる覚悟が必要だが、他に選択肢がない場合には仕方ない。部署や組織全体の利益のためには行動するしかないわけだ。

最終の選択肢として、自分にこう言い聞かせるのもありだろう。「上司は厄介だ。長年ずっと問題があるのに、誰も気にかけず、態度を変えさせようとしない。こんな組織には、いないほうがいいのかもしれない。あの上司に自分のキャリアを左右されるのは勘弁だ。他の部署か別の組織に自分の居場所を求めたほうがよさそうだ」

人がいなくなる職場

景気が悪くなると転職しづらくなるのをいいことに、多くの企業で従業員の扱いが悪くなる。こうした近視眼的な動きは間違いだ。一流の人材は景気に関係なくいつでも仕事が見つかる一方で、スキルの低い人はそうはいかないため、こうした姿勢の企業では、能力の高い人が去り、低い人が留まる状況が起こる。いけてない企業の出来上がり、である。

また、不況時に、優秀なマネジャーを含めて従業員全員を大切にしている企業は競争力が高まるものだ。優秀な従業員を大事にする企業は、従業員のことを単なる生産装置だと見なしている企業よりも優位に立てるだろう。人材を使い捨てにしていては、長期的な成功は見込めない。

ひどいマネジメントが引き継がれる企業からは、優良な従業員は確実に逃げていく。これは当然なのだが、新人マネジャーは自分が上司にやられた方式を抜け出せない。まともな管理手法の研修を受けても、自分の受けた「しごき」を繰り返してしまう。長年耐えてきたのだから、自分の番でやめるわけにはいかないのだろう。

悪い伝統を引き継ぐのではなく、ダメな上司は反面教師にして、部下としての自分が望んでいた上司になることだ。やられて嫌だったマネジメントの腹いせに、部下を犠牲にするのは最悪だ。上司が理不尽だったなら、「悪習は自分の代で終わらせる」と誓って、人の役に立つことをしよう。

上司のタイプを理解する

自分の上司を戦略的に動かす「ボス・マネジメント」について書かれた本は多い。こうした本のベースにある考え方は、「上司の性格タイプを把握すれば、上司が求める仕事の進め方、コミュニケーションの仕方の好みを理解して、上司をマネジメントできるようになる。上司のスタイルに合わせて動けば問題も起きづらい」というものだ。

マネジャーのタイプには4つの類型がある。1つのタイプの典型のような人もいれば、

2、3種類の混合型の人もいる。以下の解説を読んで、上司がどれに当てはまるか考えてみよう。タイプに合わせた行動ができれば、もっと上司との仕事がうまくいくはずだ。

1　ワンマン

このタイプの上司は、全権を自分で掌握したがる。意思決定は迅速だが、人に指示されることを嫌い、意志を曲げない。論理的で、結果を重視した意思決定を行う。「文句があるなら出て行け」というタイプだ。射撃訓練では、「構え、狙え、撃て」の順でなく、「構え、撃て、狙え」と命令するだろう。こうしたワンマン上司へのコミュニケーションでは、はっきり率直に伝えることが重要だ。資料をすべて準備し、何を言われるかに備えておこう。ワンマンタイプの中には、部下の意見をすべて聞いてから、それを集約して意思決定する「エンパワメントのできる、開かれた上司像」をやりたがる人がいる。この場合も、プロセスより結果を重視して話すように。外に向けた参加型スタイルを通過した途端、完全なワンマンに戻るだろうから。

2　分析肌

このタイプの上司は、データを集め、慎重に分析してから意思決定を行う。落ち着いていて、予想外の行動はしない一方、精度にこだわりすぎる傾向がある。射撃訓練では、

「狙え、狙え、狙え」の一辺倒だろう。決断するのが苦手で、できれば違うデータも見てから決めたいと思っている。このタイプが上司の場合には、根気強さが必要だ。上司は全データを集めて最善の意思決定をしたいのだ。意見を伝えるときには、分析に抜け漏れがないか、論理的な説明になっているか、よく気をつけておこう。

3 モチベーター

このタイプの上司は一緒にいて楽しい。カリスマ性があり、組織の誰とでもうまくやれるようだ。エネルギーいっぱいで、クリエイティブで、負けず嫌いでもある。とにかくよく喋る。何でも始めるのは得意だが、完遂できるかは別問題だ。射撃訓練であれば、「喋る、喋る、とにかく喋る」である。会話を楽しむあまり、業務がお留守になってしまうことも多い。このタイプの上司と話すときは、たくさんお喋りをしよう。週末どう過ごしたか、お子さんはどうしているか、などを訊ねてもよい。仕事の案件に入る前に、社交の時間が必要なのだ。

4 気配り屋

このタイプが上司の場合、職場はギスギスせず穏やかだろう。献身的で、チームプレーを重んじ、辛抱強く、相手をよく理解し、共感してくれる。「平時」のリーダーとして信

図版 **7−1** 上司のタイプ

ワンマン	分析肌
・自分で決めたがる ・率直 ・意思決定が迅速 ・論理的 ★意見の論拠をしっかり準備しておくこと	・分析的 ・情報を集めたがる ・精度を重視 ・意思決定が遅い ★提案には裏付けデータを用意すること
モチベーター	**気配り屋**
・一緒にいて楽しい ・カリスマ性があり外向的 ・エネルギッシュ ・やり抜くのが苦手 ★ちょっとした話題を用意しておくこと	・部下思いで自己犠牲的 ・辛抱強く、共感性が高い ・軋轢を避けがち ・変化を嫌う ★チームプレーを心がけること

頼できるタイプだ。一方で、変化や軋轢はこのタイプのマネジャーのアキレス腱であり、現状維持を好みがちだ。結果を出すことよりプロセスを重視しがちで、射撃訓練では「構え、構え、ずっと構えたまま」だろう。部下思いで、自己犠牲的である。こうした上司と働くときには、人の気持ちとチームワークを大切にしよう。それが求められているのだ。

図版7−1に、以上の4タイプをまとめておく。

各欄の最後に、それぞれのタイプの上司に合わせた準備のアドバイスを書いておいたので、参考にしてほしい。

上司のタイプ別・仕事の進め方

上司の志向性や好みを意識しておけば、仕事は進めやすくなり、より楽しくなるはずだ。たとえば、上司が全体像を重視するタイプなら、あなたが各論の詳細を議論したくてもあまり聞いてくれず、お互いイライラするかもしれない。逆に、細部を非常に気にする上司なら、事前準備が大変だろう。詳細情報が欠けていれば再提出を命じられ、準備ができない人だと烙印を押されかねない。

上司の志向や、仕事の進め方の好みについては、以下の４つの側面に注意しておきたい。

１　情報理解の方法。
２　説明の細かさ。どの程度、細かい情報を求めるか。
３　スピード感。とにかく最新情報をすぐに確認したいのか、「検討してから持ってこい」というタイプなのか。
４　興味のあるテーマ、ないテーマ。

以上４点について、図版７－２に具体的に示しておく。

図版 **7－2** 上司の志向性・好み

情報理解の方法	どの程度、細かい情報を求めるか
・口頭で ・書類で ・図版で ・プレゼンテーションで	・詳細をすべて ・大意を要約したもの ・端的なコンセプト
スピード感／緊急性のレベル	**興味のある／ないテーマ**
・最新情報を即座に知りたい ・情報を整理、検討してから共有してほしい ・その都度ではなく、日次や週次で定期的に	・何に惹きつけられるか？ ・関心のないことは何か？ ・「もういい、終了」となる理由は？

まず、自分の上司を頭に浮かべつつ、表を眺めてみよう。上司と直接、話してもみてもよい。上司との議論の質を上げるべく真剣に考えている姿勢が伝わるはずだ。上司の志向を把握しておき、それに沿ったコミュニケーションを心がけよう。

これは直属の上司以外にも適応可能なテクニックだ。社内で仕事をうまく進めたい相手は他にもいるだろう。そんな人についても、先の項目について考えて対策しておこう。そうすれば、「打てば響く、優秀で要領のいい人だ」と思ってもらえるはずだ。

第8章

マネジメント・スタイルを選ぼう

マネジメント・スタイルの変遷を調べて大別すれば、「専制型」と「協調型」に二分できる。もちろん、これ以外にもスタイルはあり、複数のスタイルを使い分けることが、優秀なマネジャーの常識になっているのだが、スタイルの意識的な使い分けについて考える前に、まずは専制型と協調型の特徴を把握しておこう。

2つのスタイル――専制型と協調型

時代遅れの専制型マネジメントが今も生き残っているのは驚くべきだが、なぜ絶滅しないのか、理由を考えておきたい。1つには、多くの人がマネジャーとしての訓練を受けていないことが関係している。自力でマネジメントのやり方を編み出すしかなく、自分なりに考えた上司/ボス像を演じているわけだ。専制型のマネジャーは「優しさは弱さの表れだ」と誤解しており、厳しく接することで、部下がつけ上がらないよう防いでいるつもりだ。

協調型のマネジメントには時間がかかる、というのも1つの理由だろう。協調型のマネジャーは、やるべきことの指示だけでなく、その理由を丁寧に説明するものだが、専制型マネジャーはそんなことに時間を使いたくない。「とにかくやれ。なぜなら私の命令だから」という態度だ。協調型のマネジャーは、理由をきちんと説明したほうが、部下の仕事がうまくいくのをわかっている。

専制型のマネジャーはすべてを自分で決めたがり、部下は自分の命令に応じてロボットのように動けばいいと思っている。ボタンを押せば、部下はパッと動いて、はい完了、となるのが理想だ。一方、協調型のマネジャーは、時間をとって事前に全員を巻き込んでおけば、見返りは大きくなると知っている。

専制型は恐怖で組織を支配するが、協調型はお互いへの敬意や愛着を大事にする。専制型のマネジャーは、部下から「いつか、あの馬鹿に復讐してやる」と恨まれているが、協調型のマネジャーの部下たちは、「上司は私たちを大事にして、気にかけてくれている。そんな上司のためなら何でもできる」と思っている。

専制型は、協調型のマネジメントを手ぬるいと見下しているが、協調型からすれば、専制型のやり方は独裁政治だ。二者の違いは、権威の使い方にある。専制型が常に権威を振りかざすのに対し、協調型は賢く控えめに権威を使う。

専制型マネジャーの部下は、自分は上司の「ために」働いていると思っているが、協調型リーダーの部下は、上司と「ともに」働いていると感じている。

部下のタイプを意識して マネジメント・スタイルを選ぶ

はじめてのマネジャーがマネジメント・スタイルを適切に選択するためには、以下に述べるアプローチで、部下のタイプを認識し、それに応じたスタイルを意識的に選択するようにしよう。部下一人ひとりのタイプに合わせて、「管理」と「励まし」の量を調整することが重要だ。

「管理」とは

・何をすべきか伝える。
・やり方を示す。
・できたかを確認する。

「励まし」とは

・やる気を出させる。
・傾聴する。
・部下が業務を遂行できるよう、状況を整えてサポートする。

部署の中には、細かい管理と励ましが必要な人から、ほぼゼロで大丈夫な人まで、幅広い部下がいる。たいていの人はその間あたりに位置するだろう。マネジメント・スタイルを意識的に選ぶにあたっては、部下一人ひとりに何が必要なのか、どの程度の管理や励ましを与えるべきかを判断する必要がある。

管理や励ましがどの程度必要かは、仕事内容や組織状況によっても異なる。たとえば、ある機器の取り扱いを習得中の部下には、管理がたくさん必要だ。事業縮小で人員削減がある場面では、励ましがより求められるだろう。

図版8-1は、部下の状況によって、どの程度の管理と励ましが必要かを示したものだ。上司として部下のニーズを正しく理解できているだろうか？　チェックしてみよう。

タイプA：やる気は十分だがスキルや能力が足りないタイプ。主に管理が必要。

タイプB：モチベーションを失っているがスキルや能力は高いタイプ。励ましが必要だ。
タイプC：スキルや能力もモチベーションも高いタイプ。管理も励ましもあまり必要ない。
タイプD：スキルや能力もやる気も欠けているタイプ。管理し、励ますことが必要になる。
タイプE：スキルや能力もモチベーションも平均レベル。管理も励ましも中程度必要だ。

部下のタイプを診断しよう

このタイプ分類を自部署のメンバーに適用するには、まず、部下一人ひとりを、「モチベーション」と、「職務遂行に必要なスキルや能力のレベル」の2軸で評価する。全員を評価したら、グラフ上にプロットしていこう。モチベーションが高ければ、上方にプロットされ、スキルや能力が高ければ、右側になる。

部下のタイプ別・マネジメント方法

図版8－1のように部下をプロットできたら、部下ごとの対応の仕方が明らかになっている。左側に行けば行くほど、管理が必要だ。下側に近づくほど、励ましを与える必要がある。

図版 **8-1** 部下の分類 5タイプ

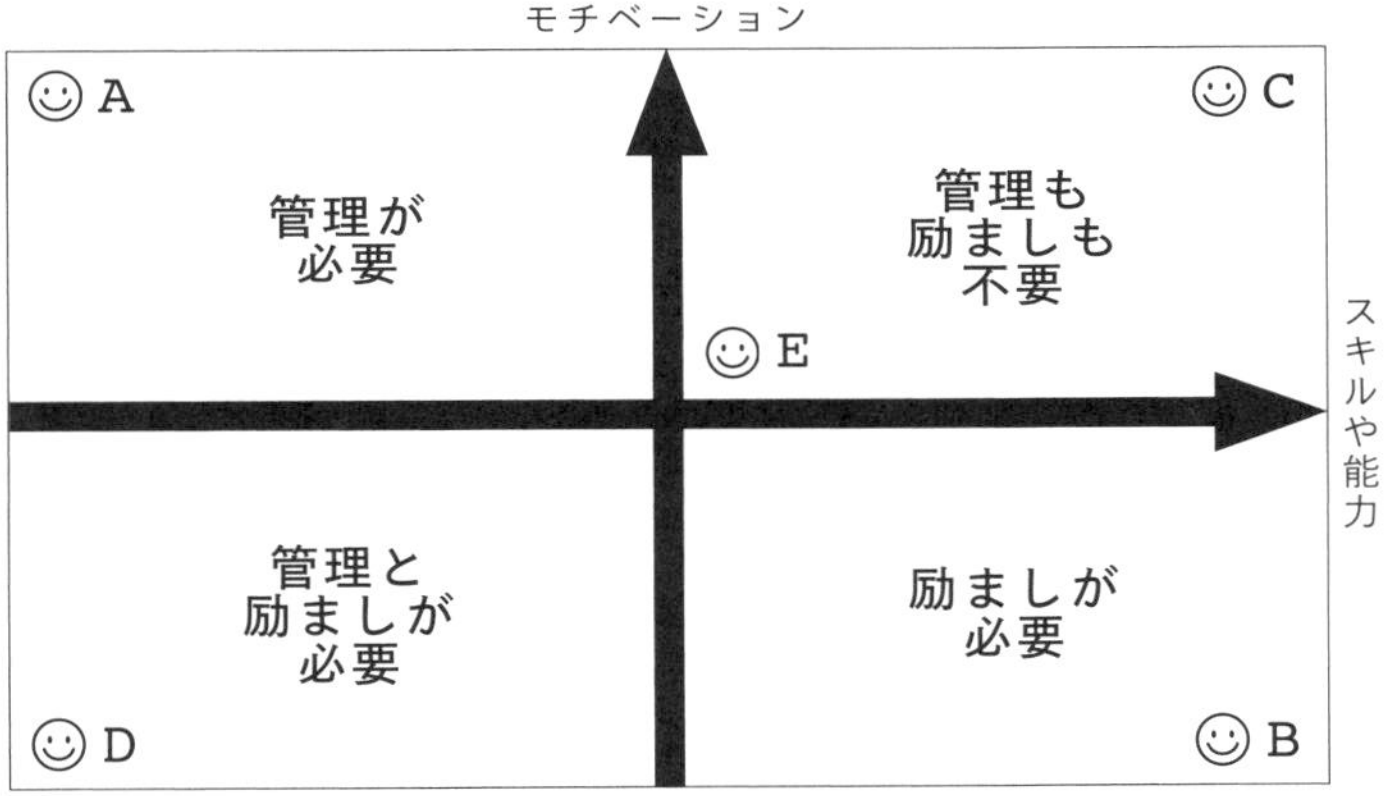

以下のケーススタディで、理解度をチェックしてみよう。あなたは通信会社で大規模プロジェクトのリーダーをしている。部下としてアンディが配属された。彼は独りで業務を進めるのに慣れている。何でも自分で決めて進行できる業務とはすこぶる相性がよく、楽しく働けていた。業績はいつも抜群で、社内の関係者はアンディの仕事ぶりに感嘆していた。だが今回、自分のプロジェクトに入ってもらうと、彼は同僚とコミュニケーションを取って意思決定をするのに手こずっているようだった。しかも、「チームで一丸となって働く」というコンセプト自体を「時間の無駄だ」と小馬鹿にして、「新しいプロジェクトが辛い」と愚痴を言っている。

さて、アンディはAからEのどのタイプに当てはまり、何が必要だろうか。答えはD

だ。たとえアンディがこれまでの業務には熟練していたとしても、このプロジェクトでは違う。アンディには管理と励ましの両方が必要だ。チームでの協働についての指導は必須だし、一匹狼からチームプレーヤーへと移行できるよう、多くの精神的サポートも必要だ。アンディは過去の個人プロジェクトではCだったが、現在のプロジェクトではDなのだ。

マネジメントがしやすくなるよう、使い方のアドバイスをしておこう。通勤時間にでも、数日おきに部下を1人ずつ思い浮かべてみよう。現在の業務やプロジェクトに即して、どこに分類されるか考え、それを意識すれば、マネジャーとして部下に何をすべきかわかるだろう。すでに部下に必要なことができているなら、業務はうまくいく。そうでなければ、別のやり方を考えてみよう。これだけのことで、あなたのマネジメントが大きく変わるはずだ。ぜひ試してほしい。

状況に応じたスタイルを選ぼう

1つのマネジメント・スタイルが常に正解とは限らない。状況によって、普段と異なるスタイルを選択する場合もあるだろう。たとえば、短納期の緊急案件でミスが許されない場面では、通常より指示が増えるだろうし、逆に、大きなプロジェクトの立ち上げで、進め方について全員に納得してもらいたい場合には、なるべく干渉せずに本人たち主導で決めさせたほうがよいかもしれない。経験とともに自分のマネジメント・スタイルの基本線はできてくるだろうが、状況に応じて柔軟にスタイルを選択できるのが望ましい。

第2部

新しい仕事に取り組む

マネジャーには、才能を見つけて育てるスキルが求められる。
獲得しうるベストな人材を採用し、育成できるかで、
マネジャーとしての成功が決まるのだ。
この点では、スポーツチームのコーチのような仕事だといえる。

第9章

チーム・ダイナミクスで強い職場を作る

近年はチームで仕事を進めるのが組織のスタンダードになってきた。この理由はいくつもあるが、まず、シナジー（相乗効果）が挙げられる。職場での意思決定は、1人で行うより、複数人のチームでのほうが、優れた決定ができることが実証されている。また、通信技術の進歩もあり、いくらでも無限に情報にアクセスできるこの時代、マネジャーが部下全員と同じだけの情報を把握するのは不可能だ。これもチームで仕事をすべき理由のひとつだろう。

マネジャーはもはや専門家ではいられない。多くの業界や領域で、マネジャーは自身よりはるかに優れた専門人材を管理している。この場合、部下に細かい業務指示を出すのは不可能だ。むしろ、方向性を示した上で、部下が自分で課題解決ができるようサポートすることがマネジャーの仕事となる。

自分のチームを成功させたい、最高の業績を上げたいと本気で考えているならば、「チーム・ダイナミクス」を立ち上げることが重要になる。チーム・ダイナミクスとは、チームのメンバーが自分たちの仕事を成し遂げるため、あるいはチームの全体目標を達成するために力を合わせる、相互協力型の業務スタイルを実行する意志と能力のことだ。チーム・ダイナミクスを立ち上げるためには、以下の6つの要素が必須である。

1　開かれたコミュニケーション
2　権限の移譲
3　役割と責任の明確化
4　目標の明確化
5　効果的なリーダーシップ
6　業績評価と人事制度

開かれたコミュニケーション

こんな場面を考えてみよう。マネジャー候補の若い従業員が、彼女のメンターでもあるベテランのマネジャーに付き添われて、あるメーカーの業績優秀な部署を視察している。仕事場に入るなり、彼女はメンターに言った。「あらまあ、このチームは機能不全ですよね。激しく言い争っていますよ」。メンターの返事はこうだ。「ちゃんと注意してみて。これが本当にすごいチームなんですよ」

数分してようやく、彼女は先輩の言った意味がわかってきた。このチームはぶつかり合っている。製品改良について、どの方法がベストか、メンバー同士が激しく意見を戦わせているのだ。こうした衝突があるのは、たいてい良いチームの証拠だ。業務についての議論が白熱しているのは非常に好ましい。率直な本音のコミュニケーション、これこそがチーム・ダイナミクスである。

権限の移譲

担当業務について部下が自分たちで判断してよい権限を与えると、強いチーム・ダイナミクスが生まれる。もちろん時間や予算、選択の幅などには制限を設定しておくのだが、その上でチームに最終的な意思決定権を移譲してみると、チームに共通の議題や仲間意識、強さの感覚が生まれるのがわかるだろう。

もちろん、準備ができていないチームには、決して権限を与えてはならない。それをやると悲惨なことになるのだが、新米マネジャーはここでよく間違える。おそらくチームに気に入られたくて、誤った判断をしてしまうのだろうが、チームが権限を与えられても大丈夫な状態かどうかを見極められなければ、あなたも組織も苦しむことになる。

役割と責任の明確化

部下の誰かをつかまえて、チームでの自身の役割と責任を簡潔に述べてもらうことはできるだろうか？　同様に部下の誰かに、チームの全メンバーそれぞれの役割と責任を訊ねたら、リーダーであるあなたのものも含めて、すべて簡潔に答えられるだろうか？　これができるなら、部下は自身も含めたチームメンバー全員のやるべきことを理解できている。さらに業務で助けてほしいとき、誰を頼ればいいかもわかっている状態だ。効果的なチーム・ダイナミクスは、こうしたことから生まれる。

目標の明確化

部署や組織全体の目標を、部下全員が理解できていなければならない。目標はあくまでシンプルに、それぞれ1行にできればベストだ。部署の目標は、たとえば「私たちの目標は、内部顧客に向けて、正確で役に立つマーケットデータを低コストでタイムリーに提供することです」などとすればよい。完璧だ。すべてが網羅されている。

こうした部署の目標をメンバーと作成したら、全員が覚えて暗唱できるようにしておきたい。目につきやすい場所に掲げておこう。会議の議題一覧のヘッダーや、社内メールの署名の下に掲出するのもいいだろう。

本書の内容に基づく管理職導入研修のためにシンガポールへ行ったとき、組織の目標を明確化している素晴らしい事例に出会った。都心の大規模ホテルの従業員入り口に、そこで働く全員に当てはまる目標が掲げてあったのだ。1文字30センチほどのその装飾文字は、端的な一文で全員の業務を明確に表現していた。「思い出に残るホテル体験を創る」。従業員全員に当てはまり、シンプルで覚えやすい見事な目標である。ホテルを運営する企業のサイトでは、この言葉が3大陸30施設の企業理念となっている。そのホテルのカスタマーレビューの評価が高いのも納得である。

組織目標が重要なのは、メンバー全員が同じ方向を向いて進めるからだ。明確な組織目標があれば、全員がそれを基準として判断し、行動できる。「やろうとしていることが組織目標に合致しているか」というシンプルな基準で、合致していれば実行し、反しているなら止めればよいのだ。

目標の明確化には、他にも多くのメリットがある。

- **メンバーが自分で意思決定できるようになる。**
- **上司に判断を仰ぐ案件が減る。**

・意思決定がより迅速になる。
・組織として機敏に動けるようになり、変化にも素早く順応できる。
・組織としての能率が向上する。

目標と照らして、部下には白黒はっきり判断つけられない状況も当然、出てくる。その場合にはマネジャーであるあなたに判断を仰ぎに来ればよい。それ以外の日々の業務においては、組織目標を判断の指針とするだけで、部下たちは順調に仕事を進められるようになる。

着任後しばらくして部署とその役割が理解できたら、部署の目標を単純明快に言い表す文言をメンバーと一緒に作ろう。これにより、力強く起業家精神に溢れたチーム・ダイナミクスが立ち上がることだろう。

効果的なリーダーシップ

以下のリストを見て、現状できている項目をチェックしてみよう。できていない項目については、行動計画を策定しよう。すべての項目にチェックが入るようになれば、効果的なチーム・ダイナミクスのためのマネジャーとしての役割は果たせていることになる。以下が、リーダーとしてやるべきことのリストだ。

・部下一人ひとりの目標と、チームの全体目標を明確に設定する。
・具体的な指示が必要な部下には、はっきりと伝える。
・自身の成功体験や失敗体験を、共感できる事例としてチームに共有する。
・チームに向けて話すときは、否定的なことよりポジティブな側面を強調する。
・一人ひとりに、そしてチーム全体に対しても定期的にフィードバックを行う。ポジティブな評価も建設的な指摘も伝えること。
・小さな成功体験をさせることで、チームとしての結束を強める。
・言行一致を徹底する。
・上司として、組織として、評価の姿勢はできる限り、報酬で示す。
・建設的な関係性を築く。自身とチームは同じ目標へと共に向かっているのだ。
・創造力とイノベーションを奨励し、良い変化を起こす。
・自律的な行動と、プロフェッショナルとしての研鑽を推奨する。
・部下が軋轢を恐れず意見を言えるようサポートし、自分の観点も伝える。
・部署と組織全体、そして消費者や地域コミュニティとのつながりを意識できるよう働きかける。

業績責任と人事制度

強いチーム・ダイナミクスを作る上での最後の要素については、マネジャー個人だけではなく、組織として取り組むべき課題である。たいていの組織はチームワークを推奨している。社内を歩けば、チームで楽しそうに仕事をしてはしゃいでいるポスターを見かけるだろう。企業理念にも「最高のチーム」などと書いてある。

チームワークを重視した組織編成がなされているにもかかわらず、チームワークがうまくいかない理由は何だろう。それは、業績評価や人事制度の問題だ。組織もマネジャーも、チームワークを業務責任として設定しておらず、チームワークの優れた人に対する褒賞制度もないことが問題なのだ。

本気で従業員にチームプレーを望むのであれば、個人としての業績を評価して、給与や報酬に反映するだけでなく、チームへの貢献についても、すべて同様にすべきだ。チームプレーヤーとしてのチーム貢献について数値責任を持ち、それが報酬に反映される制度に変えれば、部下には「チームが大事だ」というメッセージが瞬時に伝わるはずだ。ポスターよりよほど効果的である。表彰などについても同様に、個人業績とチーム貢献の２軸で評価すべきなのだ。

部署内で報酬に差をつけるのはよくない、と考えるマネジャーもいる。「そんなことをしても、高い業績を出すチームは作れない」と言うのだが、ならばプロスポーツのトップチームを見てみればよい。役割や業績に応じてチーム内に報酬格差がある。それがうまく機能しており、チーム・ダイナミクスも明らかに強そうだ。業績抜群のビジネスチームを見ても、たいていは、個人の貢献に応じて高い給与や報酬が出ているはずだ。それがうまく機能しており、そこには強いチーム・ダイナミクスが存在しているのだ。

第10章

マネジメントとリーダーシップの違い

マネジメントとリーダーシップという言葉は、入れ替え可能な類義語として使われることも多い。理由はわからなくもないが、そのせいで重要な違いがわかりづらくなっている。管理職になると、マネジメント（管理）とリード（主導）の両方をやる必要があるが、両者の違いを理解しておくことは重要だ。

単純化しすぎているきらいはあるが、2つの違いを簡単に表すなら、マネジメントは指揮・統制であり、リーダーシップは人にやる気を出させることだ。図版10－1で比較してみよう。

管理職の経験を積み、成長するうちに、リーダーシップのスキルも上がってくるはずだ。それを自分にとっての目標の1つにしておきたい。労働人材がより知識や情報を持つようになり、人材の流動性も高まる中、モチベーションを上げられない管理職では、今後やっていけないだろう。

図版 **10-1** マネジメントとリーダーシップの違い

マネジメント	リーダーシップ
・トップダウンの指示が多い ・手順や体系を遵守する ・計画性を重視する ・指示や命令が多い ・修正する ・やり方はマネジャーが決める	・よりボトムアップで参加型 ・型破り ・例外に着目する ・コーチングによって力を引き出す ・肯定する ・目標を決めて、やり方はメンバーに考えさせる

第11章

問題のある部下をマネジメントする

部下の誰もがうまく仕事ができるとは限らない。業績の悪い部下への対処法としては、トレーニングの追加、本人が活躍できそうな部署への異動などがあり、どうしようもなければ解雇となる。大きな組織では、マネジャーが手に負えない部下を別の部署に押し付けることも多い。その部下のスキルが新しい部署に合っており能力を活かして業績を上げられる確証がない限りは、相手マネジャーには迷惑だ。仕事のできない部下を昇進させてまで、自部署から追い出す上司すら存在する。こういう人は、他部署のマネジャーから「異動予定の人は、今の仕事ではどんな感じですか？」と尋ねられても正直には答えないだろう。こうした場合には率直に事実を伝える以外にあり得ない、というのが筆者の意見だ。将来、他部署のメンバーを自分の部署に迎えたいときに邪魔されるリスクを減らすためにも、卑怯な手は決して使わないことだ。

以下の新米マネジャーの事例は、身につまされる話かもしれない。自部署のあるポジションへの昇進候補者を、人事評価をチェックして3人に絞った。通例どおり、それぞれの候補者の上司に確認したところ、抜群に評価の高い人がいた。その人を自部署に昇進させたわけだが、結果は大惨事であった。あまりに仕事ができないため、ほどなくして退職勧告を行わざるを得なかったのだ。新米マネジャーは、まさか自分が騙されたとは夢にも思わず、その人を推薦した元上司に説明を迫ったが、返事は「その部下は仕事ができないので、持て余していた」とのことだった。元上司が正直に伝えなかったため、新米マネジャーは騙されて、退職勧告という汚れ仕事をする羽目になったのである。

もちろん、仕返しをしてやりたい気持ちはあるだろうが、解決策は、二度と誰も自分に卑怯な手を使ってこないよう気をつけることだ。社内での報復は誰の得にもならず、それに拘泥していると足元をすくわれてしまう。

リハビリとしての異動

とはいえ、関係者全員が状況を理解した上であれば、生産性の低い従業員にリハビリを試みるのも悪いことではない。先ほどの例でも、「現状は業績に課題があるが、再起のチャンスを与えたい理由があるのだ」と元の上司が新米マネジャーにきちんと話をして、異動をさせることもある。こうした試みが報われるケースも多い。以前の業務とミスマッチだっただけで、能力を活かせる領域に異動した途端、お荷物だった人が優秀な部下に変身することもある。そうはいっても、基本的には、他部署に問題を吐き出すより、自部署内で解決できたほうがリーダーとして優秀なのは間違いない。

従業員を本人の適正にあった業務に就かせるべく、企業はさまざまな手法を使っている。適正チェックは、5分でできる簡単なテストから、3時間もかかる複雑な心理学的診断まで多岐にわたる。まだ導入していない企業はぜひ検討すべきだろう。従業員の適性を見て、向いている業務につける利点については、強調しても余りある。結果の出ない不向きな仕事に縛り付けて特訓をするより、向いている仕事に異動させるほうがずっと簡単だ。苦手なことを頑張らせても、たいていうまくいかないものだ。

私生活の問題

部下の中には、私的な問題のせいで勤怠や業績が悪化する人も出てくる。アルコールや家庭の問題などはマネジャーの仕事とは無関係だと思っているなら、それは甘い。

ただし、マネジャーだからといってどんな問題でも解決できるわけはない。こうした問題に対処すべく、従業員支援プログラムを用意している先進的な企業もある。よほどの大企業を除いては、社外のサポート機関と連携する形になる。こうした従業員支援プログラムには専門職が関わっており、地元の支援団体などについての知見もある。従業員の私的な問題をすべてマネジャーの自分が解決できると考えるのは馬鹿げている。自分の専門性を超えた問題に対応しようとして、状況を悪化させてしまうリスクがある。マネジメント業務として適切な範囲から逸脱しないことも、マネジャーの責任だ。部下の個人的な問題にかまけて、業務目標の達成に支障をきたしてはならない。人助けは崇高ではあるが、あなたは支援のプロではない。

さらに、アメリカのほとんどの州では、法令により個人的なアドバイスはマネジャーの職権として認められていない。数年前にソルトレークシティのコンピューターメーカーで起きた事例だが、組み立てラインの作業員が2回に1回は遅刻しており、40〜50分も遅れることもあった。さらに仕事の精度も低い状況が数週間続いたため、上司がその従業員と話したところ、従業員は謝罪して言った。「託児所の開始時刻がよく遅れていて、子どもを入り口に放置して仕事に来るわけにいかないのです」。施設の状況に不安があるため一日中、子どもが心配で、業務に悪影響が出ている、とのことだった。

上司は言った。「いい方法があるわ。私の子どもの通っている託児所を使えばいいでしょう。開始が1時間早いのよ。これで遅刻もなくなるし、業務中に心配しなくてよくなるわ。そうしなさいよ」。部下は上司に言われたとおりにした。詳細は控えるが、新しく通い始めた託児所で、部下の子どもに悲劇が起こった。部下は弁護士を立てて会社を訴え、勝訴したのだった。

裁判所は「上司には、部下に個人的なアドバイスをする資格はない」と判決を下した。この上司は、人事部など適切な従業員サポートの部署に部下をつなぐべきだった。託児所の変更は、部下個人の選択である。もちろん、部下の話には耳を傾けるべきだし、思いやりは大切だ。部下全員にそれぞれ仕事外の生活があり、みんな困難をやりくりしながら仕事に来ていることは忘れずにいよう。

問題を抱えた部下と率直な話し合いをする際には、事前に方針を決めておくことが大事だ。あくまで目指すところは、業務上の問題の解決である。私的な問題を解決するのは部下自身であることを強調し、支援プログラムにつなぐようにしよう。

部下の話はもちろん親身になって傾聴すべきだが、部下が業務を放置して相談ばかりに時間を費やす状況はまずい。部下が2時間も仕事そっちのけでお茶を飲みつつ個人的な問題をだらだら喋っていても止めないのは、「よい聴き手」ではない。

マネジャーのキャリアの中では、いずれ、考えうるすべての問題を聞くことになるだろう（ときには思いつかないような問題も起こる）。配偶者やパートナー、子ども、親、恋人、同僚、自分自身、宗教、食事制限、自尊心、その他あらゆる人生の問題を部下たちは経験するものだ。

人のもろさに対応する際には、深刻さに飲み込まれずに自分を保てるよう、「勝手に決めないこと」を基本ルールとしておきたい。あくまで業務上の問題を解決するのであって、部下の私的な問題については支援の部署や窓口を案内するにとどめよう。

態度に難のある部下のマネジメント

駆け出しのマネジャーは、さまざまなタイプの困った部下に出くわすだろう。問題のある態度には、マネジャーとして必ず対処しなければならない。放置するのは、「その態度でかまわない」とメッセージを送っているのと同義だ。また、他の部下もあなたに不信感を持つ。態度の悪い部下を管理する能力がない、あるいは、そうした態度が気にならないのだと思われてしまう。

部下の態度の問題に対処するには、変えるべき点とその理由を本人に伝えることだ。そして相手の言い分も聞こう。ひょっとして何か理由があっての行動なのかもしれない。その上で、行動を変えると合意させ、変化をどのようにモニタリングしていくかについても話し合っておこう。改善への兆しが見られたら、その都度、本人に良い点を伝えるように。話し合いの前には、問題とされる行動の具体的な事例をいくつも用意しておきたい。

本人が何が問題なのか理解できない、あるいは「そんなことはしていない」と否定しかねないためだ。

あくまで前向きに話そう。「仕事で成功してほしいから話しているんだよ」、「態度の問題が改善できれば、仕事がずっとうまくいくはずだ」と相手に伝えよう。これで改善してくれれば、上司としてもありがたい。懲戒解雇などの人事的な処分になるのは避けたいものだ。他に選択肢がないなら仕方ないが、解雇は最終の選択肢にしておきたい。部下の指導については第15章で詳しく説明する。

ここでは、新任マネジャーが特に手こずる部下のタイプを挙げておく。この他にもいろいろいるので、心構えをしておこう。態度の問題に対処する際には、ここに述べたアドバイスを活用してほしい。

攻撃する人

上司や同僚の意見にいつも反対するタイプ。上司を傷つけ、目標達成に向けたチームの努力をくじこうとする。

おどける人

人を楽しませることが自分の主業務だと考えている人。よく笑う楽しい人が職場にいるのは非常によいことなのだが、度を越すと業務の邪魔になる。

ドロップアウトする人

精神的に、あるいは物理的にチームからはぐれてしまう人。業務貢献がなくなったり、仕事自体をサボったりする。

手柄を奪う人

他の人の功績を奪って自分の手柄にしてしまい、組織の成功にいかに自分が不可欠であるかを吹聴して回るタイプ。

本業と副業が逆転している人

社内サークルやイベントなど他のことに熱中して、業務が副業状態になる人のこと。

「私の仕事じゃない」と言う人

職務記述書に記載のない仕事は一切やりたがらない人。「ランチに行くついでに人事部に届け物をしてくれる?」という程度の依頼でも、「職務記述書や個人目標にありませんけど」と断るタイプだ。

同情を求める人

「会社に尽力しているのに報われない」と嘆き、周囲に同情してほしがる人。仕事以外に楽しみや生きがいのない人に多い。

文句だらけの人

このタイプはいつも不平をこぼし、何にでも文句を言う。業務量から、同僚、上司、顧客、通勤、勤務日、果ては天気まで、何もかもがとにかく不満なのだ。こういう人のネガティブさは他のメンバーに伝染しやすいので危険だ。

厄介なタイプには他にもいろいろある。マネジャーとしてこうした問題が起こる覚悟を持ち、問題のある行動があれば、できる限り素早く介入していこう。

第12章

採用と面接

マネジャーの仕事で、採用ほど重要なものはない。本当だ。だから、採用のプロセスで手抜きをする余裕はない。人選に関する決定をひとつ間違うと、それによって起こる問題への対処に何百時間も費やすはめになる。候補者について不審な点や違和感があれば、その直感を大事にしよう。採用／不採用の決定のために必要なことは全部やっておきたい。

採用の通知をしてしまえば、その後の選択肢は大幅に限定される。本当に適任だと確信できるまでは、採用通知を出さず、推薦者の裏取り、試験など、使える証拠はすべて使って、事実ベースで人選に確信が得られるところまで持っていこう。直感だけで決めないこと。採用判断は、マネジャーの意思決定の中で最も重要なのだ。

企業によって、採用の慣行はさまざまだ。そうした手法のすべてを網羅するのは無理な話なので、ここではわかりやすいように、一次選考は人事部が行い、最終の採用決定権は担当部署のマネジャーにある、という前提で話を進めよう。

候補者の質は常に一定ではなく、ばらつきがある。失業率が高い時期には、大量の候補補者から選ぶことができる。逆も真なりで、失業率が低いと求職者数が減り、応募者が来ればほぼ全員採用という状況もあり得る。こうした外部要因は自分の力ではどうしようもない。ここでは個人がコントロールできる範疇の話に絞っておこう。

見過ごされがちな要素

マネジャーの多くが、採用に際して経験、資格、学歴などを重視し、大事な要素を見過ごしがちだが、態度は非常に重要である。

経歴、学歴、資格は完璧でも態度の悪い候補者を採用すると、問題のある部下を抱えることになってしまう。一方で、スペックの面ではかなわなくても、態度が圧倒的に良ければ、優秀な部下になってくれるだろう。百戦錬磨のマネジャーであれば、態度こそが最重要ポイントだと同意してくれるはずだ。

選考プロセスでのダメな質問

面接の際に、自分ばかり喋って、相手の話をあまり聞かないマネジャーは多い。

候補者との面接は、双方向の見極めの場である。候補者は基本的に仕事が欲しいため、自分が採用されやすくなるような回答をしてくるだろう。

答えづらい難しい質問をしてはならない。以下に、圧迫面接の腕前を誇るマネジャーがやりがちな、ダメな質問の例を挙げておこう。


「どうしてここで働きたいの？」

「なぜこの業務に自分が適していると思うわけ？」

「給料がいいから、この仕事に興味があるんでしょ？」


こうしたダメな質問は、面接官として最悪だ。候補者が安心して会話ができるような雰囲気作りをするのがあなたの仕事である。候補者についてよく理解することが面接の目的なのだから、ピリピリした空気は作るべきではない。それよりも、候補者がリラックスできるような質問や発言を心がけ、答えづらいような難問は後にとっておこう（先述の3つの質問はいつでもダメだ）。

採用面接での注意点

面接の目的は、候補者にその業務に必要な条件を満たしているか、そして態度の良い人かを確認することだ。面接の冒頭では、相手を緊張させないよう、ちょっとした世間話から入るのもいいだろう。

面接に来る人はたいてい緊張している。面接の結果が人生を左右するのだから当然だ。だから、まずは緊張を解くのが目標だ。いきなり仕事の話をするのではなく、仕事とは関係なく候補者に人として興味があるのだと示そう。和やかな関係を作ることが大事だ。候補者が部下として働くことになれば、この面接は今後の長い付き合いの起点となる。面接で心から興味を持って接していたならば、たとえ不採用でも、「いい人だった、いい会社だ」と思ってくれるだろう。

注意点

企業が向き合う対象には、社会全般、消費者、業界、規制当局、従業員など、さまざまな「層」がいる。求職者もそうなのだ。一例を挙げよう。高級百貨店の上位顧客の女性が、その店でアルバイトをするのは楽しそうだと考えて求人に応募した。その際に受けた扱いに憤り、二度とその店には足を踏み入れないと誓ったのだった。彼女ひとりでも年間数十万円の売上を失ったことになるが、さらにこの悪評がクチコミで広まれば、損失はそれどころでは済まない。注意しておこう。

さて、世間話の後には、このように伝えるアプローチもよいだろう。「応募してくれた業務の具体的な話に移る前に、私たちの会社のことをちょっとお話しさせてください。こちらがあなたを面接するだけでなく、あなたが私たちを判断する場でもあるわけですから。当社について疑問に思うことにはお答えしておきたいのです」

そして会社のことを話そう。企業目標についてでもいいが、数字の話は控えめに。会社と従業員の関係性のことをメインにしたい。その点で独自のよい点があれば伝えよう。入ろうとしている会社と、そこで働く人について、感触を掴んでもらいたいからだ。それに、こうした話をすれば、候補者の緊張がほぐれて、和やかに話せるだろう。

さて、面接の重要な局面に入ろう。候補者の態度を知る手がかりとなる質問をしてみよう。このとき、候補者がてきぱきと返事を返せないと、相手思いのマネジャーは（たいていの人がそうだ）沈黙に耐えられずに、言葉を補いがちだ。これは親切心からの行為ではあるが、選考を適切に行う上で決定的な情報を逃してしまうので避けたい。

何を質問して、何を知るべきか

以下のような質問をするとよいだろう。

「前職でいちばん気に入っていた点を教えてください」

「前職でいちばん嫌だったのは何ですか？」

「前職での上司について聞かせてください」

「前職を通じて、どのように成長できましたか？」

「前職で、できるなら改善したかったことを教えてください」


これらはあくまで例であり、状況に合う質問を自分なりに考えてもいい。だが、まずは例に挙げた質問をするとよいだろう。

では、質問ごとに、面接での「よい回答」、「まずい回答」からどのような業務態度が読み取れるのかを見ていこう。最初の質問の「前職でいちばん気に入っていた点」に対する回答として、「やりがいのある業務を任せてくれること」、「昇進制度があること」、「学ぶ機会を与えてくれること」、「自発的な取り組みが評価されること」などを挙げた場合、健全な職場環境に重要なことが理解できている人だということが読み取れる。

逆に「隔週金曜が休みなので、週末をゆっくり過ごせて良かった」とか「ゴルフやボウリングなど社内レクリエーションが活発だった」、「1年目から有給休暇が取れた」などと言う場合には、社交の場としての職場を探しているパーティ大好き人間かもしれない。同僚と楽しむのは悪いことではないが、それが職探しの主目的になるのはおかしい。

続いて、「前職でいちばん嫌だったのは何ですか」への返答を見ていこう。「ときどき残業があった」、「土曜出社をさせられた」、「スキル習得のために土曜に専門学校に通うよう言われた（会社が学費を負担していたが）」などの回答は聞きたくないだろう。

一方、「きちんとした人事評価制度がなく業績が評価されない」、「昇給に業績が連動していない」、あるいは「不満は特になかったが、より良い機会を求めて」などという場合、思慮深い応答ができており、目標達成志向が高く、判断力のある候補者であろうと読み取れる。

では3つ目の質問、「前職での上司」に関する問いに移ろう。これは自由回答形式の問いになっている。候補者が前職の上司を「あんな奴を評する言葉など持ち合わせていませんよ」などとこき下ろすのは、ダメな回答だ。

前の上司との関係性がひどかった場合でも、「上司／部下の関係にはよくあることで、お互いうまくいかなかった点もありましたが、いい上司で尊敬していました」とでも言っておくのが気の利いた答えだろう。前の仕事や上司に辟易している求職者が面接で対象を罵っている場合、実際ひどかったとしても、対象をけなすつもりで自分自身について語ってしまっている。罵倒したところで採用される可能性が高まるはずはないのだから、聡明な人なら過去の仕事関係についてネガティブなことは言わないはずだ。

4つ目の質問、「前職を通じて、どのように成長できましたか？」は、仕事への考え方がわかる質問だ。「成長の機会は特に必要なかった」という人にとって、仕事はお金を得る手段であって、キャリア構築には興味がない。それも悪いことではないが、採用上、気になる情報ではある。「仕事を通じた成長機会がないのが非常に不満だった」という人はキャリアを重視しており、成長意欲が高いことがわかる。仕事で成長したと話してくれたのであれば、キャリア目標について話し合える相手だ。

5つ目の「前職で改善したかったこと」は、組織にどのように適応して活躍できるかを判断するための質問だ。回答内容が建設的で、よく考えられている場合は、自分の業務貢献が組織に与える影響を、より俯瞰的に理解できている。「同僚に何かをさせれば、自分の仕事がもっと楽になったのに」という話が出たら危険信号だ。自分のことだけしか考えていないことの表れである。

候補者からの質問を求める

候補者に「こちらから質問してばかりでしたね。聞きたいことはありますか?」と訊ねてみよう。質問内容が、候補者の態度についてのヒントになるからだ。

以下のような質問が出た場合は要注意だ。

「有給休暇は年に何日ありますか?」

「1年目にどれだけ休みが取れますか?」

「4週間の長期休暇が取れるまでに、どのくらいかかりますか?」

「会社が補助しているレクリエーションにはどんなものがありますか?」

「早期退職制度は何歳から使えますか?　勤務年数は最短でどれだけ必要ですか?」

こうした質問は、仕事にやる気のない態度の表れである。実際はここまで露骨ではなく、もう少し婉曲だろうが、望ましくない態度を見抜くヒントにはなる。

以下のような質問には、まったく違う態度が表れている。

「昇進は業績に準じてなされますか？」
「高い業績を上げれば、通常より高い報酬が得られますか？」
「業務上のスキルを向上させるための研修は定期的にありますか？」

面接官が喜びそうな質問をしているだけかもしれないが、そうだとしても、候補者が馬鹿ではないことはわかる。どういう質問が喜ばれるか予測できる候補者のほうが、何も考えていない候補者より優秀だろう。

マネジャーが面接中にうまく使うべき重要な戦術に、沈黙がある。すぐに返答できない場合、沈黙は居心地が悪く感じるものだが、そこで口を挟んでしまうと、本心からの回答は得られない。

事前に人事部から、面接で聞いてよい項目、ダメな項目の指示を受けているだろう。NGの質問はしないこと。訊きたくなるが禁止されている質問には、「子どもの世話をする必要がありますか？」がある。これはNGトピックの1つであり、候補者が勤務時間について質問してきた場合にも、勤労意欲が低いと早合点してはならない。子どもの預け先を確保するために必要な質問かもしれないからだ。

健康保険に関する質問も、態度に問題があると判断すべきではない。保険を確認するのは、候補者に家庭への責任があるためだ。人事労務や福利厚生関係の質問をするのは勤労意欲の低さの表れだとは一概に言えない。態度の問題なのか、家庭を養う責任で訊いているのかを見極める必要がある。

経験を積むうちに、面接も上達してくるだろう。採用面接では企業側の態度が見過ごされがちだが、これは重要だ。資料を手にとって、「ええと、あなたはXYZ社で勤務していたんですね」などとやるのではなく、応募書類には事前に目を通しておき、その上で、仕事への態度を見極めるための質問をしていこう。

失業率の影響

失業率が高い時期には、求人への応募は増える。給与の安定した定職であれば、求職者は業務内容を問わず応募してくるし、自分を売り込むのもうまくなるだろう。

失業率が高い場合には、募集要項よりもスペックが高すぎる応募者に出くわすことになる。優秀な人がこんな状況にあるのには感情移入してしまうのも当然だ。だが、その人のスペックに見合った求人が出れば、すぐ転職されるリスクも理解しておくべきだ。能力より簡単な業務ではやりがいも薄く、もっと条件の良い仕事を探す可能性が高い。

職務要件とかけ離れた高スペックの人材はマネジャーが採用したがらないのを応募者も知っているので、職務経歴書に学歴や経験を書かずに隠す人さえいる。こうした人を採用する際には、実力に見合った役職に昇進させない限り、離職のリスクがあると理解しておこう。

セカンドオピニオンを求める

検討中の候補者について、信頼できる同僚マネジャーに意見を求めるのもよいだろう。数人に候補を絞ったのち、他の人から意見を聞くのはとても有用だ。セカンドオピニオンや第三の視点によって自分が気づけなかった視点や論点を得られることはよくある。重要な役職であれば、それだけ意思決定の重みも増す。他者から意見をもらうことで、正しい選択ができる可能性は高まるだろう。

CZU――能力より低い仕事を望む人

コンフォート・ゾーンから出たがらず、自分の能力より簡単な仕事を選ぶ人（CZU）がいる。実力はあるのに、挑戦が苦手なタイプだ。そういう人は多いが、自分で気づいている人は少ない。

ＣＺＵは、自分の能力より数段下の仕事に就けるよう面接官をやり込める。燃え尽きており、希望の仕事にはスペックが高すぎて採用されず、そのうちに、応募書類に自分の経歴を全部書かないことを覚える。看護をやりたくない登録看護師は、事務職を希望して看護経験を隠す。同様に、低学年児童を担当したくない学校教師も、職務経歴を隠すだろう。職務経歴を書かないと、面接官はその空白が気になって面倒なので、学校用務員の仕事がしたい教師は、教員ではなく学校の「メンテナンス職員」として応募してくるかもしれない。

あなた自身は昇進して人のマネジメントをしたいタイプなので、こうしたタイプの応募者を理解し難いかもしれないが、過小評価はしないこと。彼らは愚かではない。自分とは違う視点で仕事を見ているだけだ。誰が正しい、間違っているということではない。人にはそれぞれ、自分に合った行動があるのだ。

45歳のＣＺＵの歯科医が、残りの人生を人の口の中を見て歯の詰め物をして過ごすのに嫌気がさしたとしよう。向いていない仕事で苦しんでいる人はたくさんおり、ＣＺＵの人が自分の生き方を変えようとしている勇気には敬意を払うべきだ。人は変化を嫌うもので、変わりたくない気持ちと、でもそれが必要だという認識で心の中に摩擦が起きる。心理学で「回避」と言われるものだ。いずれも不快な2つの選択肢から選択しなくてはならない。かすみを食って暮らすわけにはいかないからだ。

コンフォート・ゾーンで能力以下の仕事をするCZUは、「自分にとって正しいこと」を見つけようとしている。CZUは一時的なもので人生を見直す岐路にいるのかもしれない。CZUは自分探しの邪魔にならないような仕事を望んでいる。思索を深め、頭の中を整理できるよう、仕事自体にあまり意識を割かなくてよい業務を探している。努力しなくても正確にできるような、繰り返しの仕事を選ぶことで、別のことを考えられるようにしているのだ。職場には、あなたなら2時間で嫌になる仕事もあるが、それを喜んでやっている人もいる。個人との相性の問題なのだ。

仕事か、遊びか

「労働」や「作業」という言葉にいいイメージを持たない人は多い。懲罰のような響きだからだ。プロのアスリートが職業としてスポーツをしている場合、そのプレーは労働であるが、同じスポーツを余暇にやる人にとっては、それは遊び《プレー》だ。おそらく「やらなければならない」のか「やりたい」のかの違いだろう。ビジネスで財を成したあとも仕事を続ける人にとっては、仕事は「やりたい」ことなのだ。

職務内容を説明する

職務内容を説明する際には、勤務時間、当初の給与、試用期間、本採用後の昇給など、誰もが知りたい基本情報は、相手が質問しなくてよいよう、先に伝えておくべきだ。福利厚生についても簡単に説明しておこう。こうした基本情報を先に渡しておけば、これらの話題ではなく、採用判断に役立つもっと自由な質問に時間を割くことができる。

面接の話に戻ろう。仕事について話す際には、相手に伝わるよう、専門用語を使わず説明すること。業界用語や略称は自分にとっては当たり前でも、新しい人には外国語に等しい。業務内容の説明でも同様だ。技術職の専門用語だらけでは、候補者にはほとんど意味不明である。

判断力とやり抜く力を見極める

候補者を評価する際には、態度と業務スキルを見ることが必須だが、とりわけ「判断力」と「やり抜く力」は、部署に貢献してくれる人材を選ぶ上で重要な要素だ。両者を持ち合わせている人材は、自律的でマネジメントがしやすい。判断力のない人には、決断が必要なときにいつまでもフォローが必要になる。やり抜く力のない人には、あなたの時間が大量に取られる上に、細かいチェックが必要になり、それに対して相手は「監視されている」と不満を持つかもしれない。どちらも欠けている人は操り人形でしかなく、いちいち確認して細かくモニタリングせざるを得ない。そんな時間の使い方は嫌だろう。

では、面接中にどうすれば判断力を見極められるだろう？　候補者に、現実に仕事上で起こりそうな状況を伝えてみよう。解決策が明確でなく、やり方も複数あるような状況がよい。そうした状況を提示して、「どのように対処するか」よりも、「対処法を選択した理由」を問うとよい。与えられた情報の消化の仕方、意思決定のプロセス、そして判断に必要な情報が何かを見極める力を確認しよう。候補者の判断力はこれでチェックできる。選考過程でこのチェックをするには、準備にも実行にも時間がかかるため、最終選考近くまで候補者が絞られてから実施するとよい。

やり抜く力を見極めるには2つの方法がある。1つ目は、可能であれば候補者の元上司から情報をもらうことだ。「実行力はどうでしたか？」とは直接言わず、業務を与えた際に信頼できる仕事ぶりだったか、締め切りは守ったか、どのくらい細かく管理する必要があったか、などを確認するとよい。

別の方法として、候補者自身にうまくいかなかったプロジェクトについて話してもらうのもよい。理想の結果が出なかった理由をすべて、洗い出してもらうのだ。もう一度機会を与えられたら、どのように挽回するか質問しよう。やり抜く力がどの程度優れた人であるかが掴めるだろう。納期遅れに言及した場合には、なぜそうなったのか話してもらおう。自分ではどうしようもなかった外的要因の話をするかもしれないし、「背負いすぎた」とか「時間を読み誤りました」などというかもしれない。議論を進めていけば、業務の信頼性について把握できるだろう。

できる部下の条件はさまざまだが、判断力とやり抜く力は必須だ。この2つが足りない人には、必要以上に手間を取られるため、自分がマネジャーとしてベストの仕事ができなくなってしまう。

採用の決定についての伝え方

1つの採用枠に対して複数の候補から選考している場合には、誤解を招かないよう注意しよう。すべての候補者と面接を行ったのちに決定をすると伝えておけば、採用が公平に行われていると分かってもらえるだろう。決定次第、直ちに連絡すると伝え、いつ連絡が来るかを伝えておくこと。

「態度の話」をする

選考後、内定者とは「態度の話」をしておくべきだ。以下は「態度の話」の良い例である。やっていくうちに自分なりのスタイルができるだろうが、基本的な考えは変わらない。

「あなたを採用した理由の1つは、態度です。この組織で発揮してほしい態度をあなたが示していたからです。応募書類や試験から、業務能力があるのは伝わりました。スキルを満たしている候補者は他にもいましたが、多くの候補者の中からあなたを選んだ理由は、当社が求めている態度を見せてくれたからです。優秀な人とそうでない人の違いは態度にある、と当社は考えています。

この組織の全員の態度が素晴らしいわけではありません。私たちが態度という言葉を使うとき、それは自分の役割に縛られず、組織に貢献する姿勢を指します。高いレベルで業務をするプライドであり、仕事がうまくやれた満足感、達成感もそうした態度から生まれます。あなたにはそうした態度があるので、能力の高さも活かして、この組織で素晴らしい活躍をしてくれると期待しています」

この短いスピーチの内容を分析していこう。

仕事についての考え方を受け入れてくれる最良のタイミングは、新しく着任するときではないだろうか。

人は、相手の受けた印象を裏切らないよう頑張ろうとするものだ。だからこそ面接時を思い起こして、組織で発揮してほしい態度をピックアップしておこう。内定者は、その態度が、組織にも上司にも評価されると知って、入社後もその態度を発揮しようと思ってくれるはずだ。これは本人、会社ともにメリットのある状況だ。

なお、「社内には態度の良くない人もいる」とわざわざ伝える理由だが、態度の悪い従業員について黙っていると、入社後にそういう人を見かけた際に、「上司の発言には内実が伴っていない」と不信感を抱かれてしまうためだ。前もって伝えておけば、態度の悪い同僚を見かけても、あなたへの信頼は揺らがない。「こういう良くない態度の人もいるって言っていたよね。それを変えるために私が採用されたんだった」とより信頼してくれるわけだ。

態度の話を新しい部下に伝えるタイミングは、好みの問題ではある。採用決定時にオフィスに呼んで、「おめでとう」とともに態度の話をするのは理想的だ。仕事初日でも有効だが、効果はやや落ちる。新人の頭の中はいろいろなことでいっぱいだからだ。これから会う人とお互いうまくやれるだろうか、などと考えて緊張している。それでも初日は、やってほしいことを素直に受け入れてもらうには良いタイミングである。

第13章

部下の教育

新人マネジャーは自分の管轄にある業務のやり方は全部理解しておくべきだと考えがちだ。もしも主要な部下が辞めてしまったら、自分が代わりにその業務をやらなければならないとでも思っているかのようだ。その理屈なら、極論として、ＣＥＯは社内の全仕事をできなくてはならないことになる。そんな馬鹿げた話はない。アメリカ大統領なら連邦政府の行政関連の業務を全部できると考えるくらい馬鹿げている。大統領はホワイトハウス内の業務でさえ自分でやる必要はない。シェフでなくても鶏肉が腐っているかはわかるものだ。

部下の教育とマネジャーの職責

部下が何をすべきかを把握しておく必要はあるが、細かい手順まで知る必要はない。もちろん、どのレベルの管理職であるかによっても異なる。自分がプレイング・マネジャーで、チームメンバーと同じ業務をしつつリーダーを兼務しているなら、業務の詳細はよくわかっているだろう。

だが、35人もの部下がいて、幅広い業務を担当している場合には、各業務のやり方までは理解していなくて当然だ。わかっている人が他にいればよい。大病院の事務局長は、自分では手術はできないが、優秀な外科医を継続的に確保する方法は知っている。

新人マネジャーは、ことさら自分ができない実務について不安になるものだが、その必要はない。あなたはチームの結果に対する責任を負うのであって、すべて自分で手を動かしてやる必要はないのだ。

このことを最初は怖く感じるかもしれないが、そのうち慣れて、それが当たり前になる。最初は「全部を理解しなければ！」と慌てるが、大きな部署で業務が多岐にわたる場合には、全部を理解するのはそもそも不可能だ。無理はしないこと。

新しく入った部下の教育

業務によって必要な研修や教育の量は違うが、どれだけ経験豊富な人であっても、転職や異動で新しい環境に来た場合には、多少の研修や教育が必要だ。新しく来た人には、できるだけ早い時期に研修や教育を受けさせて、新しい職場での仕事のやり方を学び、組織にうまく順応できるようにしたい。

配属初日に説明した内容はたいてい無駄になるのだが、それには理由がある。初日は、同僚や関係者と知り合い、職場の様子を知る機会なのだ。だから初日は社内見学や人の観察にまるまる使っていいことにして、具体的な引き継ぎを始めるのは翌日からにしておきたい。転職や異動の初日は、たいていの人が頭痛か肩こりとともに帰宅するものだ。緊張しっぱなしだから仕方ない。

新しく入った人の教育のやり方には、さまざまな流派がある。その業務から離れる前任者が引き継ぎを行うのが一般的だが、状況を顧みずにこのやり方を自動的に適用するのは間違っている。前任者がその業務から離れる理由と、個人の態度を勘案してやり方を選ぶべきだろう。

ダメな引き継ぎの例

業務引き継ぎの悪い例を紹介しよう。最悪の判断をした事例だ。営業担当者が数名に事務担当者が1人の部署で、事務担当者の仕事ぶりが悪かったため、解雇を決定した。あわせて後任の人材を採用し、前任者に事務業務の引き継ぎをさせた。結果は関係者全員にとってまさに悪夢となった。

当然である。相手がよほど完璧な人間でない限り、辞める人間に引き継ぎや新人教育を担当させてはならない。能力不足で解雇されるような人が、自分の後任者をうまく教育できるわけがないだろう。身を入れて引き継ぎをしてくれないだろうし、たとえ頑張ってくれたとしても、自分の悪いやり方を全力で次の担当者に引き継いでしまう。解雇でなく自己都合の離職であっても、引き継ぎの教育担当としてはベストな選択ではない。辞めると公表している人は、気持ちが退職後のことに取られてしまっている。引き継ぎは雑でいい加減になるだろう。ただし、昇進に伴ってそのポジションを外れる場合は、後任の指導をさせるのは適切だろう。

先ほどの例では、クビにした従業員に引き継ぎをさせたマネジャーは、事務のことが何もわかっていなかった。自分で新入社員の教育はできない。少しでもやろうものなら、自分の関心のなさがバレてしまうため、体面を保つことを優先した結果、取り返しのつかない惨事へと突き進んでしまった。これはマネジメントの深刻な失敗である。

この失敗の教訓は、マネジャーはすべての仕事を知っておけ、ということでは決してない。この事例では事務職は1人しかいなかったので、他の誰も教育担当ができず、解雇した相手に後任の教育をさせるという安直な方法を選択した。マネジャーは、たとえ具体的な事務の各論を説明できなくても、事務職として何が求められているかを新しい担当者にきちんと伝えておくべきだった。

教育担当を選び打ち合わせをする

新人や異動者の教育プログラムを始める前に、教育担当になる人としっかり話しておこう。いきなり伝えてびっくりさせるのではなく、事前に担当者と打ち合わせをして、どういう状態まで仕上げてほしいかを伝えよう。前任者のやり方よりも効率化したい点のアイデアもあるだろう。そうした変更をしたい場合、担当者が入れ替わるタイミングは絶好のチャンスだ。変更についての案がなかったとしても、求める成果について教育担当と擦り合わせを行うのは非常に重要である。

新しく採用する人が決まり、入社日が決定した時点で、教育担当として選んだ人にその旨を伝えておこう。教育担当としての役目を果たすために、自分のスケジュールを組み直したりする必要があるだろうからだ。

教育担当には、物事の説明がうまい人を選ぼう。業務を要素分解できて、新人には意味不明な専門用語を使わずに話せる人がよい。専門用語はそのうち本人が覚えるだろうが、新しく来た人を謎の言語で怯えさせてはならない。教育担当には、何をしてほしいのか概要を伝えておこう。初日からみっちり詰め込まないようにしたいのであれば、その旨も伝えること。

初日の午後には、一度教育担当と新人のところに立ち寄って、どんな感じかと声をかけておこう。たいしたことを言う必要はなく、気にかけているのを態度で伝えることに意義がある。

最初の週の終わりには、新入社員を呼んで、個別に話をするようにしよう。この場面でも、マネジャーとして何を言うかはさして重要ではなく、新入社員が健やかにやれているか気にかける姿勢を示すことが重要なのだ。いくつか質問をして、教育係からの説明はわかりやすいか確認しておこう。新入社員の立ち上がりはいい調子だろうか。

改善の種まきをする

新人の配属のタイミングは、「改善の種まき」の時期でもある。新しい部下には以下のようなことを伝えておこう。「新しく来たあなたには、私たちには気がつかないような新しい視点を期待しています。この職場でのやり方やその理由についてどんどん質問してください。そして教育期間が終わったら、現在の業務を改善するための提案をしてください。新しい人には明らかでも、私たちには当たり前になっていて気がつかないことがあるだろうから」。こう伝えれば、相手に「上司は常に改善を望んでおり、新しいメンバーからの意見を重視している」と理解してもらえるだろう。

ここで「教育期間が終わったら」と強調しているのは、仕事の全体像が把握できていないうちに変更の提案をしてくるのを防ぐためだ。当初はいいアイデアだと思えたが、業務上の役割を理解するにつれて再検討すべきだと気づくこともある。

新人に限らず部下全員に、あなたがマネジャーとして業務改善に本気で取り組んでいることを理解させておこう。こうしておけば、新しいアイデアへの拒否反応も出にくくなる。「ずっとこのやり方でやってきたから」という言い訳で既存の方法を変えようとしない人は常にいるが、こうした議論はたいてい破綻している。現行のやり方について合理的な理由が説明できないか、あるいは変化をやみくもに恐れているかのいずれかだからだ。

業務内容と目的を伝える

引継ぎや新人教育では、業務内容を細かい要素に分解して、それぞれを個別に説明するとよいだろう。全体像をまとめて一度に説明すると、新人は圧倒されてしまうためだ。もちろん、担当業務がオペレーション全体の中でどんな役割を果たしているか、といった職務の目的については、最初に説明しておくべきである。

業務状況のフィードバック

教育期間が終了し、独り立ちしたあとも新人の仕事ぶりを把握できるよう、業務に対しての意見が部署内から出てくるフィードバックの仕組みの設計、運用は重要だ。新人が各業務をマスターできていることを確認しながら、徐々に次のタスクの引き継ぎへと進むべきであり、業務の質がフィードバックされる仕組みは必須である。これは新人に限らず部下全員に対して導入されるべきだろう。部下の業務に問題があった際には、大事に至る前に、必ずマネジャーであるあなたがフィードバックを受けて把握できる仕組みを整えたい。業務の特性によって適切な仕組みは異なるため、厳密なガイドラインを本書では提示できないのだが、こうしたフィードバックの仕組みを設計、運用できることはマネジャーとしての成功に不可欠だ。

社内からのフィードバックは重要だ。不満を持った外部のクライアントやカスタマーからの連絡で問題を知るのでは遅すぎる。問題が自部署で対応できる範囲にあるうちに、対応しておきたい。

業務品質の目標を設定する

部下が納得できるような業務品質管理の仕組みを運用しよう。完璧を求めるのは現実的ではなく、目標として不適切である。部署として許容できるエラーの発生率を決めて、その目標に向けて努力をし、達成するというプロセスがよい。部署のメンバーに協力を求める以上、目標は達成可能であるべきだ。

新人が仕事で独り立ちできるようになったら、業務上の期待値を伝えよう。もし最終目標が精度95%であれば、これをもとに中間目標を設定しよう。たとえば1カ月後には70%、2カ月後に80%、3カ月後に95%、などと目標を設定すればよい。これは業務の難易度によっても異なり、単純な業務であれば最終目標に近づくのも容易だろう。達成に向けたスケジュールを決めて、新人と共有しよう。

部下に期待値を伝えて、その達成プロセスに巻き込むようにしよう。「目標に到達できそうにないと不安に思ったら、教育係に相談してください。一緒に対応策を考えてくれるから」と伝えておこう。教育担当にも上司であるあなたにも叱責されず、前向きに受け止めてもらえると理解させたい。研修期間中の教育担当と上司の役割は、コーチでありサポーターであって、叱責するためにいるわけではない。新人がうまくいくことが、マネジャーである自分にとっての成功なのだ。これを正しく理解してもらおう。

引き継ぎが完了しても、業務品質に問題がなくなり、チェックが不要になるまでは、教育担当に業務を確認してもらおう。ミスがあればその都度、教育担当と新人できちんと振り返りを行う必要がある。教育担当は、新人を責めずに、何が悪かったのかを落ち着いて話せるような、コミュニケーションのうまい人であるべきだ。個人のせいにしてはならない。教育担当は「またミスをしたのか」などと言わず、「そうか、まだ100％にはなっていないね。でも前よりずっとよくなっているよね。そうでしょ？」という話し方をすべきだろう。

試用期間の終了時に面談をする

新入社員の試用期間は、企業によって数週間、数カ月などと決められている。新人がサポートなしで仕事ができるようになったタイミングで、再度、正式な面談をしておきたい。試用期間の終了の時点で、いくつか確認すべきことがある。まずこの機会に、ここまで頑張って成長できたことに満足していると評価し、今後は教育担当に頼らず業務するよう伝え、量と質の両面で、どのように業務がモニタリングされるかを共有しておこう。さらに、初週に伝えておいた「業務のやり方について改善点を見つけて提案してほしい」という件を話す絶好の機会でもある。その時点ではまだ提案がなくても、ここで念を押しておけば、今後も業務改善について自由な発言が推奨されていること、そして上司は自分の意見に心から関心があることを印象づけられる。

教育担当を褒めてねぎらう

教育期間の終了は、教育担当の仕事をきちんと評価して褒めるべきタイミングだ。良い仕事をしていたなら、そのことをチームメンバーと共有する機会を作ろう。教育担当はもとの業務に追加された職責を完遂したのだから、それをみんなの前で褒めることは、「追加の業務を頑張れば評価される」と部署全員に伝える機会になる。これを活用しない手はない。教育担当には、ギフトカードをプレゼントするなど、手頃なご褒美をあげるのもよいだろう。

第14章

変化には抵抗がつきもの

変化をうまくマネジメントすることも、マネジャーとして重要な仕事である。変化のマネジメントとは、「変化を受け入れる」、「部下が変化に抵抗する理由を理解する」、そして、「抵抗を軽減する対策を講じる」の3つだ。この3つができれば、マネジャーにとって決定的な能力をマスターしたことになる。

自身が変化を受け入れよう

全社で決定した変更を受け入れたがらない上司のもとで働いた経験はないだろうか？この手の上司は、決定への不満を態度に出し、「何もわかっていない」と経営層を非難して、「変更の大部分は従業員にとっても迷惑なはずだ」と部下のあなたを説得してくる。

マネジャーとしては、主体的に変化を起こし、その推進者になるべきであるし、たとえ自分が反対した変革案でも、決まった以上は受け入れてサポートしなければならない。

「自分が望んだ変化ではなかった」とは認めた上で（どうせ部下は勘づいているだろうから正直になるのがベストだ）、それでも変化を支持して前向きに取り組むと宣言し、メンバーにも同様の姿勢を求めるべきだ。

たとえば、会社は新しい企業管理システムの導入を決定したが、あなたは旧来のシステムで十分だと考えていたとしよう。新しい決定を支持しないことの問題点は何だろうか？第一に、その変更を自分の視点でしか捉えられていない点が問題だ。社内の他部署には、自分からは見えない利点があるのかもしれない。第二に、組織の決定より自分の意見を重視している姿勢が部下に伝わってしまうのもまずい。新人マネジャーとして、部下には組織目標や意思決定に沿った行動をさせるべきだからだ。もしあなた自身が意思決定のプロセスに参加し、経営陣に意見を伝えていたならば、たとえ反対だったとしても、変化を受け入れやすいだろう。とはいえ、意思決定に関われなかった場合でも、マネジャーは会社が決めた方針や手続き、ルール、規定などを支持して従うべきであり、決定を支持する姿勢を部下にはっきりと伝える義務がある。

変化への抵抗が生まれる理由

第2章で述べたように、人は変化を拒むものだ。良くなるのが明らかな変更方針にも、たいてい抵抗が起こる。なぜ人は変化に抵抗するのだろうか。人は未知のものを恐れ、不確実性への対処を嫌がるものだ。変化によって自分の業務にリスクが生じるかもしれないし、変更に伴う責任を果たせるか自分のスキルに自信がない場合もあろう。そもそも変化が導入される理由に納得していない場合もあるだろう。

変化への抵抗感は、多分に主観的なものでもある。変化へのハードルの高さは人によって異なるのだ。過去に変化のせいでひどい経験をした人や、変化は恐怖だとされる環境で育ってきた人は、変化に強い抵抗を示す。一方で、変化で得をしたことのある人や、変化は善だと教わってきた人は、変化への抵抗感が薄い。

変化への抵抗感は主観的だ、というのには別の意味もある。変化の影響は、人によって異なる。たとえば、小包を出す際に、ミシェルは必要に応じて配送状況の追跡や、利用者やベンダー、営業などからの問い合わせ対応ができるよう、リストを作成していた。一方、ブラッドは「そんなことは時間の無駄だ」と思って何もしていなかった。小包の発送状況を記録する新方針が会社から出された際、ミシェルは平気だが、ブラッドは新しい「煩雑な作業」を嫌がり、周囲に不平を言っている。

変化への抵抗を減らす方法

変化への抵抗を部署から完全に排除できる、と考えるのは甘い。前述のとおり、人は抵抗するのが当たり前なのだ。抵抗の量を減らせるだけでも仕事はうまくいく。そのためのベストな戦略は、部下を変化に巻き込むことだ。

とにかく、できる限りの情報共有を行おう。変化への抵抗感は未知への恐れに起因するのだから、その未知を最小化しておきたい。知らないことが少ないほど、抵抗は小さくなる。情報を伝えたからといって、それが受け入れられるわけではないが、それでも、嬉しくない内容であれ正確な情報があったほうが、情報がない、あるいは不正確な情報しかないより、ずっとマシなのだ。わかりきったことだが、情報はいずれ広まる。あなたが隠したところで、部下は別のルートから情報をとってくる。そうした情報は不正確なことが多い。あなたが正確な情報源になっておけば、変化の最中にも、部下はあなたのことをいちばん頼れるガイドだと信頼してくれるはずだ。

情報を共有した上で、変更の理由とその利点を伝えよう。もちろん、自部署にはまったくメリットのない場合もあるが、その場合にはカスタマーや他部署の人に利点があるはずだ。「私たちのチームには直接の利益はないが、組織全体のメリットになる」とか「変化が常に私たちの部署を利するわけではない、それでも他部署にはメリットがあるはずだし、そうなるようにしよう」と率直に伝えるべき状況もあるだろう。

その上で「どうすればこの変更を部署に実装できるだろうか」と部下に尋ねよう。部下を変化に巻き込めば、それだけ前向きに変化を受け入れてくれる。誰より頑固に抵抗していた部下を巻き込んだ途端、最高の推進者になってくれることさえあるのだ。いちばん強く抵抗している人を見つけて、味方につけるようにしよう。こうした人に支持されるようになれば、変革は推進しやすくなる。

第15章

正しく叱る

業務に求められる水準は業界によって異なり、同じ社内でも職種が違えば差があるだろう。

マネジャーは、部下全員に、必要な業務水準を理解させなければならない。達成すべき基準を曖昧にしておくと、部下に指導を行う際に自分の首を絞めることになる。指導する際の自分の立ち位置も怪しいし、誤解も生じやすい。業務基準がふわふわしている組織はうまくいかない。

それぞれの業務について基準をきちんと設定できている前提で話をしよう。その基準は職務記述書に明記されているはずだ。職務記述書には、それぞれの業務の要件が明記してあり、業績評価の基準となる。マネジャーは、担当部署のメンバー各人の業務状況を、この基準に照らして、常に把握している必要がある。「顧客や他部署から苦情が来ない限り、部下の業務には問題ないだろう」という考えではダメだ。外部からの警告信号が届く時点では、すでに深刻なダメージが起きているだろう。

指導の前提となること

部下の業務状況に対するマネジャーの態度はきわめて重要だ。部下には、配属された瞬間から、あなたの態度を理解させておきたい。試用期間中もその後も、自分に求められている業務水準を、一人ひとりが正確に理解する必要がある。なお試用期間中は、量的にも質的にも業務基準に満たないと予想されるので、新人のミスの影響を部内でカバーできるよう、組織として事前に対策しておこう。

基準を守ってうまく運用していくには、部内でのフィードバック体制が不可欠だ。基準を下回る業務があった場合には、すぐに報告が上がるよう、部内の体制を構築しておこう。部下の業務レベルが低い場合にはマネジャーが把握してすぐ対処できるようにしたい。ここからは部下の叱り方について述べるが、あくまで業務の基準が明確に設定されており、部下が理解できていることが前提だ。さらに、適宜フィードバックの得られる体制も確立しており、基準以下の業務行動が問題となった場合にはすぐ感知できるものとする。

個人攻撃をしない

マネジメントの鉄則として最古のものに「叱るときは誰もいないところで」がある。部下に屈辱的な思いをさせてはならない。これは解雇のときも同様だ。あくまで業務の話をしているのであって、部下の人間性を批判していないことは、常に理解させておく必要がある。

部下の業績の問題を話しているはずが、個人攻撃に変わってしまう、という上司はマネジメント経験の寡多を問わず多い。たいてい悪意はないようだが、思慮の浅い行動としか言いようがない。

以下のように切り出すと、部下との話はろくな方向に進まない。

「あまりにもミスをしすぎだよ」

「問題が何なのかは知らないけど、こんなに仕事ができない人は見たことがない」

「あなたの業績はあまりにもひどすぎて、もう何と言っていいかわからないよ」

こうしたひどく侮辱的な発言が、毎日どこかの職場で聞かれる。指摘自体は正しくても、こんな攻撃的な言い方では、問題は悪化するばかりだ。

上司にこうした態度で来られると、部下は個人攻撃をされたと感じるものだ。攻撃を受ければ、人は自然と防御体勢に入るため、部下の防御バリアは確実に強まる。問題を話し合うのに両者とも、バリア越しに戦わなければならなくなる。部下を責めず、親身になって話をしよう。「あなたには仕事で成功してほしい。だから、良い結果を出せる方法を一緒に考えよう」と伝えてはどうだろうか。

業績の問題を指摘する際には、仕事の進め方に誤解があった結果だと捉えるようにしよう。部下は教わった際に何かを見逃しており、そのせいで業務の流れに穴があって、うまく仕事ができていないのだろう。このアプローチなら、指摘の対象はあくまで業務であり、その人を非難しているわけではないと相手も理解できるはずだ。

相手の話を聞く

一方的に話さず、対話を心がけよう。自分だけが喋り続けるマネジャーも多いが、これでは聞き手の恨みを買うだけだ。部下に対話を促そう。話し合わなければ、問題解決の糸口は掴めない。

とはいえ、妙に気を使いすぎるのも問題だ。ある重役は、指摘が高圧的にならないよう細心の注意を払って、慎重に言葉を選んで伝えたつもりだったのだが、言われた側は「自分の業績が良いから昇給してもらえる」と勘違いしたまま役員室を出ていった。部下には業務が要求を満たしていないとしっかり理解させねばならない。もちろん伝え方は非常に大切だが。

部下を呼び出したら、まずは相手をリラックスさせよう。あなたにとってはたいしたことではないだろうが、上司と2人きりになる機会が少ない部下は、「偉い人に呼び出されたら、恐ろしいことが起こるのでは」と怯えているかもしれない。どうにかして相手の緊張を解く必要がある。

冒頭で、話し合いに積極的に参加してほしいと伝えておこう。こう切り出すのもよい。「君がきて3カ月が経ったので、どんな感じでやっているか、一緒に話す時間を取ろうと思ったんだ。前も言ったとおり、私は君にこの仕事で成功してもらいたいと思っている。君から見て現状はどんな感じかな？」

このように働きかければ、業務が基準に満たない部下を励ましつつ、本人に問題を話してもらうことができる。仕事がうまくできていない自覚があるのが普通だ。部下がきょとんとしている場合は、そもそもの期待値が伝わっていない可能性が高く、教育とコミュニケーションに深刻な問題があることになる。

部下から業務状況の説明を受けたら、業務レベルが基準に達していない点に話題を移そう。「経験者向けに設定された業務基準に近づいてきたと思う？」などと質問するのだ。もし返事が「はい」であれば、「経験者の同僚たちと同じレベルの仕事ができていると思う？」と尋ねる。また「はい」と返ってきたなら、その部下は現状把握ができていない。重要なのは、業務の質について議論できるような返答が出るまで、こうしたタイプの質問を繰り返すことだ。

いくらうまく話を引き出そうとしても、部下がいっこうに話の核心に向かわない場合には、こちらから切り出すしかない。「問題ないです」「うまくいってます」と言い張る部下に対しては、「自分の業務について、そう考えているんだね、なるほど。私に見えているものとは違うね」と言うのだ。「私が見聞きしたことと、あなたの見方が違うのはなぜだと思う？」と訊けば、問題について話し合えるだろう。

誤解を防ぐ

話を進める際には、部下が期待値を理解できているか、念押しするテクニックを使おう。合意した内容について意見を求めておけば、あとで「言った、言わない」で揉めることもないだろう。
話し合って決めた内容は記録して、部下ごとのフォルダに保管しておくとよい。部下の数が多い場合には、6カ月後には今日の会話の詳細など記憶にないだろうから、この記録がとても役に立つ。

仕事はできるが問題のある部下

業務上の問題が、本人の性格や態度と切り離せない場合もある。単に業務量や質に課題がある場合は、先述の伝え方をすれば、あくまで業務の問題であって人間としての評価とは関係ないと理解してもらえるはずだ。だが本人の態度に問題がある場合、その線引きは難しくなる。

たとえば、非常に仕事ができるが遅刻の多い部下がいたとしよう。業績の低い部下への指導とは異なり、この手の、優秀だから部下として引き留めたいが、態度に問題のある従業員を指導するのは難しい。対処がややこしいのは明らかだ。いくら仕事ができるからといって、その人だけ特別に毎日ゆっくり出社して可とすると、定時出社を守っている他の部下との公平性の問題が出てくる（フレックス制であれば問題にならない）。

仕事のできる部下に態度を直してほしい場合には、いっそマネジメントの難しさを本人に明かしてしまう手もある。「もし従業員全員が始業時間を無視するようになったら、放置しておけない。それに、君自身で仕事をしづらい状況を招いているんだよ」と伝えよう。その上で、解決策を話し合えばよいだろう。

従業員本人では解決しづらい問題が見つかる場合もある。託児施設の利用制限や変更のために、部下が定時に出社できなくなっているケースなどだ。子どもが病気になれば別の託児施設を使わざるを得ず、病児保育が満員であれば定時出社は不可能だ。こうした問題を解決するには勤務時間の変更が必要かもしれない。30分か1時間、始業を遅らせれば解決できることもある。

遅刻しがちな部下の問題はぶり返しがちなので、徹底的に対処しておきたい。

優秀で真面目な部下なら、あなたの言葉を受けて態度を正すだろう。以降、10日ほどは定時に出社できているのを見て、「部下への指導がうまくいった」とその時点では上機嫌になるかもしれない。だが、そのうちにプレッシャーがなくなると、また遅刻しだすことがある。このときに「仕方ないな、何か事情があったんだろう」と適当に済ませてはいけない。定時出社は必須だという方針を、部下全員に理解させるべきだ。

話し合い以来、初の遅刻をした時点で、規律を破った部下と話をしておこう。前回ほど長く細かい話はしなくてよい。前回の内容を念押しすれば十分だ。今回の遅刻には正当な理由があるのかもしれないし、念押しだけで済むかもしれない。その部下が定時出勤を6カ月継続できれば、もう悪癖は修正されたので大きな問題はないと見なしてよいだろう。

優秀な部下がダメになった場合

ここでは、時間の使い方の問題で懲戒免職になった部下の事例を順を追って見ていこう。とても難しい状況だが、似たような状況は起こりうる。あなたはコンサルティング会社に勤務しており、直属の部下のケリーは経営者へのコーチングを担当していた。顧客のオフィスを訪問して、上級役員へのマンツーマンのコーチング、マネジメント能力向上の支援、プロジェクト遂行のアドバイスなどをするのが仕事だ。顧客からの評価は常に上々で、引っ張りだこだった。あなたにとっても、最高の部下のひとりだった。

だが、状況は一変する。継続顧客からのケリーの評価が下がったのだ。新規顧客も同様だ。ケリーはかつては5分か10分の休憩を取っていたが、ランチ以外に1時間の休憩を1日に何度も取るようになったという。数週間にわたってこうした苦情が相次いだため、ケリーを呼び出して、苦情について話すことにした。「クライアントである経営者を放置していなくなるなんて、あなた自身もうちの会社もプロフェッショナルではないと思われてしまうよ。相手はあなたのコーチングを受けるために多額の費用を出している。しかも忙しい経営者がわざわざスケジュールを開けて待ってくれているんだよ」と伝えた。

ケリーは「そんなに長い休憩をとっているはずはない」ときっぱり否定した。あなたは、仕事関連だろうがプライベートだろうが、ケリーの抱えている問題が解決できればと、何とか話し合おうと頑張ったが、ケリーは「私は完璧にやっている、そんな長時間の休憩などとっていない」と言い張った。そこであなたは行動計画を立てた。クライアントに5分か10分の休憩を申し出る際（ケリーは喫煙者だ）には、時計を見て、今の時間と戻る時間を伝えるようにさせたのだ。

これで解決だと思うだろう。そうはいかなかった。顧客からの苦情は続いた。そこで何度もケリーと話し合ったが、何も好転しない。会社の経費で外部カウンセラーを利用することも提案したが、拒絶された。態度は改善されず、あなたはケリーに最後のチャンスとして「あと1回、同じ苦情を受けたら解雇する」と伝えた。苦情はいくつも届き、解雇が決まった。

この事例をマネジメント能力の欠如による失敗だと考える人も多いが、そうではない。どんな問題でもマネジャーの対応次第で解決できるわけではない。この事例では、状況を修復するために、手は尽くしている。問題行動を毎回指摘し、どんなことでも打ち明けられるよう尽力し、改善のための行動計画を作って実行させ、変わるチャンスを何度も与えた。どれもうまくいかなかったので、最終手段として、かつて非常に優秀だった部下を解雇するしかなかったのだ。

デリケートな問題への対処

勤務中の時間の使い方については、他にも問題は起こるだろう。部下がインターネットで仕事と関係ないことを延々やっている、ランチ休憩が長すぎる、予定をすっぽかす、などだ。言うまでもないが、あなたは過剰に労働者を締め上げるべきではないし、誰でも何かしら問題を抱えることはある。重要なのは、あなたや会社がマネジメントする上で問題となる常習犯をしっかり取り締まることだ。

上司が対処に苦しむ問題として、個人の衛生問題が挙げられる。たとえば、自分の部署にいる若い女性従業員の体臭が不快であるとする。同僚たちがひどいことを言っており、さらには彼女を避けるようになった。業務上、彼女とは頻繁にコミュニケーションをとる必要があるのに、これは看過できない。体臭が業務上の課題になっているのだ。

このケースは自分で対応せず、人事部の担当者から本人に話してもらうとよいだろう。これは難題から逃げているのではない。あなたが対応した場合、部下はあなたに会うたび恥ずかしく、気づまりな話し合いを思い出して惨めな気分になるだろうから、それを避けるためだ。人事担当者に、業務の現場と離れたところで本人と話して解決してもらえば、他に問題のない人材を失わずに済む。こうしたデリケートな問題で対応を誤って部下に恥をかかせると、離職のリスクすらあるのだ。

シンプルな業務改善ツール

業績に課題のある部下に対しては、簡単なツールを使って、改善のためにやるべきことを理解させよう。物事がうまくいかないときには、問題を明確化することが何より重要である。効果を最大限に発揮できるよう、1対1の面談の中でこのツールを作成するとよい。

用意するのは白紙1枚、普通のコピー用紙で十分だ。封筒に入れるときのように用紙を三つ折りにして、開いておく。折り目に沿って水平に線を引けば、空欄が3等分されたシートの出来上がりだ。

「これからあなたの業務改善計画を作ります」と部下に伝えよう。上の欄には「強み」と書く。真ん中の欄は「改善すべき点」であり、下の欄には「目標」と書いて、これを部下と一緒に埋めていけばいい。あなたの頭の中には各欄に欲しい答えが思い浮かんでいるだろうが、部下に発言させることが重要だ。よいアイデアも出てくるかもしれない。

部下の意見を聞きながら計画を作成していく。その意見が適切かを判断するのはマネジャーの仕事だ。発言に納得できない場合は、そこから議論を進めていこう。

たとえば、「自分の強みはチームワークがうまくできること」と部下は言うものの、実情に反すると思った場合には、「どうしてそう言ったのか教えて」と伝えて会話を進めよう。相手の発言でこちらの見方が変わるかもしれないし、変わらないかもしれない。変わらない場合にはその旨を、あなたの視点や同僚からの意見をもとに伝えよう。「改善すべき点」の欄に「効果的なチームワーク」と書き加えるのもよいだろう。あくまでも建設的なトーンで話し、部下が仕事をうまくできるようになることが、このワークの目的だと強調しておこう。仕事をうまくやるためには、自分が何に取り組むべきか、正しく理解する必要があるのだ。

「改善すべき点」が特定できたら、その具体的な目標を立てて、下の欄に書き込もう。たとえば「プロジェクト終了時の同僚からのレビューで、5段階で3・5以上を取る」というように、各目標の達成度がわかるよう、すべて数値で目標を設定することが重要だ。誤解を生まないためにも、目標はあくまでシンプルに、明確に設定しよう。エラー率や欠勤日数のような数値指標がよい。

こうしたワークをしていると、部下が自己に厳しく、なかなか自分の強みを言えないことに気づくだろう。また、あなたの知らなかった観点が出てくることもある。こうしたプロセスは建設的なことなので、恐れる必要はない。

このワークで最も重要なのは目標設定だ。目標を設定して、いつまでに何をしなければならないのかを部下に明確に理解させよう。

計画に合意できたら、部下もあなたもその紙にサインして日付を書き込んでおこう。そのコピーを部下に渡して、次回、進捗状況を確認する面談の日程も決めておく。次の面談は1カ月以内で設定する。状況が深刻であれば、もっと短いスパンで面談を設定しよう。

こうしておけば、あなたの仕事もずっと楽になるはずだ。次の面談では、部下の改善状況がはっきりする。目標と業務状況のレビューは非常に簡単だ。目標をすべて達成できているのが理想だが、その場合にも、再度、同じプロセスを繰り返すことで、軌道に乗るようケアしておきたい。次回も完璧に目標を達成できたなら、3回目は期間を長く設定してみよう。

部下の業務状況が改善していった場合には、面談のスパンを広げよう。逆に悪化してきたら頻度を高めて運用すればよい。

何度も面談を行って改善計画を修正したにもかかわらず改善が進まない場合には、方向性が明確になる。部下のスキルと業務が合っていないことがはっきり証明された。これができるから、このツールは強力なのだ。正しく使えば、誤解の余地はほぼ存在しない。部下は改善できているか、業務を離れるべきかのいずれかだ。部下にとっても、業務が改善できない場合、別のことに挑戦すべきだと自分で気づく機会になるだろう。

人事給与制度と絡めた対応

優秀だった部下の業績が急に悪化した場合はどう対応すべきだろうか。この場合も当然、業績の落ち込みについて、部下とは継続的に面談を行う。部下には復調してほしいが、相手はこちらの話を真剣に聞いてくれていないようだ。こうした状況では、翌年の昇給をゼロとし、理由をきちんと説明するとよいだろう。業績が改善しない場合には昇給はない、と事前に告知しておく。こうして事前警告や可能性の伝達をした以上、信頼を損なわないためにも実行することだ。こうした場面で、先述の改善計画や1対1の面談のテクニックをしっかり役立てたい。

あるいは、部下を「試用期間」扱いにする方法もある。部下に対しては、「業績の改善はマストであり、これは挽回の最終チャンスだ」とはっきり伝えよう。「基準以下の成績がこれ以上続くのは許されない」と明確に理解させるのだ。部下も試用期間扱いにされれば、解雇のリスクと業績改善の必要性を理解できるだろう。

会社の方針や個別状況にもよるが、入社直後には試用期間が設定されていることが多い。試用期間は3カ月が標準的だろう。試用期間中の業績が基準を満たした場合には正規の従業員になる。その際に一定の昇給を伴うことも多い。試用期間中の業績が基準に満たない場合には、本採用をせず雇用が打ち切られることを従業員に納得させておくべきだ。これは驚くようなことではない。繰り返しになるが、もし部下に驚かれてしまった場合は、あなたのコミュニケーションに問題があったのだ。

第16章

解雇が必要なとき

マネジャーの記憶から一生消えない瞬間があるとしたら、それは直属の部下を初めて解雇しなくてはならないときだろう。これは決して楽しい仕事ではない。解雇はする側、される側の双方にとってトラウマになりかねない。とはいえ、マネジャーとしての仕事をきちんとやっておけば、解雇される部下の側にとって驚くことではないはずだ。さらにできるマネジャーならば、業績の上がらなかった部下を解雇するときに、「仕事を辞めることになったのを感謝しています」と部下に言わせることができる。嘘ではない。毎回は無理だろうが、こう言ってもらえるのを目標にしよう。

もし部下と腹を割って話し合いができており、本人を業績改善のプロセスに巻き込めていたのであれば、部下は「自分のスキルはこの業務には合っていないな」と自覚できるものだ。解雇に至る手続きの詳細の前に、まずは解雇について基本を押さえておこう。

第一に、予告なき解雇は間違っている。部下が暴力を振るったとか虚偽の報告をしたとかでない限り、突然の解雇は不当である。一度やるだけで懲戒免職になる行為については、各社に規定があるだろう。

第二に、怒りなどの感情で解雇を決めてはならない。そんな大きな判断を衝動的にするのはあり得ない。たとえ、部下があなたの癪に障る言動をして、「誰のおかげで仕事があるのか思い知らせてやろうか」と思ったとしても、感情に任せた言動は慎むこと。後悔するだけだ。

この章を読むうちに、「解雇のために時間と労力をかける価値もない、ひどい部下もいるんだよ」と思うかもしれない。その場合は、別の観点から考えてみよう。解雇をうまくやることは、マネジャーにとって最重要かつ最難関の業務の1つである。マネジャーとしての自分のスキルを磨くために必要な時間を投資しているのだと考えよう。

企業には退職のプロセスに関するガイドラインが存在するので、不明の際には、自分の上司や人事部に確認しよう。解雇に関しては、性急にやって失敗するより、考え過ぎで動きが遅くなるほうがよい。とはいえ、部署の全員が「なぜクビにしないのか」と思うレベルでも、意地でも部下を解雇しないマネジャーもいる。これでは良い組織マネジメントはできない。

解雇の見極めのプロセス

部下の解雇が必要になるのは、部下の業績や能力、モチベーションなどが会社の求める水準に達していない場合だろう。当人の適性が現在の業務と合っていないこともある。あなたが尽力したところで、そもそもが採用ミスあるいは登用ミスだったのかもしれない。試用期間中に求められる及第点までは行けたが、正規の従業員の水準には到達できないということもあるだろう。

解雇が第一の選択肢であってはならない。解雇に伴うコストは大きい。業績が基準に届かない部下を解雇する場合、退職に伴って退職金、医療給付の移行金、場合によっては再就職支援金など、さまざまなコストが発生しうる。さらに、代替人員の獲得にもかなり時間を取られる。部下の業務を許容できる水準まで引き上げるべく全力を尽くすのが最優先だ。

当初は、試用期間中の教育も順調で、業務理解が進んだとあなたも満足していたはずだ。新人と教育担当との間に、情報がうまく伝わらない人間関係の障壁はなかったのだろうか？

適性検査、応募書類、その他の採用関連のデータをさかのぼって、何か見落としがなかったか確認しておこう。その部下と面談をして、現状の業務のレベル、要求されるレベル、そのギャップを埋める方法を話し合おう。本人は頑張って改善したいと思っているのか、現状のままでいいと考えているのかを把握しておこう。

この段階では、以下の2方向のどちらに進む可能性もある。第1の方向性は、部下と一緒になって業務レベルを改善することで、これができればベストだ。そして、第2の方向性は、感謝してもらえるような解雇をすることだ。

いずれの方向性にせよ、コミュニケーションは重要である。とにかく率直に伝えるべきだ。雇用の継続が危うい状況だと明確に伝えよう。仄めかしでよい時期ではない。あわせて「本当は業務がうまくできるようになってほしいし、本気で変わる気があるなら私も全力で支援する」と伝えるのも大切だ。

このタイミングで目標と行動について、合意を書面化しておくこと。立派なものでなくてよい。1ページで十分だ。業務改善のための行動計画について合意が取れたら、完了予定日時も明記しておく。

解釈の余地を残さないよう、とにかく明確に書くこと。「現状の平均エラー数は1日あたり5件である。これを当月中に平均3件に減らす必要がある」という具合だ。とにかく具体的に記述するのには二重の目的がある。もし目標を達成できたなら、課題は解決に向かっているため雇用は継続となる。達成できなかった場合には、退職手続きに踏み切るわけだ。

部下と作る行動計画には、メンターによる数日間の追加研修や、類似の業務を効率よく運用できている人について一日業務を見学する、などを加えてもよいだろう。目標は具体的に記載すること。求める業務水準を数値化し、期限も設定しておこう。

面談を終える前に、以下の3つのことをやっておこう。

1 コピーを作り、サインさせて、1部を本人に手渡す。
2 次回の進捗確認の面談日程を設定する。
3 次回面談の前でも、必要に応じて相談するように伝える。

次回の進捗確認の面談は、あまり間を取らずに設定しておきたい。1カ月以内に設定しよう。次回の面談では、行動計画と目標を確認、最新化して、部下にサインさせる。ここでも、その次の進捗確認の日時を明確に決めておこう。

もしこの時点で改善が見られないならば、次の面接までの期間は短く設定しよう。成長の兆候が見られたのであれば、間隔を少し長めに取ってもよい。このプロセスを、部下の業務が水準に到達するまで、あるいは解雇されるまで続ける。

このプロセスを続けると、以下のどちらかになる。業績の悪かった部下の仕事ぶりが要求水準まで改善するか、あるいは改善しないかである。後者の場合には、あなただけでなく当人も「今の業務への適性がない」と理解できたはずだ。時間をかけてこのプロセスを踏んだことで、部下を解雇すべきだとあなたは確信を持てたし、当人にも適性の無さを自覚させることができたのだから、この手間をかけた意義は大きい。

こうした解雇の見極めのプロセスを「より本人に合った仕事を見つけるための支援」にすることができれば、解雇という事態になっても相手はあなたに感謝の意を抱くだろう。さらに、こうした手間をきちんとかけることで、部内の他メンバーにも、「うちの上司は、部下が業務をうまくやれるよう、本気でサポートしてくれる」と強く印象づけられるだろう。

このように、業務についての評価を当人にフィードバックするのはマネジャーの仕事であり、部署の全員に対して行う必要がある。業績の良い部下には、その旨をきちんと伝えよう。「人事評価で悪い評価をつけていないのだから、『良い仕事ができている』という評価は当人に伝わっているはずだ」と思い込んでいる上司も多いが、実際はそうはいかない。この手の上司は、部下から「自分たちのことを気にかけてもくれない」と思われがちだ。

業務への適性がないと結論が出たら

業績の悪い部下について、手を尽くしても要求水準まで改善する見込みがほぼゼロだと判断した場合には、解雇が選択肢の1つに入ってくる。

とはいえ、問題のある部下への対処法は解雇だけではない。解雇の手続きに移る前に、以下について検討しておこう。

- **自分の担当部署内で、他の業務に就かせることはできないか？**
- **別の部署に人員の空きが出たら、そこで活躍できるようにはならないか？**
- **採用時のミスマッチが原因だとすれば、他の業務なら使えるかもしれない人材を解雇するのは、本当に企業の利益になるのだろうか？**
- **自社の規模からして、異動先で偏見を持たれずに再起できるだろうか？**

元従業員は、企業と社会の接点である。解雇するにしても、世間から反発を買わない形でうまく収めなければならない。

従業員にとってもちろん解雇は嬉しくないだろうが、「そこに至るまでに、上司からあらゆるチャンスを与えてもらった結果なのだから仕方ない」と納得してもらえるようなプロセスを踏むべきだし、さらに、できれば「自分にはこの業務の適性がないと気づかせてくれて感謝している」と思ってもらえることが望ましい。

解雇をする責任から逃げないこと。「1日あたりエラー5件なら、そこまで悪くないと自分は思っているんだけど、『あの人たち』が1日あたり3件までにしろと言ってきてね。そうならないと、私は君をクビにしなきゃならないんだ」などと言って、よくわからない「あの人たち」を持ち出すのは卑怯だ。この言い方では、あなたは誰かに操縦されている操り人形で、自分の意志がないことになってしまう。

解雇の根拠を準備する

業績の低い部下について、行動計画の結果を文書で残しておくことは、非常に重要だ。もちろん、部下全員の業績を書面にしておくべきだ。人事評価制度の一環として業績評価の仕組みがきちんとしている企業なら、それで十分な場合もある。

書面での記録が重要なのは、解雇をめぐる訴訟が増えてきたこともある。「訴えられた場合、私は解雇を完全に正当化できるだろうか」と自問しよう。大丈夫だと答えられるのであれば、心配はいらない。

柔軟性と一貫性

欠勤が多くて解雇される従業員もいるだろう。疾病休暇のシステムは企業によって異なるため、どの程度の欠勤数なら許容範囲かという話はできない。1カ月あたり1日、あるいは年に12日などと定められた疾病休暇の日数を累積できる規定のある企業もある。あるいは、個人の状況に応じて、管理職による裁量が認められる企業もある。これは、厳密にルールが決まっている場合よりも運用が難しい。いずれにせよ、自分の判断はルールに照らして正当化できるものでなくてはならない。

厳密な規定がない場合、社内で判断がブレるリスクがあるのが問題だ。たとえば、寛大なマネジャーはどんな欠勤でも病欠扱いにしてくれる一方で、別のマネジャーはより厳しく運用して減給するかもしれない。厳密な規定がなくても運用に問題がないのは、部署間やマネジャー間の情報共有が非常にうまく行っており、常にほぼ同一の基準が社内で適用できている状況だろう。

合併や買収に伴う解雇

企業の合併や買収は多い。たいていは、「合併や買収による人事関連の変更はない」と発表されて6カ月も経たないうちに人事改革がスタートする。組織の再編成に伴って解雇される人が出てくる。企業の買収後には、自分の雇用を守ろうとして大混乱が起こる。生き残れる人もいれば、そうでない人もいる。必ずしも、解雇された人に能力がなかったわけではない。親会社と重複する業務を担当していたから、という場合もある。組織内で役職が高かったから、あるいは給与が高すぎたから、という理由で解雇される人もいる。

こうした企業再編に巻き込まれた場合、会社が人道的であることを祈る以外にない。人員削減が避けられない場合にも、対象者への責任が果たされるべきだ。たとえば、解雇後も一定期間は給与支払いを継続する、転職先決定まではオフィススペースの提供や事務的な支援を行う、個別のキャリアカウンセリングを提供する、などがリストラによる影響の緩和策として挙げられる。

買収について、部下と共有できるような新情報は、マネジャーである自分にも入ってこないのに、それでも部下の一部に解雇を伝える役割を負わされるかもしれない。解雇する人員を選ぶよう命じられる場合もあろう。10％の人員を削るか、20％分給与をカットするかの選択を迫られるケースもある。これは難しい選択だ。部下の業績とは何ら関係ないのだから。できることといえば、できる限り誠実に業務を遂行することだけだ。

こうしたやりたくない業務が降ってきた際には、残留するメンバーのことを第一に考えて行動しよう。残った部下たちは、解雇された同僚に対するあなたの対応を、つぶさに目撃することになる。組織の方針のもとで、できる限り思いやりある誠実な方法で退職勧告を行えば、あなたが元従業員たちの貢献を評価しているのだと伝わる。それは、残留して仕事を続ける部下の貢献を評価しているという強いメッセージにもなるため、解雇によるネガティブな影響が和らぐだろう。

この状況では、人員削減は企業合併のせいだと部署の全員が知っているため、解雇の際にもその関連を強調しておいたほうが、解雇される部下たちの面目を保てるだろう。雇用を守れないなら、せめて面目くらいは守りたい。自分の影響力を最大限に使って、少しでも彼らの役に立ちたいところだ。

年功序列で解雇対象者を選ぶのは通常、不適切ではあるが、「公平性」を保つために(そして訴訟を避けるために)この基準を用いる企業もある。後で入社した人から順に解雇すると徹底しておけば、少なくとも、個人的な好き嫌いで人選をしていると不満が出る余地はない。

リストラに伴う解雇

リストラは、従業員が恐怖に思う言葉である。人員削減をめぐる論争の詳細には触れないが、当初望んだ結果が得られるとは限らないとだけは言っておこう。本書では大事な2点だけに言及する。そもそも自分が従業員として残れるか、そして新しいマネジャーとしての役割を果たせるか、の2点だ。

自分の上司も、まずは当人が生き残れるか、そして部下であるあなたの管轄範囲を継続して担当できるか不安だろう。この衝撃は組織全体を襲う。自分だけはリストラの影響を受けず安泰だと信じていた経営陣がいきなりショックを受けていたりする。

こうした場合には、「うろたえている姿を人には見せない」ことが重要だ。自分の能力に自信を持とう。上司に、自分が残留できるかを尋ねるのは、上司をより苦しめることになる。上司のもとに押しかけて「私はクビになるんでしょうか？」と詰問するのではなく、別のアプローチを取ろう。「大変ですよね。お手伝いできることがあれば何でも言ってください」とでも上司に伝えてはどうだろう。

リストラ後に自分の仕事がどうなるかは誰にもわからないが、自分の仕事の不安を嘆いて上司の肩に重荷を乗せるよりは、上司が状況に対処するサポートをできたほうが、生き残りの可能性も上がるというものだ。

リストラが決まった部下に、その知らせを伝える役割を負うこともある。ひとつ前の「合併や買収に伴う解雇」に書いたアドバイスの繰り返しになるが、自分の行動は組織に残る部下たちに見られているのを忘れずに、できる限り誠実なやり方で、個々の部下に伝えるようにしよう。

もしあなたがリストラを生き残ったとしても、仲の良い同僚の多くが解雇されたなら、とても自分の幸運を祝う気持ちにはならないだろう。生存者として罪悪感を抱くかもしれない。それは心あるマネジャーとして、まったく自然な反応である。

解雇を告知する

ここまでは解雇に至るプロセスを見てきたが、ここからは解雇の瞬間に焦点を当てよう。いつ、どうやるかである。

解雇の告知は、金曜の午後遅めの時間に設定することが多い。終わる頃には、他の同僚はもう退社している。だから、荷物を片付ける必要がある場合でも、同僚の目の前で机を片付けるという辱めを受けずに済むのだ。また、週末を新しい仕事を探したり、その他必要なことをする時間に充てることができる。

解雇に伴う支払いの入金日は、解雇を告知する面談の中できちんと伝えるべきだ。解雇されるだけでも精神的にめちゃくちゃなのに、入金がいつになるかわからないとは悲惨にもほどがある。退職金は、もし会社の方針がそうならば、即時に支払われるべきだ。有給休暇や疾病休暇の買い上げも同時に支払われるべきである。

相手の立場で考えてみよう。マネジャーであるあなたが尽力したところで、解雇される側としては、完全に納得できない場合もあるだろう。もし入金に不備があれば、「弁護士を雇って、取れるお金はすべて取り返さなければ！」と考えるかもしれない。元部下がこうした考えを持つことのないよう、金銭面についてはすべて解決しておきたい。

もうひとつ、解雇する相手への礼儀として重要なのは、解雇に至った経緯を他人に明かさないことだ。もちろん、人事部や給与部門とは共有が必要だが、管理職間で話し合うことが必要な場合以外は、機密事項として扱うべきだ。

解雇ドラマの最終シーンは、上司であるあなたにとって、かなり緊張するものだろう。非常に荷の重い最終面談で、解雇される部下と2人きりになるからだ。万が一、相手が怪しい行動をするリスクがあるなら、人事部の担当者か別部署のマネジャーを面談に同席させるのも一計だ。あとで面談の内容について問題になった場合に、第三者の証言が得られるのも利点だ。同席があった場合でも、面談の直後に要約を書面にしておくこと。のちに必要になった際に、面談の詳細を思い出す助けにもなるためだ。

解雇あるいは契約終了の面談は、ここまでの経過を簡潔に振り返るところから始めるとよいだろう。だらだらと相手のミスを復唱しないこと。こんな感じで伝えるとよい。

「これまでの対話でわかってくれているとおり、業務には求められる水準があります。数週間にわたり、何度も伝えてきたことですが、あなたはこの水準を満たしていませんでした。業務改善の努力をしたものの、残念ながらうまくいきませんでした。あなたが努力を怠ったからだとは考えていません。しかし、改善しなかったのは事実です。これまでの面談でも伝えてきたので驚かないとは思いますが、あなたを今日で解雇しなくてはなりません。とても残念です。私もあなたの業績が上がるよう望んでいたからです。けれど、私たちは現実を直視せざるを得ません。これは最終の給与です。1カ月分の退職手当、有給休暇と疾病休暇の買い取りも含まれています。あなたの能力を活かせる職場が早く見つかるよう祈っています」

個別の状況に合わせて言うことをアレンジしてよいが、この例文は、言うべきことを端的に伝えている。悪いニュースを包み隠したり、仄めかしたりはしていない。状況に合わせて、自分のやりやすい言い回しを考えておこう。

幸い、給与封筒に同封の解雇通知でクビを知らせる時代は去った。この方式は非人道的だが、何千人もの労働者が働く工場で一時的なレイオフが行われるだとか、工場が閉鎖になって全員が一度に失業するといった状況であればそれも仕方がない。こうした状況では個人の仕事ぶりは無関係だからだ。そうではなく、業績を上げられないから、あるいは企業側の求める水準に満たないから、という理由で解雇する場合には、マンツーマンで運用する以外に方法はない。相手と直接向き合うのを避けたいと思う人もいるだろうが、これはマネジャーの業務の一部であり、逃げずにやり抜かなければならないことだ。

解雇に関して最後に伝えたいこと

よく考えてみれば、業務水準に満たない従業員を雇い続けるのは、企業のためだけでなく、本人にとってもよくないことだ。うまくいかない仕事で心地よく働ける人はいない。求められる成果を上げている同僚にとっても不公平だろう。

その仕事に向いていない人を解雇したことが、結局、何よりも本人のためになった、と後でわかることは多い。解雇された時点では、とてもそうは思えないだろうが、後に長期的な視野で考えれば「あのとき解雇されていてよかった」となるわけだ。

解雇せざるを得なかったのは自分の失敗だ、と落ち込むマネジャーは、以下の数字を見れば気も楽になるだろう。解雇に関する調査によると、解雇された人の10人中7人は次の仕事で業績も給与も改善している。単に前の仕事が向いていなかったのだ。解雇されたことで、より自分に合った仕事が見つけられたわけである。

最後に、この章の最重要ポイントを伝えておきたい。解雇は、それが正当な判断だと確信できていなければならないし、可能な限り客観的な判断ができた自信がなければダメだ。少しでも疑いがあるならば、経験豊富なマネジャーや人事部の専門家に相談しよう。そして、解雇の決断をした以上は、本人が驚かないような手順をきちんと踏み、思慮深く、誠実で思いやりのある方法で実行しよう。

第17章

コンプライアンスの重要性

法的責任に問われないよう、雇用法や慣行、政府や地方自治体による規制を理解しておくことは、初めてマネジャーになる人にとって重要だ。なにも専門家になる必要はない。それは人事部の仕事だ。してよいこと、してはならないことに疑問がある場合、たとえば何がセクハラと見なされるのかなどがはっきりわからない場合には、確認しておく必要がある。

マネジャーの法的責任や、新人マネジャーが避けるべき法律関連の落とし穴について概要を知っておくことは役立つはずだ。セクシャルハラスメント、障害、プライバシー、家族休暇や疾病休暇、職場の暴力（パワハラ）が主要なテーマとなる。繰り返すが、法律のプロになる必要はない。それでも、法的観点から「知らなかった」では済まされないことがある。マネジャーが法に無知であった、あるいは法を無視したことで、多くの企業が訴えられ、多額の賠償金を支払っているのが現実だ。

セクシャルハラスメントとは

ジェンダーに基づく望まれない行動があり、それが個人の業務に影響する場合にはセクシャルハラスメント（セクハラ）と見なされる。

米国の雇用機会均等委員会によると、セクハラとは、歓迎されない性的な誘いかけや性的行為の要求、性的な言葉や態度により個人の業務に支障が出る、あるいは居心地の悪い環境になること、と定義されている。

組織としてセクハラ予防に積極的に動き、セクハラ行為を是正した事実が示せない限りは、環境型セクハラは組織の責任となる。部署でのセクハラを知りながら許容した、気づかなかった、何もしなかったなどの場合は、企業が有責になるわけだ。働きやすく安全な職場環境を作るつもりが、組織の価値や評判をリスクに晒すことになり、自分のキャリアにも悪い影響が出る。

セクハラの危険信号

職場環境でのセクハラを予防し、その意識を高めるために、以下の危険信号には気をつけておこう。

・性的な冗談を言う。
・性的な、あるいは卑猥な仕草をする。
・性的な話題を出す。
・性愛に関連した言葉を同僚に向けて使う。
(例「かわいいね」「セクシーだね」など)
・特定のジェンダーを蔑視する発言をする。
・不適切な画像を、スクリーンセイバーや携帯電話などに表示させる、職場の壁に貼り出す、衣類、マグカップ、グラスなどの日用品などに不適切な画像を使う。
・不快に思われるような身体的接触をする。
(握手でも不快なものはＮＧ)
・性別によって割り振る業務の重要度に差をつける。
・従業員全員に公平な昇進の機会を与えない。
・性別で態度を変える。

危険信号のリストを見てわかるように、セクハラには露骨なものから、巧妙でわかりづらいものまである。

ほとんどの企業では、セクハラの定義や職場での防止策についての研修を実施している。従業員にオンラインの短期コースを受けさせ、セクハラ防止に関する情報を読ませた上で方針への遵守を宣言させる企業もある。

マネジャーとしては、「自分の管理下では、いかなるセクハラも許容しない」とメンバーに理解させるべく努力する必要がある。それでもセクハラにあたる案件が発生した場合には、管理責任者として即座に報告しなければならない。報告を怠ることは、自分にも組織にもリスクとなる。

障害者差別

自分の管理下で、障害者に対するいかなる差別やハラスメントも発生しないよう徹底しなければならない。以下は障害者差別の事例だ。

大手銀行組織の地方支店で、2人の銀行員が支店長への昇進の候補になっていた。どちらも業務知識、在職期間、業績評価などで同等に有能だった。そのうちの1人、ヘンリーはお客さま対応が優れていた。顧客はいつもヘンリーは気がきくしプロフェッショナルだと褒めていた。この点で、別の候補、マルシアより優位にあるヘンリーが支店長に昇進するのが順当だろう。だが結果は違った。障害のせいでヘンリーは昇進できなかったのだ。

支店長は人事の決定について、以下のように理屈をつけた。終業後や週末に、支店長や他メンバーと社交を行うことも重要な業務の一部である。こうした行事はラフティングや自転車、バレーボールなど、体を動かす活動が多い。ヘンリーはこうしたアクティビティに参加できない、として支店長はマルシアを昇進させたのだった。ヘンリーが訴訟を起こして勝訴したと聞いても驚きはないだろう。

プライバシー

たいていの企業では、正当な理由がある場合には、従業員の働いている空間の点検、ボイスメールの聴取、メールやデータファイルの閲覧などを実施できる法的権利を企業側が保持している。

とはいえ、個人のプライバシーは一定程度、保障されるべきだというのが社会一般の通念である。したがって、従業員に関する情報の取扱いについては人事などへの確認が必要となる。

職場の暴力

残念ながら、職場での暴力はいまだに存在しており、すべての組織およびマネジャーが関心を持つべき問題である。

職場での暴力には、脅迫、言葉によるいじめ、乱暴に押したり小突いたりすること、コンピューターシステムへのハッキング、危険あるいは致命的な武器の使用などがある。組織およびマネジャーは、暴力のない職場環境を維持するために、あらゆる手を尽くす必要がある。以下のような状況は、部署や組織に暴力が起きるリスクを示す危険信号だ。

- 従業員が意見を言える機会がない。あっても非常に稀である。
- 新しいスキルを身につける研修の機会がない。
- 監督が不十分である。これが職場の暴力が増加する原因の第1位だとする研究もある。仕事のできていないマネジャーに暴力が向かうことも多い。
- 従業員が大切にされていない。
- 従業員が職場での暴力を経験したことがある。
- 従業員がプライベートで深刻な問題を抱えている。

・従業員の見た目、対人コミュニケーション、その他の態度が大きく変化した。
・従業員間あるいは部門間の競争が過剰で、一部の従業員が敗者だと感じている。
・警備の不備で「部外者」を検知できない。

自分の部署に暴力的な人が出て、対応を迫られた際には、落ち着いて、刺激しないよう柔らかい言葉を使い、相手に喋らせ続け、その間に警備に連絡しよう。危ない状況を一人で解決しようとはしないこと。

マネジャーの役割

人を大切にする安全な職場を作り、維持する上で、マネジャーであるあなたの役割は重大だ。コンプライアンスの遵守は管理職として重要な職責の1つでもあり、法的にも責任がある。あなたの行動は部下の模範であり、許容できる態度と許容すべきでない態度についての部下の判断に影響する。本章で述べた領域について対処に悩んだ場合には、知見のある人や部署に必ず確認してほしい。

第3部

心を掴み、人を動かす

マネジャーとして成功するには、
部下とよい関係を築くこと、
リスクにうまく対処してチャンスを活かすことが重要である。

第18章

情報共有を徹底しよう

他人の知らない情報を自分だけが掴んでいることを密かな楽しみにしているマネジャーは、新人にもベテランにも多い。自分が黙っていれば周囲に伝わらないと思っているのだろうが、その認識には穴がある。社内で進行中の案件についてマネジャーが部内で共有しない場合、部下は他のルートから情報を取ってくるか、勝手に想像するしかない。これはどう転んでもうまくいかない。取ってきた情報が誤っている、想定が間違っているなどのリスクがあり、こうした誤情報や思い込みをもとに仕事を進められたら大変なことになる。

部下と情報を共有したがらない、ダメなマネジャーは多い。情報を隠したほうが、部下を管理しやすく、自分の権力が強まると考えてのことだろうが、これは間違いだ。力量のあるマネジャーは、部下との情報共有を通じて、主体的に判断できる力を部下につけさせようとするものだ。

適宜、正しい情報を共有しておけば、部下からの信頼も高まる。信用できる情報源だと思ってもらえるからだ。また、これは業績の上がる組織作りの観点でも重要だ。正確な情報を共有すれば、部下は自分たちで良い判断ができるようになるためだ。主体的に良い判断をする力を部下につけさせることが、部下への権限移譲の鍵である。適切に情報共有を行うことは、目標の明確化と同様に本書を通じて強調している権限移譲の一環でもある。

「人は事実に基づいて行動するのではなく、事実に対する認識に基づいて行動する」と聞いたことがあるだろう。マネジャーとして、これを常に意識しておくべきだ。相手の認識が事実と相違ないよう気をつけるのは、マネジャーの大事な務めである。

社内で機密にすべき情報は、実はほとんどない。それもたいていは「詳細が詰まるまで数週間は共有範囲を限定しよう」といった、開示時期の問題に過ぎない。

秘匿する必要のない情報を部下に共有したがらないマネジャーも一部にはいるが、それはトラブルの種である。「管理職会議でこういう話になったんだろう」という部下の推測が的外れな場合、その勝手な思い込みで行動されてしまうと、あなたと部下の方向性は食い違ってしまう。一度流れてしまった情報を訂正するのは、一から伝えるよりも難しい。

もちろん、全情報を部署すべてに共有しろと言っているわけではない。正当な理由から、一時的あるいは永久に機密にすべき内容もある。どの情報をいつ共有するかの判断は、マネジャーの重要な仕事なのだ。

情報共有しないと困るのは自分

たいていの組織ではマネジャーの定例会議がある。毎週月曜8時半開始のものなら、MMMM(マンデー・モーニング・マネジャー・ミーティング)などと呼ばれ、月曜が祝日に当たる場合は火曜に実施される。

定例会議は通常1時間なのに、あなたを含めたマネジャーたちが2時間以上過ぎてから戻ってきたら、部下の中には「やれやれ、また大きな決定があったんだろう」、「ずいぶん長かったね、何か重大な案件が進んでいるんじゃない?」などと考える人も出てくる。実際のところは、地元の慈善団体が組織変更の説明に来ただけかもしれない。地域の有力企業と関係性を築いておきたい慈善団体が、事業には影響のない地域活動の話をしていただけで、どうということもない内容だったのだが、部下に何も伝えずにいると、「何か大きな変更があるのかも」と勘繰る人が出てくる。

自社の動向については、誰もが知りたいものだ。しかも採用の時点から、自分で判断して主体的に動けるような人材を選考しているのである。そうした部下に必要な情報を共有せずにいると、部下は、あなたの考えにも組織目標にも合わない行動をとるようになる。

働く人を対象にした調査で「知りたい情報」に関する設問の上位に来る回答は、「自分に影響のある変更は知らせてほしい」であるが、当人に影響のなさそうな案件についても共有しておくべきだ。何も知らされなければ、影響の有無すら自分では判断できず、憶測するしかないからだ。その憶測はたいてい間違っており、的外れなことも多い。マネジャーや経営者は、コミュニケーションが不足しているよりは、多すぎるほうがずっとマシなのだ。

仮に、自分の部署では15人のスタッフを、リーダー3人が5人ずつ担当しているとしよう。リーダー3人もそれぞれ実務を兼務している（管理業務の第1段階としてよくあるパターンだ）。週次の管理職会議から戻ったあなたは、リーダー3人を呼んで会議の概要を簡潔に伝える。そこから各リーダーが担当の5人に共有すればよい。リーダーには、情報を隠さずにスタッフと共有させること。情報共有を徹底させよう。

いつもこうして情報共有をしていれば、部下も仕事が自律的にできるようになり、別の部署の友人にも「うちのマネジャーは社内の動向をちゃんと共有してくれる、いい上司だよ」と伝えてくれるだろう。情報共有をせずにいると、飛び交う誤情報の訂正に忙殺されることになる。誤情報の存在に気づけなければ、訂正すらできないのだ。

第19章

人事部を活用する

人事部（HR）は、マネジャーとしてのキャリアを始める上で最大の味方にしておきたい。新人マネジャーがあまり詳しくない領域のサポートをしてくれる部署なのだ。採用、コーチング、教育と育成、従業員サポートプログラム、福利厚生、給与管理業務、懲戒手続き、昇進、業務評価、問題のある上司への対処、解雇、管理業務に関連する法令など、担当範囲は幅広い。自社の人事部や人事担当者が何をしてくれるのか、理解しておくのはとても大切だ。部署の業績を上げるためにも、自身のキャリアのためにも、人事部とはぜひ良好な関係を築いておきたい。

マネジャーとして採用に関わる

人材の採用にマネジャーとしてどれだけ関わるかは、選考プロセスにおける現場の裁量の度合いによって異なる。候補者の一次審査を人事部で行ったのち、最終決定は担当部署のマネジャーに任せる企業が多い。最終決定権を事業部門に持たせたほうが、採用業務はうまくいく。もし事業部のマネジャーには部下の選考に意見する機会がなく、その人選に不満がある場合に、犠牲になるのは、選考プロセスの問題とは何の関係もない新入社員である。幸い多くの企業では、3〜5人の最終候補者の中から、事業部門側が最終選考を行う仕組みが取られている。

ときに、配属先のマネジャーの管理職経験が浅いことを理由に、採用プロセスに関わらせないことがある。考えあっての行動かもしれないが、これは大きな間違いだ。採用はマネジャーの職責の中でも最重要である。できるだけ早く選考プロセスに参加させたほうが、新人マネジャーの採用スキルは向上するはずだ。せめて選考の場には同席させるべきだ。そうして経験値を積む中で、直属の部下の選考は自分でできるよう、新人マネジャーを育成していくべきだろう。

マネジャーは、自分が選んだ部下には、仕事がうまくできるよう、育成を頑張るものだ。この強い意欲は、他の誰かが勝手に選んで配属してきた部下への意識とは全然違う。直属の部下の選考プロセスから外されたマネジャーは、「自分だったら、この役立たずを選ばなかったのに」と考えたくもなるものだが、こうした余地は残すべきではない。

人事部の担当者にも採用のプロとしての自負はあるだろうが、人事がベストな人材だと判断しても、現場がその人に来てほしいかは別問題である。

人事担当者から候補者の推薦を受けた際に、マネジャーがどう振る舞うかは大事だ。その内容については真剣に検討しよう。そして人事としっかり話せば、部署で必要な要件を人事にも理解してもらえるだろう。人事が要件をわかってくれないのは、あなたが必要な情報をきちんと伝えていないからだ。人事部が全社の職務要件を全部見られる立場だからといって、すべての業務の専門家になれるわけではない。あなたの部署の職責に関してはあなたが専門家なのだから、採用の要件についても誰よりわかっているはずだ。

人事部を使いこなそう

異動や昇進についても、人事部とやり取りすることになる。自分の部下を昇進させたいのは当然だろう。人柄も仕事ぶりもよく知っているし、部下もこちらの仕事の進め方に慣れているからだ。

他部署から自分の部署に人員を補充する場合にも、人事担当者のサポートを受けられるだろう。たとえば、採用時の資料や入社後の業績も開示してくれるだろうし、候補者の所属部署に連絡して重要な情報を取ってきてくれる場合もある。また、人事部が給与や福利厚生の業務を担当している企業であれば、問題を抱えている部下の件で人事とやり取りする機会もあるだろう。

初めてのマネジャーにとって、人事部は強力な資源になる。管理業務について経験したことのない問題が起これば、相談して助言を受ければよい。マネジメントに関する資料や文献も人事部に保管されていることが多い。

研修や教育制度も人事が管轄していることが多い。自分や部下が受けられる研修については早めに把握しておくと役に立つ。いくら会社が質の高い研修を用意したところで、存在を知らなければその恩恵は受けられないのだ。

人事部は全社を担当しているため、自分の上司には相談しづらい人事関連の問題についても、人事担当者となら話しやすいだろう。つまり、採用だけでなく、部下の研修や教育、マネジメントについても、人事部は頼りになるのだ。

あなた自身のキャリア開発についても、人事部はマネジメントのスキルや専門性を伸ばすための学習機会を提案してくれるだろう。社内でのキャリアアップについても相談でき、今後のキャリアについて、行動計画の作成をサポートしてもらえる。人事部は、あなたの部署への異動の候補者を探してくれる機関であり、当然、他部署のマネジャーにも同じ業務を提供している。ということは、別の部署にあなたを推薦してくれるかもしれないのだ。これは覚えておこう。

多くの組織では、上司と話しづらい問題についての窓口を人事部に設定している。これは従業員、企業の双方にとって有用だろう。その機能を果たせるよう、人事部はしっかり教育とトレーニングを実施していることが望まれる。

人事部がうまく機能していないと感じた場合には、慎重かつ周到に、うまくコミュニケーションする必要がある。問題を伝える際も、あくまで事実に基づいて丁寧にすること。「人事がまともに仕事をしてくれない」と聞かされて当人が嬉しいはずがない。話し合いが必要な場合には、論拠をまとめて準備万端にしておきたい。くれぐれも喧嘩腰にならず、協調的な姿勢を心がけよう。

それでもうまくいかなかった場合には、正面から立ち向かうか、あるいは問題を上司に相談すべきか、よく検討しなければならない。問題を表に出せば軋轢が生じるが、それが長い目で見て良いことなのか慎重に判断しよう。会社生活が今後、やりづらくなるリスクもある。

まとめると、人事部を活用すれば、マネジメント業務全般についても、自身のキャリアについても、有用なサポートが得られる。さらに、人事部から高く評価してもらえると、キャリア上の資産にもなるため、人事部とはぜひよい関係性を築いていきたい。

第20章

「会社に尽くす」は時代遅れか

組織や上司への忠誠というのは、このところ評判の落ちてきたテーマだ。忠誠心や義理は絶滅こそしていないものの稀少になり、当たり前の存在ではなく、努力してようやく得られるものになった。転職も一般的になり、雇用が流動化した今日、会社に尽くす社員像は流行らない。

むしろ、「相手の本質がわかるまでは、安易に忠誠を誓わない」という態度が今の主流であろう。マネジャーを部下が「この人なら」と慕ってくれるのは、マネジャー側が部下に尽くした結果であろうし、部下の側も、自分の行動で上司を納得させるまで、上司は義理を感じてくれない。役職を問わず従業員が心から納得しない限り、企業に尽くすことはあり得ない。ということは、多くの企業で忠誠心が希薄なのは、チームワークがうまく機能していない状況を表している。互いへの信頼が足りていない状態なのだ。

忠誠心は時代遅れなのか

残念だが、会社を信頼して尽くそうとは思いづらい状況ではある。企業買収の際に「買われた企業について、人事面の変更は考えていない」と公式発表があっても、そのとおりになった試しがない。もはやこの発表自体が、大規模なリストラと人員削減の第一段階だと思われている。雇用の維持を表明した数カ月後には大量解雇が行われるケースがあまりに多かったため、もう誰も字面通りには受け止めないのだ。

短期利益だけを追求する非情な企業活動は確かに多かった。企業の存続のために必要な業界再編や合併もあったが、他社に勤務する友人がリストラで失業する姿を多くの人が見てきた。冷笑的な経営陣やハゲタカファンド、自社のことしか考えないオーナーもいた。そんな中、マネジャーも部下も、誰のことも信頼できない状況だ。これはどうすればいいのだろうか？

会社への忠誠心は世間知らずな態度だと思われがちだ。確かにそういう場合も多いが、現状、忠誠心は必要以上に悪く言われており、実際には、忠誠心が不適切な場合も、相応しい場合もある、というところだろう。

忠誠心など一切示さず、冷笑的な態度でいるべきか、あるいは、信頼に値しないとわかるまでは尽くそうと考えるべきなのか。ぜひ後者の姿勢を取りたいところだ。冷笑的でいるのは良くない。組織を傷つけるだけでなく、自分の人間性にも傷がつくからだ。うたぐり深い冷笑的な態度では、皮肉しか出てこなくなる。皮肉屋はコメディアンとしては面白いだろうが、マネジャーには向かない。部下のロールモデルは務まらないし、チームのモチベーションは上がらないためだ。

こうしたわけで、忠誠心は適度に、適切に持つことをお勧めする。組織に対してはもちろん、自分の上司や部下に対してもだ。忠誠心があれば、人前で自社批判はしないはずだ。友人知人の多くは、あなたの発言や見方を通じて、会社について知ることになる。冷笑的で否定的なことばかり言っていると、会社のイメージは悪くなる。これは友人知人を超えてクチコミで伝わってしまう。あなたが得をすることは何もないはずだ。

適度なレベルの忠誠心の持ち主ならば、自分の部下をけなすこともない。たとえ悪く言われても仕方ない理由があると思っていても、悪口はやめよう。他人を馬鹿にすると、悪口の相手よりも、あなた自身の人間性が露呈する。会社や部下のことは、基本的には好意的に解釈するようにしたい。もし、こんな会社には忠誠心など値しないという結論に達したのであれば、それは離職すべきタイミングだろう。

第21章

部下のモチベーションを高める

モチベーションのことを「私がしてほしいことを、部下が文句を言わずやること」だと誤解しているマネジャーもいるが、それは単なる権力の行使である。本人に選択の余地も与えず、地位と権力で部下のやりたくないことを強制するのは、モチベーションとはまったく異なる。

モチベーションとは、やるべきことを部下に強制するのではなく、自発的にやりたいと思わせることだ。できるマネジャーは、時間をかけて従業員のモチベーションを探り、そのモチベーションを組織のニーズとつなぎ合わせて、部下が仕事で成功しやすい環境を作っている。従業員のモチベーションを把握する方法はさまざまだ。数カ月かけて行動観察をしてもいいし、調査やアンケートに答えさせてもいい。あるいは、直接、聞いてしまえばいいのだ。

部下のモチベーション源を知る

結局、本当に効果があるモチベーションは、本人の関心や利益が動機になっているものだ。部下は、もちろん組織の成功を心から望んでいるが、いちばんの動機になるのは個人的な関心や利益である。優秀なマネジャーは、部下個人の関心と組織目標とを結びつけるのが絶妙にうまい。

個人的な関心とつながる業務であれば、モチベーションは自然に高まるため、強制は不要になる。部下の仕事への気持ちを「やらなくてはならない」から「やりたい」に変えることは、マネジャーとして大事な役割だ。

また、優秀なマネジャーは、部下たちの仕事に対する反応を見極めながら仕事を進めている。たとえ彼らが個人的な動機で仕事をしていても、よい仕事をやり遂げようとしているのか、何とかしのげればいいと思っているのかで、反応は異なる。何にどう反応するのか、部下の反応を十分に理解しよう。

出世をモチベーションにして仕事を頑張る人もいる。こういう人には、今の仕事で業績を上げれば昇進につながることを示せば、成果を出そうと全力で努力するだろう。また、上司から評価されることがモチベーションになる人もいる。成果を上げれば認めてもらえるので頑張るタイプだ。さらに、仲間と切磋琢磨するのを好む人もいる。このタイプの人は、担当領域で1位の成績を取りたいと望み、それを叶えるために努力する。

シンプルにお金のために働いている人も多い。もっと稼ぐためには、業績を上げて次の査定で大幅昇給を勝ち取ればいい。あるいは、自分の仕事が何であろうと、それをうまくできることに誇りを持つ人も多い。労働市場の動向次第では、失業しないために必死で働く人も増えるだろう。

家族のために一生懸命に仕事をする人もいるが、このモチベーションは先述の「お金のため」と一体であることが多い。家族の暮らしをより良くするために収入を増やしたいのだ。

第9章で説明した目標の明確化ができていれば、部下はその目標と個人のモチベーションをつなげて仕事がしやすくなるだろう。達成すべき目標を明確に理解した上で、それぞれの権限の範囲で部下が自分で考えて仕事を進めてよい状態を作れば、部下は仕事により前向きに取り組めるだろう。

チーム一体で成し遂げるということ

意識しているかはともかく、人というのは自分より大きなものの一部になれるときに、モチベーションが上がるものだ。ひとりでは困難なことを力を合わせて達成できた記憶は、いつまでも良い思い出として残っているだろう。

かつて、納屋を建てる際には、近所の人が集まって数日間、力を合わせたものだった。個人ではできないこと（少なくとも同一期間では無理だろう）を協力すれば達成できる、という感覚が重要なのだ。あなたも何かの活動を通じて、この感覚を味わった経験があるはずだ。たとえば困窮家庭支援の募金活動、アプリや新しいソフトウェアの開発、新製品開発プロジェクト、スポーツでチームの選手が能力を発揮して掴んだ勝利などが挙げられる。

自分の努力が、ひとりでは達成できない大きな成果につながっているのだと部下が実感できる環境を作れたならば、部下のモチベーションは高まり、仕事に大きな意味を見いだせることだろう。

部下を理解する

マネジャーは常に、部下たちが仕事で力を最大限に発揮するにはどうすればよいかを知ろうとすることが大切だ。人員の入れ替えで新人が一気に入ってくる場合も、新しく来た部下たちと話して、相手を理解するようにしよう。部下を理解する必要性については特に強調しておきたい。部下たちは理解されたがっている。自分の仕事が意義のある成果につながっていると感じたいのだ。そして、自分は仕事を片付けるための単なる労働力ではなく、個人として重要だという感覚を求めている。心から部下に関心を持っているのかは、あなたの一挙一動に表れる。部下を理解して良さを認めることは、親のようにおせっかいに振る舞えということではないし、仕事の質についての原理原則を妥協する必要もまったくない。

部下への配慮や理解は、マネジャーとしての弱さの表れではなく、強いからこそできることだ。独裁型の厳しい上司は、しばらくは業績を上げるかもしれないが、長期的には良い戦略ではない。恐怖で人を動かしていると、部下は叱られない最低限の仕事しかしなくなる。

部下に対して配慮や思いやりを示していると、必要なときに毅然とできないのではないか、と考えるマネジャーも多いが、そんなことはまったくない。普段から権威を振り回していない分、たまに出せば効果抜群なのだ。

特にうまい対処が必要な場面がある。家族を養うことがモチベーションの部下もいるという話をしたが、こうした人たちの中には、家族についてこちらが興味を示すと喜ぶタイプと、個人的な質問はプライバシーの侵害だと考えるタイプがいる。一筋縄でいかない状況だが、マネジャーとしては相手に合わせた対応が必要だ。もし相手から家族のことを話してくる場合には、そのことを訊ねても大丈夫だろう。配偶者や子どもについて、趣味や興味あることなど、いろいろと教えてもらえるはずだ。このタイプなら「昨日のリトルリーグの試合、ジェフのチームはどうだった?」などと訊いてもいい。相手が同意している前提で、部下を理解しようとする会話の例であり、人によって働く動機は違うことを示す例でもある。一方で、自分からは個人的な話を一切しない部下の場合には、個人的な話に踏み込まず、プライバシーを尊重すべきだ。

部下のことが理解できるにつれ、新入りの人にばかり話しかけて、いい仕事をしてくれているベテランの部下を放置してしまうことがある。もちろん、新しい人を早く理解しようとするのは大事だが、長くいい仕事をしてくれている人を、当たり前の存在だと思わないように。優秀な部下には、仕事ぶりをどう評価しているのか、きちんと伝えて褒めるべきである。

「個人の関心」と「組織のニーズ」を継ぎ合わせる

大工仕事に馴染みがあるなら、蟻継ぎ（ダブテール・ジョイント）という加工について知っているだろう。2つの木材を接合するときに、非常に強度のある手法であり、たんすの角などに使われている。ダブテール（鳩尾）という語は、接合部のほぞが鳩の尾のように先広であることが由来だ。この手法で2つの木材をつなぎ合わせることで、接合部の強度が高まる。

マネジメントも同様のアプローチで効果を強められる。2つの異なる要素を噛み合わせて強度を高めるのだ。この場合の2つの要素は「部下個人の関心」と「組織のニーズ」である。一人ひとりの人生やキャリアの目標と、組織として必要なことをうまく統合できれば、部下は熱意と責任を持って働いてくれるようになる。

この「継ぎ合わせ」は、2段階で行おう。まず、部下のことをよく知ろう。部下自身の人生やキャリア上の目標を話してもらおう。相手を急かしてできることではない。こうした質問は、まず信頼関係をしっかり築いてから尋ねるように。わざわざ質問しなくても、よく耳を傾けて部下の話を聞いていれば、そのうちにわかってくれることも多い。心を許せるようになれば、たいてい仕事以外の話もしてくれるものだ。教えてくれる話には関心を持つようにしよう。

こうした会話を切り出す質問としては、「キャリアで成し遂げたいことは何かな？　これから3年後にはどうなっていたいと思う？」などがいいだろう。あなたが関心を持ってくれているのは、たいていの部下にとっては嬉しいものだ。部下を緊張させないよう、質

図版 **21－1** 「個人の関心」と「組織のニーズ」を統合する

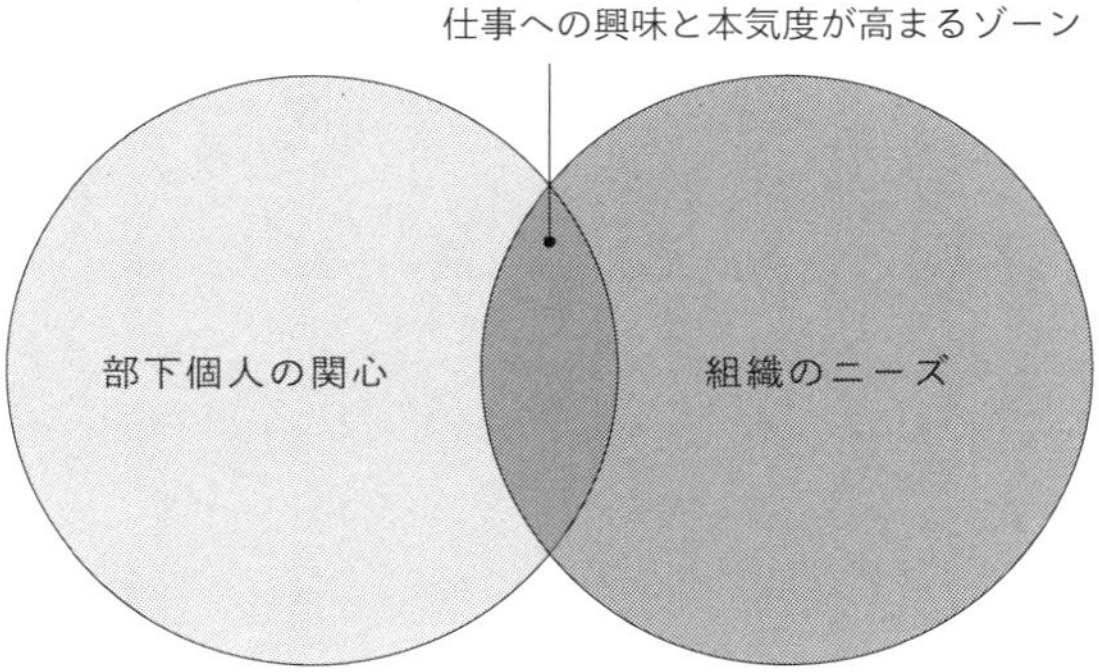

部下の関心やキャリア上の目標と、
組織のニーズをうまくつなげよう。

問をする理由は隠さず伝えよう。「チームメンバー個人の目標や関心と、組織に求められていることをうまく接続できないかな、といつも考えているんだ」と言えばいい。

第2のステップは、「部下個人の関心」と「組織のニーズ」との合致点を探ることだ。図版21－1を参照してほしい。

たとえば、ある部下がスペイン語を学習中だとしよう。数週後の会議で、中米のある企業との業務提携が正式に決まりそうだ、という話があなたの上司から出たとする。これは絶好のチャンスだ。そのプロジェクトに例の部下を参加させれば、皆にとって良い話になりそうだ。本人はスペイン語を磨く機会になるし、会社としても提携先とのコミュニケーションがうまくできるだろう。そしてあなたも刺激的な新プロジェクトに加われるのだ。

あるいは、管轄しているマーケティング部門で、データ収集と分析を担当している部下が「将来はIT業界で働きたい」と語っていたとしよう。社内のIT部門と連携する業務が発生した場合、明らかにその人が適任だろう。本人にとっては関心のあるIT領域に関われるのが嬉しいだろうし、部下がやる気を出してくれればマネジャーとしてもありがたい。「部下がITの部署や業界に行ってしまうのではないか?」と心配だろうし、おそらくはそうなるが、部下は遅かれ早かれキャリアチェンジをしただろうから、当面、やる気満々で働いてくれる人材を確保できれば上出来である。

このような「継ぎ合わせ」をしていけば、チームはより真剣に仕事に取り組むようになるだろう。しかもマネジャーやリーダーとして重要な仕事である、部下の育成まで進んでいるのだ。

肩書きを賢く活用する

肩書きの価値を軽視している組織は多い。

肩書き自体に経費はかからないのだから、活用すべきだ。ただし社内の運用が公平にできる場合に限る。肩書きを大盤振る舞いする部署と、ほとんど出さない部署で差が出るのはまずい。

金融業界は積極的に肩書きを活用することで知られている。他業界の経営者の中には否定的な人もいるが、銀行業界はその効果をよく理解していると言えよう。銀行の客としても、個人向け融資担当部長に対応してもらえたら、ただの融資係に接客されるより満足度が高いはずだ。銀行は、このように肩書きを活用して、地域での支持を高めている。たとえ部長と融資係の業務内容は同じだとしても、どちらがポジティブな自己イメージをもち、自律的な動機づけができているだろうか？　答えは明らかだ。

出世を重ねて職位が高くなると、肩書きの使用方針に関わることもあるだろう。肩書きは秩序を守ってきちんと運用すべきだ。事務のルーティンワークを担当する新人にいきなり立派な肩書きを与えてはならない。輝かしい肩書きは、仕事ができる評価の証として付与されるべきだ。

肩書きを賢く活用できれば、組織の士気も上がるだろう。肩書きを活用することで、従業員の自己肯定感は高まり、会社から承認されている実感も得られる。もしも昇給の凍結が確定事項となった場合には、チームに不可欠な部下に新たな肩書きを与えることも検討しよう。部下は意外なほど喜んでくれるかもしれない。本来は昇給したいが凍結のせいでできない場合には、その旨をきちんと伝えよう。「肩書きが昇給の代わりにならないのはわかっているけれど、これが自分のできる精一杯なんだ」と部下に伝えるのだ。昇給凍結については部下も理解しているが、新しい肩書きを付与することで、仕事ぶりを高く評価していると伝えられる。

人は誰も、自分は大事な人間なのだと感じていたいものだ。それは部下も同じだ。部下の自尊心が高まるようにサポートしていけば、よい結果につながるだろう。

ステータスシンボルを賢く使う

ステータスシンボルも、モチベーションに関わる話だ。ステータスシンボルに効力があるのは明白だ。そうでなければ、ビジネス界にステータスシンボルを求める人がこれほどいるはずがない。

役員専用トイレの鍵をもらえるというのはほぼ冗談のような話だが、それさえ効果的な特典なのだ。執務室や机の広さ、家具の質、優先駐車場、会社が支払うクラブの会員権、役員用の車、社用の航空機などなど。ステータスシンボルは想像できないほど広がっている。

これらはすべて、人を奮起させるための存在だと言える。モノ自体はさほど重要ではないが、持ち主が社内で一定の地位にあることを示している。持ち主よりも、まだ手に入れられていない人にとって重要なのだ。「金は問題ではないと言えるのは金持ちだけ」と昔から言われているが、ステータスシンボルにも同様のことが言える。

企業はステータスシンボルを過度に重視すべきではないが、それを従業員が獲得できる仕組みになっているのなら、今まで「点取り」方式をしておいて、それを欲しがる従業員を批判するのはおかしい。ほとんどの人にとってはシンボルを獲得することが重要なのではない。自分が人からどう見えるかが大事なのだ。誰も気づかなければ、多くのステータスシンボルの価値は地に落ちるだろう。ステータスシンボルを求めるのは何も悪いことではなく、それに目がくらむのが問題だ。想定通りのタイミングで手に入れられなかった場合に絶望するほど入れ込むのはやめたほうがいい。

昇給や適切なマネジメントをせずにステータスシンボルで人を操るのは間違っている。従業員を雑に扱い、給与を他社より低くしておいて、ステータスシンボルで埋め合わせをしようとする残念なマネジャーや企業は存在する。従業員に対するこうした態度は、子どもだましで失礼である。

ステータスシンボルはケーキのデコレーションのようなもので、ケーキ本体ではない。人間行動を深く理解した上で賢く使うなら、役立つツールではある。

達成への欲求をうまく満たす

達成感を強く求める部下もいる。仕事の安定や給与、労働条件、地位、報酬などの点ではすでに満たされている人に多いタイプだ。達成感を求めるタイプの部下が望むのは、意思決定への参加、自分のスキルや才能の向上、新しいプロジェクトや仕事でのやりがい、昇進などだ。こうした欲求をうまく満たせば、自主的に動ける上に生産性も高い優秀な部下が確保できる。

モチベーションは主観的なもの

新任マネジャーのモチベーションは概して高い。それは良いことだ。だが、マネジャー自身のモチベーションの理由を部下に押し付けて、相手が動くと思ったら大違いだ。仕事への動機は上司と部下でたいてい違うのを忘れないように。この違いは別に悪いことではないので、自分の信念や価値観を部下に強制しないように気をつけよう。

さらに覚えておきたいのは、いま部下のモチベーションを高めている要因が、数カ月後にも同様に機能しているとは限らないことだ。

たとえば、現在は達成感をモチベーションにしている部下でも、翌月に住宅購入で大型ローンを組んだなら、高収入と安定のために働くようになっているかもしれない。部下のモチベーション源を勝手に決めつけず、正しく理解して、それに合わせたマネジメントをすることが大事だ。

第22章

リスク志向を理解する

個人や組織のリスク志向に関する研究が進み、さまざまなことがわかってきた。個人のリスク志向を数値化したリスク指数（ＲＱ）の測定方法も開発された。この研究の詳細については自著『リスクの力 賢いリスク選択で成功するためのガイド』(The Power of Risk -How Intelligent Choices Will Make You More Successful, A Step-by-Step Guide、邦訳未出版)に譲るが、この章を読めば、あなたもＲＱが測れるようになる。その前に、まずはリスク志向について理解しておこう。

リスクの取り方のスタイル

マネジャーへの昇進を受諾した時点で、あなたは多少なりともリスクを負う覚悟をしているはずだ。うまく仕事がやれていたポジションから異動して、成功の保証のない新しいチャレンジを引き受けたわけだから、この時点で、キャリア関連のリスク志向が多少はあるといえる。組織や人員について把握でき、昇進後の業務内容も想定できる場合には、リスクを取れるということだ。

昇進の受諾までに要した時間を見れば、自身のリスクの取り方の特徴がわかるだろう。即座に受諾したのであれば、おそらく勇敢なタイプか、あるいはオファーが来るのを事前に察知してメリット・デメリットの検討をすでに済ませていたかだろう。受諾まで時間をかけたのであれば、リスクの取り方がより慎重なタイプだと言える。

RQを測定する

前述の自著『リスクの力』には、多くの被験者の協力で完成したリスク評価ツールを掲載している。RQの測定は簡単だ。以下の各項目について、1（非常にリスクを避ける）から10（非常にリスクを取る傾向にある）の10段階で自己評価をつけていけば、RQが判定できる。4や6といった整数ではなく、4・6や5・7などの数値をつけてもかまわない。

物理的リスク：ロードバイク、ラフティング、ロッククライミング、スカイダイビングなど、怪我のリスクのあるアクティビティを行うか。

キャリアのリスク：転職、担当範囲の拡張、昇進など、仕事関連のリスクを取るか。

財務リスク：投資、金銭の貸借などのリスクを許容するか。
社会的リスク：恥をかくリスクがあっても、面識のない人に自分から話しかけたり、よく知らない集まりに参加したりするか。
知識面のリスク：異分野の勉強をする、自分の信念に反するような情報を摂取する、難しい本を読むなど知的なチャレンジをする。
クリエイティブなリスク：絵画やイラストを描く、文章を執筆してみる、型破りなデザインを選択するなど。
関係性のリスク：新しい人間関係を築く、成り行きが予測できない相手と過ごす、関係を持つなど、対人的なリスクへの積極性。
感情的リスク：感情が表に出ることを厭わないか。
スピリチュアルなリスク：実証できない概念や、よく理解できないものを信じたいと思うか。

RQを他の人と比較する

以上の9領域の数値を合計し、9で割って平均を出そう。それがあなたのRQである。

これで自分のRQが出たわけだが、数値の意味はまだわからないだろう。調査から判明した参加者300人の平均RQは6・5で、男性は平均値がやや高く6・7であり、女性の平均は6・3であった。自分のRQをこれらと比較すれば、自身の相対的なリスク志向がわかるだろう。これを理解しておけば、他者と接する上で、よりうまくやれるようになる。

たとえば、自身のRQが平均の6・5を大幅に超えている場合には、多数派とは世界の見え方が違うと理解しておくべきだ。あなたは他の人に比べて、リスクや不確実性に物怖じしない。魅力的な特質でもある一方、リスク回避型の人たちには恐怖かもしれない。そこに気づくことが重要なのだ。

逆に、自身のRQが平均6・5を大きく下回る場合も、リスクの感じ方が大多数の人とは違うのを意識しておくべきだ。あなたはかなり用心深いほうで、他の人より周到に物事を進めたがる。意思決定には慎重で、迅速に行動するタイプの人を不注意に感じるかもしれない。

部下のリスク志向を意識する

部下に各自のRQを測定させるのは、自己認識を深める良い機会になるだろう。やりづらい雰囲気でなければ、チーム内でRQを共有するのも、さまざまな点で有意義だ。まず、リスク志向が、個人によって異なる大切な特質だと気づくことができる。さらに、同じ状況でも同僚と見方が異なるのはなぜか、理解を深められるだろう。

部下それぞれのリスク志向を把握しておくと、マネジメントで役立つ場面は多い。業務を割り振る際にも、担当者のリスク志向を考慮しよう。分析やデータ収集を伴う業務には、リスク志向の低い人が向いているだろう。タイトなスケジュールで迅速に業務を進める必要があるなら、リスク志向の高い人がうまくやれる可能性が高い。業務分担やプロジェクトチームの人選にあたっては、各メンバーのリスク志向を特に意識しておきたい。

リスク志向をチーム作りに活かす

マネジメントに使える社会学の重要概念に「社会化」がある。チームや部署、企業などの組織において、リスク志向などについて、一定の傾向（高い、あるいは低い）が主流である場合に、「社会化」によって集団としてその傾向が強化される。平均よりリスク志向の高い人ばかりを集めてプロジェクトチームを作ると、集団のリスク志向は個人の志向よりも強まる。グループ内でその志向を高め合う効果が起きるのだ。

組織内に「前のめりに、勇敢に攻めるべき」という圧力が生じるため、この効果を利用してイケイケなチームを作ることができる。リスク志向の高い人だけを集めれば、このような増幅効果が期待できるわけだ。

同様に、リスク志向の低い人ばかりを集めてチームを作ると、チームのリスク志向はメンバー個人よりさらに低くなる。これは直面している課題の質によっては最適なチームになるだろう。

リスク志向が平均以上の人と平均以下の人の混成チームを作れば、リスク志向が中庸に落ち着くという効果も、社会化によって説明できる。リスク志向が高い人だけ、あるいは低い人だけを集めてチームを作った際の拡張効果を回避できるわけだ。

これこそあなたが求めているものかもしれない。リスク志向が高めの人と低めの人を混在させれば、適切な均衡状態を意図的に作り出せる可能性がある。綱引きのように自然とバランスをとって、業務に最善なチームを作ることができる。冷静に熟考できるチームであってほしい反面、分析ばかりで前に進まず決定を躊躇するようでは困る、という希望も叶えられるだろう。

状況でリスク志向は変化する

個人のＲＱは変化するものだ。仕事や個人的な生活での成功、挫折などの影響を受けて変わりうる。たとえば、子どもが成人して独立したのを機に、リスクを恐れず大胆になる人もおり、その時点でキャリアを大幅に変えることも多い。チーム平均ＲＱが現在４・５だったとしても、来年も同じとは限らない。上昇、下降、変化なし、どの可能性もあるわけだ。

リスク志向に応じて部下に接する

自分の部下については、それぞれの特性や性質が、意識しなくとも頭の中に整理されているだろう。やろうと思えば、各メンバーのおおよそのＲＱを推定できるのではないだろうか。本章で示した手順で実際に算出した結果と近い値を言い当てられるかもしれない。このように意識できることが、マネジャーとしての力になる。

このアプローチを使う際には、理想的なリスク志向のレベルや望ましいＲＱ数値など存在しないことに注意してほしい。リスク志向の低い人は、高リスク志向の人とは違うやり方でチャンスを吟味し、素晴らしい貢献ができるのだ。より慎重に、きちんと手順を踏むだろうし、リスクを嫌うため、より詳細な調査やデータ収集ができるはずだ。とにかく行動したいタイプの人はイライラするだろうが、リスクを低減すべく、意義のある仕事ができる。

一方、リスク志向の高い人は行動的で、プロジェクトを動かすのに不可欠な人材だろう。部下のリスク志向を変えさせようとせず、それを意識することで、部下のやる気を引き出し、才能を発揮させるのがＲＱ活用の目的だ。

部下それぞれのリスク志向について考えずにいると、誰でもたいして差はないと勘違いしてしまう。たとえば２人の部下に、短期の転勤で新しく運用を立ち上げてくるよう辞令を出したとしよう。１人はリスク志向が高く、もう１人は低いとする。リスクを好む部下にとっては、このチャンスはワクワクするものだ。さっそく心を躍らせて、新しい環境で人と出会い、知らないレストランを訪問し、馴染みのない文化を体験し、さらに何か新しい趣味も見つかるかも、と考えるだろう。

一方、リスク志向の低い部下は、転勤に伴う面倒のあれこれを考えるだろう。自宅を留守にすること、土地勘がないこと、転居に伴う手続きが必要なこと、治安の悪いエリアがどこかわからないことなどだ。

言うまでもなく、辞令を伝えた際の二者の反応はまったく違うだろう。個々のRQを考慮しておかなければ、反応の差に当惑するかもしれない。両者を説得して一時赴任を受諾させるためには、相手のRQに応じて異なるアプローチが必要となる。

リスク志向別のコミュニケーション

人とコミュニケーションする際や、相手のモチベーションの上げ方を考えるときにも、個人のリスク志向を意識してみよう。個人のリスク志向を把握するのは、部下以外と仕事をする際にも役に立つ。たとえば、経営陣のRQをそれぞれ推測してみよう。非常にリスクを嫌う1から非常に好む10までの10段階で、役員一人ひとりを判定してみればよい。

自分の提案を経営層に売り込む場面で、この推測が役に立つ。リスク志向の低い役員には、リスク軽減対策を詳細に説明すれば納得してもらいやすい。一方で、リスク志向の高い役員には、その提案から生まれる事業機会に絞って話したほうが効果的だ。高RQの役員に、低RQの役員に話したようなリスク低減策を伝えても、興味を持ってもらえないだろう。

このように、自身と他者のRQを意識し、違いについて考えることには価値があるのだ。

リスク志向への意識を深める

相手がＲＱの診断を受けて、結果を共有してくれない限り、具体的な数値はわからない。ざっくり推測はできるにしても、決めつけは危険でもある。部下に「新しい業務をやってもらうとしたら、どんな情報がいちばん必要だと思う？　具体的な予定があるわけではないんだけれど、今後のために知っておきたいんだ」といった質問で探りを入れておけば、ＲＱが推測しやすくなる。これは決して騙しているわけではない。うまく仕事ができるよう、部下を理解しようとしているだけだ。

個人のリスク志向への感度を高めれば、仕事は楽しくなる。仕事をよりうまくやるための強力な武器になってくれるからだ。

第23章

自律的でイノベーティブな組織を作る

ビジネスの速度は上がる一方だ。国内、海外を問わず企業間の競争が激化する中、テクノロジーの進化がビジネスのスピード化に拍車をかけている。一昔前には存在すらしなかったメールや携帯電話、チャットアプリ、オンライン会議ツール、翌日配送サービスなどが定着した。それ以外にもさまざまなツールがビジネスを加速させている。企業にとって国外企業との競争を勝ち抜くことが必須になったのも、ここ数十年の話だ。

従来の、階層化された組織構造や上意下達の管理手法は、どの組織もその方式を採用していた時代には機能していた。だが、ＩＴ技術や各種テクノロジーの発達によって迅速な意思決定が可能になった今、かつてのやり方はアップデートを迫られている。あなたが今後もマネジャーとして仕事をしていくなら、意思決定と実行のスピードが引き続き上昇するのを目の当たりにするだろう。リーダーシップのスタイルも、この加速に合わせて変えていく必要がある。

意思決定の一元化を前提とした組織構造や文化は、もはや持続可能ではない。ビジネスのさらなる加速に適応するには、トップではなく下の階層で適切な決定をする能力が不可欠だ。これが「組織のアジャイル化」である。簡単にいうと、何から何まで上司のあなたが決めている組織のままでは、チームとしても、あなた個人としても、成功できなくなるということだ。

判断ミスをした部下に対して

組織目標を明確にしておけば、部下の意思決定の質は上げられる。とはいえ、部下が常にあなたと同じ判断をできるわけではない。では、部下の判断は常に劣っているかというと、もちろんそういう場合もあるが、あなたより優れた決定ができることもあるだろう。

たとえば、Wi-Fi設備のない機内で、休暇中のスキューバダイビングのボートで、あるいは顧客との重要な打ち合わせ中で、対応ができない状況を考えてみよう。詳細はともかく、連絡が取れない状況だ。あるいは連絡自体は取れるが、部下が自主的に判断して仕事を進められるよう育成中だとしよう。部下は入手できる範囲の情報に基づいて、その時点では適切な判断をした。だが、すぐに状況が変わり、その決定が問題になったとする。単に判断が間違っているだけでなく、その決定による犠牲はかなり大きく、あなたの業績にもまずい影響が出そうな状況である。さて、このケースにはどう対応すべきだろうか。

その部下を呼び出して、「本当にひどいことになったね」と言いたくもなるだろう。「自分で判断しようとした時点で間違いだった」とか、「今後はこちらで決めるから、必ず事前に相談に来るように」などと伝えたくもなるかもしれない。

だが、上司のあなたがそんな態度では、次回、部下に自発的に仕事を進めるチャンスが来た際、その部下はどう反応するだろうか？　自分で判断して仕事を進めるのを躊躇するだろう。それはあなたの望むことではないはずだ。部下の心を折って、今後ずっと自分から進んで仕事をしなくなるように仕向けたいわけではないだろう。

部下の判断に問題があった際に、相手を叱りつけ、非難や罵倒をするのは、自分を痛めつけるのと同じだ。これまで部下には「自律的に仕事をしよう」、「臨機応変に工夫しよう」、「経営者になったつもりで考えよう」、「企業家精神を持とう」などと伝えてきたのに、その努力が無駄になる。今回、判断を誤った部下だけではなく、周りの同僚もこの事態に気づいて、自律的に仕事を進めることに尻込みするようになってしまうだろう。

こうしたことは必ず起こる。その際に大事なのは、自分の本音は抑えて、あくまで長期的視点で考えることだ。メンバーが自発的に動いて、それぞれの場で最適な意思決定を行える「アジャイル型の組織」を作るためには、部下の失敗には以下のステップで対応しよう。

1　部下と、問題となった状況を振り返る。
2　頭ごなしに批判しない。
3　目標とすべきは、「この経験から学んで、同じ失敗を部署全員が繰り返さないこと」だと伝える。
4　「次に同じ状況があった場合、より良い結果を出すために何ができるだろうか」という議論を進める。
5　「同じ間違いを繰り返すのは許されないが、自律的に判断する姿勢自体は評価しており、ぜひ今後も続けてほしい」ときちんと伝える。

こうしたステップを踏めば、あなたが部下への権限移譲に本気で取り組んでいる、と明確にわかってもらえるはずだ。最初にまずい結果を知ったときに浮かんだ怒りを抑えられたことで、あなた自身にとってもプラスになった。

自分の上司にこの件を報告する際には、問題の背景にある部下育成や組織作りの意図についても理解してもらいたいところだ。求めていた行動を部下は実行したこと、そしてこの件を通じて得られた教訓について強調しておこう。残念ながら結果は伴わなかったが、これはいつもと違う状況で起こったのであり、部下の育成の一環だったと伝えるのだ。

イノベーションを推進するために

市場競争が激化する中、企業に求められるのは、アジャイル化して迅速に動く能力だけではない。新製品や新規サービス、業務プロセスなどでイノベーションを起こす力も求められている。イノベーションと聞くと、スマートスピーカーや自動運転車などの華やかな新製品を思い浮かべがちだが、それは例外的であり、むしろ大半のイノベーションは緩やかに、徐々に進むものだ。日々の仕事での業務改善も十分にイノベーティブなのだ。

イノベーションが重要なのは、もはや企業は継続的に改善を行っていかない限り、成長はおろか存続も危ういためである。自社のサービス、製品、業務プロセスが過去5年でどのように変化したかを振り返ってみよう。変化はすべて、自社の競争力を維持、強化するために必要なイノベーションの一形態であっただろう。

イノベーションにはリスクがある。定義上、リスクは結果の不確実性を意味するわけで、結果が確実なら、それはリスクではない。では、部下のアイデアがすべてうまくいくわけではない前提で、それでもイノベーションを推進するにはどうすればいいのだろう？答えは、「結果と同等に取り組みの姿勢を評価すること」だ。成功した結果だけを査定に反映していては、部下はイノベーションに向けた努力をしなくなる。イノベーティブな取り組みに結果が伴わなかった場合にも、前項の「判断ミスをした部下に対して」と同様のステップで対応しよう。

1 部下とイノベーティブな取り組みについて、状況を振り返る。
2 頭ごなしに批判しない。
3 目標とすべきは、「この経験から学んで、次回はよりうまくできること」だと伝える。
4 「次に同じ状況があった場合、より良い結果を出すために何ができるだろうか」という議論を進める。
5 「今回は望んだ結果は得られなかったが、イノベーティブであろうとした姿勢と創造性は評価しており、ぜひ今後も続けてほしい」ときちんと伝える。

うまくいかなかった場合だけを述べたのは、成功した場合の対応は簡単だからだ。関係者全員が称えられ、賞やボーナスも得られるだろう。組織のイノベーションに対する温度感を決めるのは、うまくいかなかった場合への対応なのだ。

結果だけでなく自発的な取り組みを褒めよう

どんな形であれインセンティブをつければ、それにつられて結果は大きく変化する。特定の製品に追加のコミッションを払うとどうなるか、営業マネジャーに訊いてみればよい。営業部員はその製品を多く売るようになる。イノベーションについても同じなのだが、問題は、イノベーションのプロセスには失敗がつきものだという点だ。成功という結果だけを評価して褒賞を与えていると、部下は失敗を恐れて、なかなか自発的に挑戦しなくなる。

解決策としては、結果にかかわらず、自発的な行動を評価する表彰や褒賞制度を作ることだ。これに違和感や反感を覚える人も当然いるだろう。ビジネスの原則は「勝者に報いる」ではないのか、と。確かにそれは正しい。だが、イノベーションを産む文化風土を作るためには、従来とは異なる、ときに直感に反するようなアプローチが必要なのだ。これは、部下が主導するプロジェクトや自律的な行動についても同様だ。よく検討して実行したにもかかわらず、望むような結果を出せなかった場合にも、イノベーションの場合と同様に、その取り組みをきちんと評価し、褒賞を与えるべきだ。

納得できないのなら、思い返してみてほしい。ほとんど運のおかげで成功できた人やチームの裏で、もっと優れた仕事をしたのに、景況や競合状況の変化など自分たちにはコントロールできない要因のせいで報われなかった人やチームをたくさん見てきたのではないだろうか。具体的な例がいくつも思い浮かぶだろう。今回たまたま成功できた人やチームだけを褒めていては、今後のイノベーションに対する意欲がくじかれてしまうと納得できるはずだ。

優れた計画を立てて実行したが芳しい結果を得られなかった案件でも、取り組み内容や姿勢については成功したプロジェクトと同等に評価し、業務評価、ボーナス、報酬、表彰などに反映しよう。たとえばイノベーションを表彰するプログラムがあるなら、2種類の賞を用意しておく。プロジェクトが成功したチームにはイノベーター賞を贈り、アイデアや実行した内容はよかったが結果が伴わなかったプロジェクトの担当者には、敢闘賞などを贈るわけだ。

これは決して「いい加減な計画や雑な仕事も、成功した取り組みと同等に扱え」ということではない。意思決定や仕事の進め方に問題があって失敗したならば、そのとおりに問題として扱うべきだ。あくまで、自発的な取り組みやイノベーションに向けた努力は素晴らしかったにもかかわらず、コントロール不可能な要因により成功できなかった案件について、取り組みを成功したものと同様に評価せよ、という話だ。例としては、プロジェクトの開発資金が急遽、凍結されたケースや、予測不能な外部要因が発生したケースが該当する。

この方式では、結果を出した側のメンバーが、そこまで数字を出していないチームと横並びで評価されることに反発するかもしれないが、この場合には、「次は君たちが、しっかり仕事をしたのに外部要因のせいで成果が出ない側にまわるかもしれない」と理解させればいい。

組織に自律的な行動とイノベーションを根付かせるには、「たとえ成果が伴わなくても、その取り組み自体は評価する」と明確にメッセージを送ることだ。うまく伝えられれば、挫折の数よりずっと多くの進歩が見られるようになり、部下も業務をより楽しみつつ尽力してくれるようになるだろう。

第24章

業務改善

業務改善はマネジャーの重要な仕事だ。より迅速に、安価に、効率的に業務を行う計画を立案し、その成功率を上げなければならない。だから、常に改善のチャンスがないか意識しておこう。計画の立案だけでなく、うまく実行するのも、もちろんあなたの仕事だ。

射撃の例えを使うならば、狙いを定めずやみくもに撃つのも、いつまでも狙っているだけで引き金を引かないのも、どちらも結果は出ない。しっかり狙いを定めたら、実際に撃つしかない。もしも引き金を引いた後でも、弾丸が銃から目標へと移動する間に照準を合わせ直せるとしたら、どれだけ的中率を上げられるだろうか？　これをするのが、「賢いリスクテイク」なのだ。

「賢いリスクテイク」の6ステップ

リスクを取ることに賛否両論あるのは、悪い結果もあり得るからだ。とはいえ、リスクの取り方の上手い下手による違いは大きい。目標は、成功の確率と頻度を上げることだから、リスクは賢く取っていくべきだ。これが「賢いリスクテイク」のベースにある考え方である。

結果が確実でない行為はすべてリスクなので、仕事にはリスクがつきものだ。リスクを避けるのではなく、あらゆる業務や新規プロジェクトの検討から実行プロセスを通じて、リスクをうまく乗りこなし、成功に持ち込むことが鍵である。

「賢いリスクテイク」は以下の6ステップだ。これを行うことで、良い結果を得る確度を上げ、悪い結果の確率を下げられる。

ステップ1 リスクの特定
ステップ2 あり得る結果の推計
ステップ3 成功確度を高める改善策の検討
ステップ4 推計の見直し
ステップ5「破滅度チェック」の実施
ステップ6 決定と実行

ステップ1　リスクの特定

「リスクの特定」は、簡単なようだが、重要なステップである。リスクの特定をしないことには、よく練られた施策の決定はできない。リスクはきちんと文書として書き出しておくこと。その際はなるべく簡潔にまとめるようにしよう。

リスクの特定の記述は、たとえば以下のようにすればよい。「18カ月で海外売上を40％増加するために、3500万円の投資を行う。この額には従業員2名の新規採用ないしは異動を含む」。悪い例も挙げておこう。「海外売上を上げる」。良い例では、リスクを承知で何を目指すのか、リスク対策として何が検討されているのか、具体的な目標値と期日が明確に示されている。

例をさらに挙げよう。「自動在庫管理システムに2500万円を投資し、在庫の損傷と棚卸損を8％削減する」は良いが、「棚卸損を減らすために在庫管理システムを購入する」ではダメだ。

もうお分かりだろう。手に入るデータに基づいて、できる限り具体的に記述することが重要なのだ。

ステップ2　あり得る結果の推計

リスクの特定ができたら、結果について起こりうる範囲のシミュレーションを行い、それぞれの確率を計算する。よほど予算が大規模だとか社運を賭けるようなプロジェクトでない限り、ここであまり細かくやりすぎないこと。「最高にうまくいった場合の期待値」、「ベースの試算値」、「最悪の結果」の3パターンで試算しておけば、たいていは事足りる。

海外売上増についてリスクを特定した先ほどの例では、予測の立て方は以下のようになる。

- **ベストなケース：海外売上40％増。**
- **ベースのケース：海外売上20％増。**
- **最悪のケース：海外売上の増加ゼロ。**

試算の際には、市場動向、景況、競合の動向、確保できる人材の質など、考慮すべき要素をきちんと読み込むこと。それができたら、各シナリオの可能性をパーセント表記で出しておこう。

- **ベストなケース：海外売上40％増、可能性30％。**
- **ベースのケース：海外売上20％増、可能性50％。**
- **最悪のケース：海外売上の増加ゼロ、可能性20％。**

見てのとおり、3つのケースの可能性の合計は100％になる。自分でやる場合にも、合計が100％になるよう注意しよう。

この推計のプロセスから何が得られるのだろうか？　最初に、検討すべきリスク、対応、計画、プロジェクトを書き出した。このプロセスを踏んでおくことにより、ケースごとの予測を数値化する際に、関係のない要素に気を取られず、項目を絞って検討ができる。そしてここでは、起きうる結果の幅と確度を予測した。ここまで来れば、山は超えたといえる。残りのステップに進まなくても、この時点で施策とその成果がよく検討できており、十分に意義がある。

ステップ3　成功確度を高める改善策の検討

このステップは、「賢いリスクテイク」の中でも、最重要かつ効果の大きいステップだ。

ここで最も効果があるのは、成功の確度を上げる手段の特定だ。成功確度を上げるためには、「成功確度UP要因の候補」を明らかにする必要がある。

検討中のプロジェクトについて、成功確率を上げられる施策、あるいは失敗確率を下げられる施策は、すべてが「成功確度UP要因の候補」である。例をいくつか挙げておこう。

・類似案件で成功経験のある人材の採用。例のケースでは、海外営業の経験者の採用となる。同じ製品・サービス領域での経験であればなお望ましい。ターゲットとしている海外市場での経験があればさらに良い。採用する人材の経験を活用して成功確度を上げるのだ。

・市場調査を発注し、ターゲット国のポテンシャルや競合に関して、より信頼できる分析を手に入れる。

・現地の代理店や卸売業者とパートナー契約を締結し、ローカルな知見や地元での関係性を活用する。

「成功確度UP要因の候補」の特定と活用は、本書独自のアイデアではない。リスクを減らす方法を考えるのは、マネジャーが当たり前に行っている通常業務である。「成功確度

UP要因の候補」を考える際には、既成概念に囚われず自由に発想しよう。思いついたアイデアがすべて使えるわけではないが、考える範囲を狭めて、良いアイデアに蓋をするのはもったいない。

「もし……ならどうする？」という仮定を自問してみよう。「もし最高の人材がいるならば？」、「もし自社に独自の観点があるとすれば？」、「もし競合他社より明らかに優位性を打ち立てられるとすれば？」など。その上で、「どうすればそれが可能になるだろう？」と考えるのだ。

調査を行う場合も多い。結果の推計で上がった仮説をひととおり検討した上で、どれを検証すべきかを絞ろう。調査でより精度の高い情報が得られたら、正しい意思決定をしやすくなる。ただし、すべての疑問が解決するまで動けないという罠に陥らないように。そうしている間にチャンスを逃してしまうからだ。

ステップ4　推計の見直し

影響の大きい「成功確度UP要因の候補」がいくつか特定でき、それらを実行する見通しが立てば、プロジェクトの成功確度も上がるはずだ。そこで、各ケースの確度を見直し、最新化しておこう。ここでは、先述の3つの「成功確度UP要因の候補」が特定できたことで、結果に以下のような影響があるとしておこう。

・ベストケース：海外売上40％増。可能性は30％から50％に向上。
・ベースのケース：海外売上20％増。この可能性は50％から40％に減少。
・最悪のケース：海外売上の増加ゼロ。この可能性は20％から10％に減少。

見てのとおり、可能性の合計値は、変更後も100％となっている。

「成功確度UP要因の候補」を使って、見立てが改善できた。海外売上の目標を達成する可能性が高まったのだ。これこそが、「賢いリスクテイキング」の威力である。

ステップ5「破滅度チェック」の実施

リスクを伴う検討事項は、実行決定に先立って、破滅度チェックを必ずしておこう。破滅度チェックとは、考えうる最悪の結果になった場合に耐えられるかの確認だ。最悪のシナリオはどんなもので、それが起こっても生き残れるだろうか？

先ほどの例で説明しよう。この場合の最悪のケースでは「3500万円の投資で、海外売上の増加はゼロ」という結果だ。その状況でも耐えられるだろうか？　組織の体力や自身のキャリアが破滅するのであれば、答えはノーであろう。もし結果が到底満足いかないものだったとしても、耐えられるなら、検討事項は破滅度チェックをクリアしたことになる。これで「賢いリスクテイク」は最終段階へと進むことができる。

ステップ6　決定と実行

リスクのある案件について、必要な要素が特定でき、成功可能性を上げるための施策も判明し、複数のシナリオの確率も数値化され、破滅度チェックもクリアできた。意思決定をする段階まで来たのだ。

ここで重要なのは、「成功確度UP要因の候補」の特定と実装は常に継続することだ。本章の冒頭で、弾丸が銃を離れた後でも、照準を修正する能力の例えを出したが、「成功確度UP要因の候補」の特定と実装を継続することは、まさにこの能力なのだ。手を抜かず、クリエイティブに取り組み続ければ、成功の確率は上げ続けられる。

さあ、決定のときが来た。前進か退却かを選択するのだ。撤退が最善の選択となる場合もある。どんな決定をしようとも、必要な情報を集めてきちんと検討したのだから、確信を持って結論を出せるはずだ。これこそがマネジャーの仕事である。

第25章

世代間ギャップ

初めてマネジャーに就任する年齢はさまざまだ。20代で任命される人もいれば、30代、40代の人もいるし、50代や60代で初めてマネジャーになる人だっている。マネジャーと部下の年齢差の関係には、以下の3パターンがある。

1 年上のマネジャーが若い部下を監督する。
2 若いマネジャーが年上の部下を監督する。
3 マネジャーより年上、年下、同世代など、部下の年齢層が幅広い。

年下のマネジャーが年長の部下を監督することになった場合には軋轢が生じやすい。年長の部下が若い上司に拒絶反応を示すこともある。この場合、たいていは年上の部下の側に問題があるが、若い上司の性急な態度が原因の場合もある。そこで、まずは若いマネジャーが年長の部下の多いチームを担当した際に、直面しがちな問題を見ておこう。

あなたが部下より若い場合、普段の自分のペースより、少し落ち着いた対応をするとよいだろう。実年齢や経験とは関係なく、成熟した人間だと思ってもらいたいところだ。そうした印象を与える行動を心がけていると、やがて全員がそう認識してくれるようになる。

いきなり変化を起こそうとせず、じっくり取り組もう。自分の権威を見せつけたいからと、拙速な決定をあれやこれやと下してはならない。年長の部下にとっては、決定の早さが衝動的な行動に見えてしまう。年長のマネジャーが同じ行動をしたなら、衝動的とは思われず適切だとされるダブルスタンダードも覚悟しておこう。若くして成功した対価だと受け入れるしかない。年長のマネジャーなら「決定力がある」と評価される行動を、若いマネジャーがやると、「性急だ」とレッテルを貼られてしまう。あなたが上司であることにメンバーが慣れる時間を作ってあげることだ。ここで間違うと、あとあと対応に苦労することになる。

部下への気遣いを示す

新人マネジャーはすぐに何かを変えたくなるものだ。それも徐々にではなく、新たに手に入れた全権を使って変化を起こそうとする。このやり方では誰もが困惑するが、とりわけ長年そこでやってきた部下には、かなり迷惑なものだ。

部下から訊かれる質問には、すべて即答できなくてかまわない。それで当然だ。答えがわからない質問に適当な答えをでっち上げるのは最悪である。ベテランの従業員なら、そんなものはすぐに見抜いてしまう。質問に答えられない場合には「いい質問ですね。すぐには答えられないのですが、確認してからお返事しますね」と言えばよい。このくらい率直であれば、「知ったかぶりのガキ」とは思われずに済む。そもそも年長の部下からは（若い人からも）「どうせこの上司は経験不足だから、すべてをわかるわけがない」と思われているのだ。

年齢に関係なく優れた上司に共通した行動だが、部下一人ひとりへの気遣いを、早い段階からよく示すようにしよう。マネジャーは営業がうまくなければならない。あなたは部下に自分を売り込んで、「この人が上司で良かった」と思わせるのが仕事だ。

年少マネジャーの戦略

年少のマネジャーとしては、当たり前のような決定に時間をかけることで、歳上の部下たちをとりあえず安心させておこう。就任したての時期には、じっくり考えている姿勢を見せるために、自分としては即決できる案件でも、時間が許せば、判断に時間をかけてみてもよい。

たとえば、年長の部下が深刻だと考える案件を持ってきた際には、あなたにとっては、すぐ決断できる簡単な問題だったとしても、「しばらく考えさせてください。明日の朝、また話しましょう」と伝えるのだ。根拠をしっかり確認し、熟考するタイプの上司だと態度で示せば、「知ったかぶりの青二才」イメージを払拭することができる。また、若い上司への不満にありがちな「性急」という印象も避けることができる。

あるいは、「おすすめのやり方はありますか？」、「どうすればいいと思いますか？」と尋ねる方法もある。案件を持ってきた部下が良識ある人だと信じられるなら、やってみるといい。相手の人間性をまだ見極められてない場合や、時間を訊ねたのに時計の作り方を語り出すような面倒くさいタイプの部下が相手なら、やめておいたほうがよさそうだ。

世代ごとの特徴

世代ごとに特徴はある。職場には少なくとも3世代の従業員がいる場合が多いだろう。ベビーブーマー世代（1946〜64年生まれ）、ジェネレーションX（1965〜76年生まれ）、ミレニアル世代あるいはジェネレーションYと呼ばれる世代（1977〜95年生まれ）である。世代ごとの特徴を理解し、それぞれのモチベーション源を尊重する姿勢が求められる。もちろん、ざっくりした一般化には例外がつきものだが、世代ごとの傾向は知っておくと役立つ。

ベビーブーマー世代

この世代のやる気を引き出すには、専門性を評価し、報酬や昇進といった従来型のインセンティブを提供すること。上昇志向と達成意欲が高いので、かなり自発的に動いてくれるだろう。うまくやった場合には、派手に褒めるよりも、相応の肩書きや待遇を与えたほうがやる気を出す。報酬に加えて、広い職務スペースなどがインセンティブとして効果的だ。

ジェネレーションX

ベビーブーマー世代同様に上昇志向が強いが、より自律的な働き方を好む。柔軟性、自律的に仕事をする能力、細かくいちいち指示されないことを重視している。専門スキルを磨くことを重視するため、研修機会の提供や、外部機関での受講料の還付などが効果的だ。報酬以外のインセンティブとしては、業務時間がフレックスであること、テレワークなどの自由な業務環境が挙げられる。

ミレニアル世代

ＩＴに精通しており、楽観的で、柔軟な働き方を当然視する世代である。業務貢献や自分の意見に対する評価がモチベーションになる。理想主義者であるミレニアル世代にとって重要なのは、確実に成長できている感覚や、重要な何かの一部になれている実感、好きな仕事ができていることだ。ＩＴ技術の発達により、常時コミュニケーションできる環境で育った世代なので、情報共有、上司からのフィードバックの多さ、経営陣との意見交換などを特に重視している。フレックス制度など業務上の柔軟性が大事なのはジェネレーションXと同様だ。

ミレニアル世代もジェネレーションXも、勤務時間や働き方に裁量を求めていることがわかる。「やるべきことを伝えて、後は構わないでください」というやり方だ。細かくマネジメントをすると嫌がられる。また、これら若い世代の部下は、上の世代よりも自分の時間を重視する。大きな権限と高い給与を得られるチャンスでも、プライベートが犠牲になるなら興味を持たないかもしれない。

図版 **25-1** 世代別 才能のマネジメント

	ベビーブーマー世代	ジェネレーションX	ミレニアル世代
出生年	1946～1964	1965～1976	1977～1995
特徴	・野心的 ・目的志向 ・仕事がアイデンティティ	・精力的 ・野心的 ・自律性を重視	・楽観的 ・マルチタスクが得意 ・柔軟性を重視
モチベーション源	・給与アップ ・昇進 ・褒賞 ・退職金	・賞与やストックオプション ・仕事の柔軟性	・価値を認められること ・成長感 ・意見が認められること ・理念への共感
重視すること	・専門性を評価され頼られること ・肩書き	・柔軟性 ・個人の裁量で仕事を進められること ・自己を高められること ・定期的に人前で評価されること	・好きな仕事 ・情報共有 ・経営層とのコミュニケーション機会 ・スキル向上 ・成長やキャリアアップの機会 ・フィードバック
インセンティブと褒賞	・給与アップ ・ときおりフィードバックを受ける ・権威 ・役得	・給与アップ ・フレックス勤務 ・リモートワーク ・学費の企業負担	・給与アップや福利厚生の充実 ・仕事以外の自由な時間 ・フレックス勤務

メンターとしての管理職

仕事のできる部下は、当然ながら、プロフェッショナルとしての成長意欲が高い。スキルの向上か、出世か、その両方を望んでいる。こうした仕事のできる部下を引きつけるには、部下に対してメンターの役割を果たすことだ。部下が「この上司は、自分のキャリア上の目標を支援してくれる人だ」と実感すれば、ぜひ一緒に働きたいと思ってくれるだろう。

部下のメンターになるとは、部下にキャリア上の成長の方向性を示し、組織のニーズと部下の成長を継ぎ合わせて成長できる環境作りをサポートすることだ。「部下の成長と出世を支援してくれる上司」という評判が社内で確立できれば、他部署から優秀な人材を引っ張ってくるのにも苦労しなくなる。成長意欲のある人はあなたのもとで働きたがるからだ。

メンター的な関係性を重視する人は他の世代にもいるが、若い人は特にこうしたダイナミズムに惹かれる傾向にある。若い世代には、上からの権威を嫌い、やることを命令されると反発する人もいる。こうした若い部下との関係性を構築する上では、指示命令ではなくメンター的なコミュニケーションを取ることで、あなたの求める成果が出るだろう。上司の視点や指示が、組織の目標達成だけでなく、部下の成長のためでもあることが部下に伝われば、両者にとって良い方法でのマネジメントとなるはずだ。

「なぜ若い部下だけ扱いを変えなくてはならないのか？　若い奴が甘えずに、世間のやり方を受け入れればいいだけの話だ」と思う人もいるかもしれない。旧来のやり方でも、しばらくは若い部下に対応できるかもしれないが、それは流れに逆らって泳いでいるようなものだ。旧来のやり方の強制はあなたのためにならない。

できるマネジャーは、リーダーとして単一のスタイルでは通用しない相手がいるのを理解している。相手の能力を最大限に発揮させるためには、相手の特性を理解してそれに合わせる必要があると、優秀なリーダーなら知っているものだ。スポーツチームの優秀なコーチは選手に応じてさまざまな手法を使い分けている。旧来の手法ではやっていけない理由には、これから職場に増えるのは若い世代だということもある。やり方を若い人に合わせて変えられなければ、あなたは時代遅れの人材になってしまう。

メンターの役割を果たす際には、メンターは親友とは違うと理解しておこう。よい関係性を部下と築くのは素晴らしいことだが、マネジャーは部下と馴れ合っているべきではない。

人については簡単に諦めない

マネジャーの任務につく際に、部下の人事評価の履歴を確認しておくと役立つ点も多い。だが、それに縛られて偏見を持ってはいけない。査定はたいてい正しいが、特定の部下については冷静に見られない上司がいるのも知っているだろう。引継ぎの際には「自分の考えがない」とされた部下が、新しいマネジャーのアプローチによって、良いアイデアを出せるようになった、というのもよくある話だ。だから、人については簡単に諦めないこと。あなたには、相手の心を動かす力があるかもしれないのだ。

第26章

リモート勤務や拠点外勤務のマネジメント

別の拠点に部下がいる場合や、部下が常時あるいは適宜リモートワークを行うケースもあるだろう。こうした状況の管理も、マネジャーの重要な仕事だ。

部下が別拠点にいる理由はさまざまだ。人件費の効率化のために、企業として製造拠点の移転やオフショア開発を行う場合もあるし、顧客やサプライヤーへの常駐が必要な場合もある。時差の問題を解決するためかもしれない。たとえば一部のＩＴ企業は、24時間サポート体制を維持するために、従業員を世界各地に配置している。

リモート勤務のメリットをめぐっては激しい議論がある。有名企業の中にもリモートや在宅勤務を廃止する企業が出てきた。とはいえ、自社が従業員のリモート勤務を認めている場合には、それをうまく管理するのがマネジャーの義務である。

拠点の違う部下との接し方

同じ職場にいない部下にも、社内にいる部下と同等のコミュニケーションを取るよう心がけよう。別拠点からでもあなたに連絡しやすい状態を作り、こちらからも積極的に声掛けをすること。メール、携帯電話のショートメッセージ、電話、オンライン会議ソフトなど、使えるツールは何でも活用しよう。ビデオチャットなどで相手の映像が見られたほうが、コミュニケーションの質は上がるはずだ。

同拠点の部下とは毎週、個別の定例ミーティングを設定しているだろうが、社外にいる部下とも、対面で話す機会を定期的に作ろう。部下の常駐している現場に出向くのも、こちらの拠点に来させるのも、どちらも意義がある。距離にもよるが、年1回は必ず先方に出向き、同じく年1回はこちらに来させたい。直接会うことの意義は大きく、上司・部下間の理解が深まるのはもちろん、こちらの拠点に来てもらえば、チームメンバーとの関係性も構築できるはずだ。

決め事は文書で共有する

部下に求める業務内容については文書で共有し、上司がそばにいなくても何を求められているのかを明確に理解してもらおう。項目は以下のようになる。

・業務上の目標
・報告すべきこと
・連絡の取れる時間帯（部下と自身それぞれについて）
・応答にかかる時間（部下と自身それぞれについて）
・週あたりの勤務時間

効果的に業務を割り振るやり方については第36章で詳しく述べるが、その鉄則は、拠点外にいる部下のマネジメントにも当てはまる。とにかく、求める成果物と納期をクリアにし、部下がいつまでに何をやればいいのか、はっきりと理解させることだ。

在宅・リモート勤務の場合

自宅から完全リモートで業務を行っている部下のマネジメントについては、ここまで述べてきた「拠点の違う部下」の管理術とほぼ同様である。完全リモート勤務ではなく、出社日もある「部分リモート勤務」の部下であれば、より管理しやすいだろう。

週に数日、自宅勤務を行う「部分リモート勤務」の場合には、出社する曜日も決まっているだろうから、重要なコミュニケーションはすべて、その日に対面で済ませるようにすれば、マネジメントは楽になる。

リモート勤務の部下に対しても、拠点の違う部下の場合と同様に、業務上の取り決めを文書で共有しておこう。この場合にも、対応可能な時間帯、応答にかかる時間、勤務時間などを明確にすること。完全リモート勤務でない限り、個別の週次定例ミーティングは、出社日に対面でやるのが望ましい。とにかく重要なのは、成果物と納期を明確に理解させ、責任をもって遂行させることだ。

第27章

職場でのソーシャルメディアの利用

Facebook や LinkedIn、Twitter(X)、Instagram などのソーシャルメディア（SNS）はもう日常生活の一部になっている。複数のSNSを使っている部下も多いだろう。マネジャーとしては、職場でのSNS利用について、起こりうることを事前に把握し、方針を立てておくべきだ。

仕事関連でのSNSの使用には、少なくとも以下の4つの状況が考えられる。

1 公式利用：企業の公式情報を発信する際に、SNSプラットフォームを利用する場合。

2 業務利用：組織目標の達成の一環としてSNSを使う場合。例として、市場調査、採用活動、自社の製品やサービスの販売促進業務などが挙げられる。

3 業務機器・時間の私的利用：業務時間内に、あるいは企業のデバイスで、個人のSNSアカウントにアクセスすること。

4　業務時間外における個人端末の私的利用：業務時間や会社の機器とは関連しない、個人的なSNSの利用。

1の公式な利用は、PR（広報）、IR（投資家向け情報）などの担当が行うものだ。こうした業務を担当していなければ、基本的には関係しない。

2の業務利用は適切に行うべきだ。業務上SNSを活用している部署なら、投稿してよいこと、禁止事項などのガイドラインを文書で運用しよう。

3の業務機器・時間の私的利用は、特に注意を要する。放っておくと、すぐ問題が発生するからだ。業務時間内や、企業端末でのSNSの私的利用を一切禁止している企業もある。会社のメールアドレスで個人のSNSアカウントを作るのも禁止されている場合が多い。こうした方針を取る理由としては、従業員の生産性低下や潜在的なリスクへの対策が挙げられる。こうした自社方針については、しっかり部下に伝えること。

SNSに限らず、コンプライアンス違反はきちんと取り締まるべきだが、だからといって部下の私用SNSアカウントをフォローして違反がないかをモニタリングしていては、そちらもコンプライアンス的に危うい。何かやろうとする場合には、事前に必ず人事部か法務部に確認すること。

個人のSNS利用については、企業や部署もそこまで厳しい方針を打ち出していないだろう。休憩時間のみ個人端末の使用をＯＫとしている企業もあれば、細かい規定を設けず個人の良識に一任している組織もある。いずれにせよ重要なのは、方針が明確で、それが徹底されていることだ。

従業員が業務時間外に個人端末でＳＮＳを利用するケースについては、通常、企業は関与できない。例外となるのは、会社の機密情報を投稿した、あるいは会社や従業員に批判的な投稿をした、などの場合である。こうした状況は、企業の責任問題や訴訟トラブルに発展しかねず危険なので、人事や法務の指示に従って慎重に対処しなければならない。

第4部

人事評価を行う

人材マネジメントの一環として、職務記述書の設計や業績評価、
給与決定といった人事制度の運用は非常に重要であり、
これらに長けていることが、マネジャーとしての成功の鍵となる。

第28章

職務記述書の作成

職務記述書、業績評価、給与管理業務は、経営上の重要なツールであり、制度としてきちんと運用しているか、適当に扱っているかはさておき、こうした人事制度が企業経営に果たしている役割は非常に大きい。だが、運用する側がこれらの目的と使い方を知らなければ、ひどいマネジメントが起こりかねない。

文書の形式といった詳細については、業界によって、あるいは同業種内でも企業ごとに方式が異なるため、あくまで考え方の点から、これらのツールの機能を解説しよう。

正式な人事評価制度のない企業でも、人事評価のテクニックは使っているものだ（ひどいものも多いが）。家族経営の中小企業や、ワンマン企業のような形態では、あいまいなケースが大半だろう。こうした会社のトップは、「自分たちはきちんと経営できており、従業員全員が平等な待遇に不満はないはずだ」と思っているかもしれない。みんな大満足という企業も存在はするだろうが、きわめて稀である。たとえ正式な制度がなくても、責任者がどの業務が重要かを決め（職務評価）、うまく業務ができているかを判断し（業績評価）、各従業員の給与を決定している（給与管理）わけだ。「会社は幸せな家族であり、社長の私が親の観点から公平に判断する」というモットーの会社であっても、何らかの人事制度は運用されていることがわかる。この場合は「親」特有のバイアスを含んだ制度ということにはなるが。

職務記述書の基本

職務記述書は、いい加減なものから高度に体系化されたものまで質に差はあるものの、多くの企業で使われている。職務記述書には、求められる職務内容が詳細に記述されている。加えて、管理・指揮系統が明記されているのが一般的だ。

自社独自の職務記述書を運用している企業もあるが、一部の企業は経営コンサルティング企業に依頼して人事制度を設計させており、後者の場合、従業員が職務記述書の作成スキルを学んだり、自社の等級制度と齟齬のない職務評価のやり方を習得したりできる仕組みを導入しているケースも多い。

職務記述書には通常、職務の内容、求められる教育レベルや業務経験、職務での具体的な成果責任、監督責任や管理責任の範囲などが記載されている。短期および長期の目標が明示され、職務ごとの管理責任者を含む指揮系統が明記されるのも一般的だ。職務上のやり取りの対象（一般社会や政府機関など）に関する記載もよく見られる。

職務記述書の3つの観点

職務記述書を書く際には、以下の3つの評価軸を意識する「3段アプローチ」を用いるとよいだろう。

1 実務的・専門的なスキルや知識
2 態度
3 対人関係スキル

まず、職務の遂行に必要な技術面の「スキルや知識」を具体的に特定しよう。

続いて、2番目の「態度」に関して検討しよう。これは、職務を遂行する上で必要な姿勢や行動を指し、具体的には、完遂力が優れていること、創造性に富みイノベーティブであること、品質に対する強い責任感があること、などが挙げられる。

3番目は「対人関係スキル」である。ここでは、傾聴力、チームプレーができること、他者からの批判を受け入れられることなど、職務に必要な対人関係スキルについて検討する。

1つ目の実務スキルの観点しか記載のない職務記述書が多いのだが、態度や対人関係スキルも同じく重要である。実際、腕利きの経営者は口を揃えて「仕事で成功する要因としては、態度や対人関係スキルのほうが大きい」と言う。職務記述書を作成する際には、3つの評価軸それぞれに関して、漏れなく記載するよう心がけたい。

職務評価

ある段階から、自分自身や部下の職務記述書を書くようになるだろう。企業によっては、従業員に自身の職務要件を書かせたものを上司が確認し、必要があれば修正する、という手順が取られている。このように従業員本人と上司の共同作業で職務記述書が作成できれば、それがベストであろう。作業を通じて、職務の内容について双方の合意が取れるからだ。のちにその不一致が問題となるのを防ぐことができる。

各職務の職務価値を決める職務評価は、通常、特別な訓練を受けた人事委員会で行われる。人事部が実施することも多い（方法は企業により異なるので詳細には触れない）。職務評価で職務価値の大小に応じた等級格付けが行われ、業務価値に応じて給与のレンジが決まる。そのレンジは未経験・初心者から、習熟した専門レベルまでの幅などがあり、ある職務の給与の基準値を100%だとすると、最低ではその75%や80%、熟練者に対しては120から125%の給与額となる。

職務評価での等級格付けで報酬のレンジが決まることは周知の事実なので、これを気にする人は多い。それで、職務の格を上げようと職務記述書を粉飾する人も出てくる。職務記述書に借りてきたような壮麗な文言を並べ立てても、たいていは上手くいかない。ハリボテ化した記述を見ると、委員会は事実を見抜こうと用心深くなるものだ。委員会は書き手が何をしてくるかを熟知しているため、粉飾は逆効果である。逆に、すっきりと端的に要点が示された職務記述書なら、委員会は仕事を進めやすい。だから、職務記述書を作成する際には「かさ増し」はやめておこう。委員会はそんなものには騙されないし、むしろ印象が悪くなる。

第29章

業績評価を行う

業績の評価といっても、ただ「いい仕事ができているね」などと伝えるだけのものから、詳細にレポートを作成して正式に面談を行うものまで、やり方には幅がある。

誰もが自分の仕事について評価を知りたいのは当然だ。年に1〜2回、振り返り面談が設定され、そこで業務状況を話し合うというように、正式な手順の規定があるのが望ましい。形式が決まっていない場合、やらなくても変わらないような意味のないものになりがちだからだ。

上司の側は「部下とはよくコミュニケーションできているので、部下は現在の立ち位置をきちんと理解できているはず」と自信を持っていても、部下の側に話を聞いてみると、コミュニケーションが足りないと感じていることがよくある。

いまだに「何も言われないのは、うまくやれている証拠」というモットーで管理職を務めているマネジャーもいるが、これではうまくいかない。特に上級管理職には、緊急で対応の必要な案件以外、話したがらない人が多い。評価など末端の兵隊のためのもので、幹部には不要だと思っているのだ。上級役員ならいちいち訊かれなくても、自己コントロールも状況の制御もできるに決まっている、という理屈だ。これは真逆である。経営に関わる人こそ、トップが自分の仕事をどう評価しているかを確認する必要がある。

業績評価は、マネジメント上の強力なツールなのだが、うまく使えないまま無視されがちだ。はっきり言って、業績評価をするのが苦手なマネジャーは多い。それで、下手な評価や面談をした結果、部下も業績評価で嫌な思いをすることになる。業績評価をうまく使えば、リーダーとして成果が上げられる。きちんと活用しないのは、チャンスを無駄にしていることだ。それればかりか、あなたや組織が要らぬ法的責任を負うリスクさえある。業績評価を定期的に設定して漏れなく実施するのは、自分のためなのだ。そうすれば、マネジメントもうまくいき、同じ職階のマネジャーの中で、抜きん出ることができる。

業績評価で部下を驚かせない

もし面談中や査定のあと、部下に「評価に納得できません」と言われたなら、あなたがマネジャーの仕事をできていないということだ。業績評価で部下が驚くのは論外である。年間を通じて部下ときちんとコミュニケーションが取れており、部下に本人の現在地をきちんと伝えていたのであれば、査定が寝耳に水ということはあり得ない。

部下に査定で驚かれないように、年間を通じて何度も非公式に振り返り面談を行っているマネジャーも多い。これはコーチングの一種であり、マネジャーと部下とで定期的に業務状況の振り返りを行い、話し合うものだ。これは正式な業績評価のプロセスではないため、部下の希望があれば資料に残してもよいし、資料は無くてもかまわない。こうしたコーチングの場を活用すれば、部下に対して、目標の修正、新たな目標の追加、職責やタスクの追加、あるいは削減などの業務調整が可能になる。

企業の中には、従業員の期待値と査定に齟齬が生じないよう、四半期ごとの振り返り面談をマネジャーに課しているところもある。業績評価は、「人事考課」「成果評価」「勤務評定」「業績考査」などとも呼ばれる。これをしておけば、年1回の査定面談では、その期を通じてコミュニケーションしてきた内容をおさらいするだけでよい。

業績評価でのマネジャーの義務

マネジャーとして、業績評価を行う際には基本指針から外れてはならない。以下が業績評価の7カ条だ。

1　目標を設定する。部下が何を達成すべきかを明確化すること。

2　育成とコーチングを行う。目標達成に向けて部下をサポートすること。
3　業務状況について、適宜フィードバックを行う。
4　振り返り面談に向けて資料を準備しておく。
5　適切な時期に、振り返り面談を行う。
6　振り返りの重要性を理解し、意義をきちんと部下に伝える。
7　あくまで部下の業績に基づいて評価を行う。あなた個人の思いを反映しないこと。

人事評価シートの形式

人事評価シートは、該当の職務について、できる限り多角的な評価項目を組み込んで設計されているべきだ。マネジャーはそのシートの各項目について判断していくことになる。したがって、評価者であるマネジャーが業務を理解し、担当者の業務状況を把握できていることが必須となる。業務に近いレベルの人が評価を担当すべき理由はここにある。対象者から3階層も上の役員には、日常的に現場と接点のあるマネジャーほどの正確な判断はできない。もちろん、直属の上司より職階の高いマネジャーが評価を担当することはあるが、日常的にその職務と関わっている人が評価をつけたほうが、より正確になるだろう。

人事評価シートの項目に典型的なものを以下に挙げておこう。各項目について、「優（非常によくできている）」から「不可（要件を満たしていない）」までの3段階や10段階などで採点していく。

- **業務量あるいは業務レベル**
- **完成度**
- **正確性（エラー率など）**
- **自主性、率先した動き**
- **態度**
- **学習能力**
- **チームプレーヤーとしての能力、協働**
- **勤怠**

これ以外の項目も業務によっては追加すべきだろう。項目ごとに重み付けして、最終的に本人に提示するスコアを算出する方式もある。こうした書類はすべて、人事資料として従業員ごとに保管される。評点は、たとえば次のように示される。

・80点以上～100点：優（非常によくできている）
・60点以上～80点未満：良（よくできている）
・50点以上～60点未満：可
・40点以上～50点未満：要改善
・40点未満：不可（要件を満たしていない）

数値の幅は各社の制度によって異なる。この例では50点以上～60点未満は「可」だが、企業によっては「中位」などと呼ぶ場合もある。「可」は優しい言葉だ。「中位」や「並み」と言われて嬉しい人はあまりいない。「可」や「要改善」のほうが「並み」「並み以下」より使いやすいだろう。世の中には「並み」程度の凡庸な人間も多いはずだが、査定が「可」の従業員が、自分を凡庸だと考えていることは少ない。

業績評価について、別の点を指摘しておこう。マネジャーの中には頭の中で評価を決めてしまってから、その数字を作るために各項目の数値をいじる人がいる。これは「制度の悪用」にあたる。たいていは、上司が部下に「要改善」をつけたくなくて、これをやるのだが、厳しい判断を先送りにしていると、今後ますます厄介なことになる。

振り返り面談をする

部下との振り返り面談は、非常に重要だ。これは自分の業務が慌ただしくないタイミングに設定しておきたい。業務について全項目をもれなく話し合えるよう、時間をしっかり取ろう。受けた質問にはすべて回答し、相手の発言には必ず耳を傾けるべきだ。傾聴の姿勢は、議論の内容と同じくらい重要である。部下は、上司からいつでも緊急事態かのようにせかせかと対応されるのに慣れているせいで、自分の夢や野望をゆっくり話す機会が与えられても、すぐには気持ちが落ち着かないかもしれない。

部下との対話は非常に重要なので、邪魔が入らないようにしておきたい。社長からの電話だとしても、である。振り返り面談を中断すべき緊急案件かを社長に判断してもらおう。固定電話も携帯電話も音が出ない設定にしておく。面談の最初に電話をOFFにして、部下にも同じようにさせるとよい。「お互い、この面談にしっかり集中したいからね」と伝えれば、部下を大切にしていることも、振り返りの機会を重視していることも、相手にわかってもらえるだろう。

もちろん、緊急事態となれば話は別だ。何が起きているかを部下に伝えて、評価面談を中断する必要性を理解してもらおう。部下が自分の夢や思いを打ち明けている最中に、上司がいきなり電話で他の人と話したりメールのチェックをし始めたら、かなり嫌な気分になるはずだ。

面談では、上司としてあなたが対話の流れを作るべきだが、一方的に喋らないようにしたい。こちらからも伝えるべきことはあるが、この面談はあくまで対話の時間にしたほうが、場が荒れにくく、話も建設的に進むだろう。躊躇せず、「もっと率先して取り組んだら業績がさらによくなると私は思うんだけど、自分ではどう思う?」などと切り出してみよう。

あなたが思うより、部下が自分の仕事に厳しいことはよくある。部下の自己評価よりも上司の評価が高い傾向を示す研究は多い。評価の議論に本人を巻き込んだほうが、評価に納得してもらいやすく、とげとげしい空気になるのも避けられる。

あなたから見れば明らかに部下の不得手な項目について、本人は得意だと言い張るケースもある。これは避けられない。こうした場合には、コーチングのスキルを活用して、どこが足りていないかを本人に理解させよう。説得しようと躍起になったり、声を荒げたりすべきではない。「それはまるで見当違いだね。なぜだか教えてやろう」などと言わず、「なるほど。どうして私がこう考えたのか、説明を聞いてくれるかな」と切り出したほうが、ずっとうまくいく。

業績評価の目的には2つあるのを常に意識しておきたい。1つ目の目的は、「部下の業務について正確な評価をすること」だ。２つ目はより重要なのだが、「部下にやる気を出させて、今後さらに業績を上げられるようにすること」である。評価の準備と実行のプロセスを通じて、このことは忘れずにいよう。

評価項目のすべてを部下と確認し、仕事をする上での長所と改善すべき点を本人に理解してもらおう。長所について議論が食い違うことはまずないが、弱点に同意してもらえないことは多々ある。こうしたときこそ、部下に自分の思いをきちんと話してもらおう。

改善点などを指摘されると、否定的なことを言われたと感じてしまい、その時点から何を伝えても善意に受け取ってくれなくなる部下もいる。だから、振り返り面談の冒頭では、ネガティブに受け取られるような話をしないこと。とりあえずは、良い点から面談を始めたい。

改善すべき点や弱点を示す資料があれば、具体的な論拠を示すことで説得力が強まる。上司の感覚を語るより、生産管理や品質管理のデータを使ったほうが、部下も納得しやすいだろう。部下が反論してきた際には、意見の違いを尊重し、きちんと対話をすべきだ。部下の意見にも見るべき点があり、それであなたの意見が変わるかもしれない。決めつけずに相手の話を聴こう。自分が間違っている可能性もあるのだから。事実が書面に残っていれば、評価についての食い違いを収めやすくなる。

業績評価のプロセスに部下を積極的に参加させるには、別のやり方もある。あなたが評価を共有する前に、まずは空欄の評価シートを部下に渡し、自己評価をつけさせておくのだ。そのあとで面談を行い、あなたの評価と相手の自己評価を比較してみよう。先述のとおり、部下の自己評価があなたの評価より低いことはままある。この手法も、各項目の評価を両者の視点から見て、より良い対話をするために役立つ。この方式を取れば、部下は業績評価をしっかりと理解することができ、あなたは部下について理解を深めることができる。

改善すべき項目を指摘する際には、中途半端な指摘で終わらないよう注意しよう。業務が要求を満たしていないと伝えるときには、どうやって改善すればよいかも必ずセットで理解させなければならない。これをやるには、面談の実施の前に、詳細までしっかり考えておく必要がある。あなたが目指しているのは、部下にやる気を出させて業績を改善させることだと常に意識しておこう。

面談のアジェンダを準備する

ここまで見てきたとおり、業績評価の振り返り面談には事前準備が欠かせない。部下との対話でどの項目を特に話し合いたいか、事前によく考えて決めておこう。議論したい点の簡単なアウトラインを作っておくのもよい。もし会社支給の業務評価フォームの完成度が高ければ、それに沿って面談の流れを網羅することができるだろう。だが、そうはいかない場合も多い。準備が万全でなかったせいで重要な項目が抜けており、改めて面談に来てくれと部下に頼むようなことでは情けない。

網羅すべき項目についていてアウトラインを作っておこう。アウトライン作成時に確認しておきたい点は以下のとおりだ。

- 該当の部下の業務や態度について、特に話し合いたい点は何か？
- 評価シートから漏れている内容について、言及すべき点はあるか？
- この部下の個人的な関心について、言及しておくべきことは何か？
- 業務について意見を聞くために、どんな質問をすべきか？
- この部下がより業績を上げるために、どのようなサポートができるだろうか？　本人のモチベーションが高まるのはどんな場面だろう？
- 業務だけではなく、人として部下を大切にしているのを、どうすれば伝えられるだろうか？
- この部下は、組織の今後の計画に合わせて、どのような活躍の仕方があるだろうか？　昇進に値するだろうか？　昇進に向けてどんなサポートができるだろうか？

こうした項目を、部下と実際に面談をする前に確認しておきたい。数分だけでもこうした事前準備をしておくだけで、面談は段違いに建設的なものになるだろう。

仕事のできる部下との面談

問題のある部下との面談については、たいていのマネジャーが事前準備を怠らない。面談はスムーズに進まないだろうし、査定の根拠を説明できるよう用意しておくべきだとわかっているからだ。仕事のできる部下についても、同様に入念な準備をしておきたい。業績の良い部下との面談は褒めることしかないので順調に進むと思っていたら、ときに、恐ろしく悲惨な面談になることもある。

マネジャーとして経験を積むうちにわかることだが、優秀な従業員は、これまで黙っていた問題を面談の場にぶつけて解決しがちだ。その問題は状況により異なるが、いくつか例を挙げておこう。

「昇進のスピードが遅いですよね」
「業績のわりに給与が低くないですか」
「仕事がよくできるといつも褒めてくれますが、報酬に反映されていませんよね」

「周りの同僚は、業務水準に見合った仕事をしていません」
「マネジャーは、仕事のできる部下のことは放ったらかしですよね」
「いい仕事をしたところで、表彰もなければ、報酬への反映もないんですね」

できる部下からのこうした発言は、耳の痛い内容でもありがたく受け止めて、それに向き合おう。耳障りのいいことだけを言う部下が大半である中、本当のことを伝えてくれる人はなかなかいないので真剣に聞こう。部下の貴重な発言で、あなたが自覚できていなかったギャップを埋められるかもしれない。八つ当たりはやめておこう。あなたが気分を害したのは、伝えた人のせいではない。わざわざ教えてくれた人に嫌がらせをしても、事実は変わらない。無視したほうが楽かもしれないが、マネジャーとしてのキャリアを考えた場合には致命的である。

もちろん、その情報は部下というフィルターをとおっているため、事実と完全には一致していない可能性はある。だからといって、軽視すべきではない。現職での経験が浅いあなたには、重要事項と空騒ぎが見分けられないのかもしれない。優秀な部下がわざわざ進言すべきだと考えた内容は一聴に値する。部下としても、面談に問題を持ち込まず、無難に終わらせたほうが上司が喜ぶのは知っているはずだ。よほど問題だと思ったから、切り出したのだろう。

ときには、トラブルメーカーの部下が状況をかき回して悦に入っている場合もあろうが、そういうのはたいてい仕事ができない人だ。

改善点を指摘する

業績評価のプロセスで大きな問題となるのが、ほぼ全員の部下に「可」か「優」をつけるマネジャーだ。実際には業績の低い部下もいるのに、である。これは軋轢を避けたい心理からの行動であるらしい。こうした罠には嵌まらないように。部下の改善すべき点を指摘しないのは、本人のためにもあなた自身のためにもならない。「誠実に評価する」という原則に反しているうえ、「仕事には問題がない」と部下に誤解を与えている。これでは今後、その部下の仕事ぶりが改善するはずがない。あなたが「問題なくできている」と部下に伝えてしまっているのだから。

さらに、その部下が同僚と評価の内容を共有する可能性もおおいにある。別の優秀な部下が、自分より明らかに仕事のできない人が似たような評価を受けているのを知った場合、モチベーションがどうなるかは予想に難くない。

おまけに、改善すべき点を指摘しなかったことで、未来にのしかかる問題を作ってしまっている。自分の部署から人員を削減せざるを得ない状況になった場合を考えてみよう。あなたはおそらく、業績の低い部下に出ていってほしいだろう。だが解雇の対象としたい相手には、訴訟を起こせるだけの根拠がある。業績評価では一切、低評価を受けていないのだから、あなたは法的に脆弱な状況にあり、贔屓や差別を告発されてもおかしくない。

人事評価以外の時期にできること

本章では正式な人事評価について述べてきたが、それ以外にも部下の評価のやり方はある。第15章で説明した、業績に課題のある部下をサポートする改善計画のツールは、他の目的でも活用できる。コピー用紙を三つ折りにして、「強み」「改善すべき点」「目標」と書いただけのシンプルなツールだが、さまざまな状況で部下のマネジメントに使えるはずだ。

堅調な仕事ぶりの部下が「昇進するためには何をすればいいか」と相談してきた場合などは、このペラ1枚の改善計画の出番である。本人の望むポジションに選ばれなかった部下への対応にも活躍するはずだ。向上心に満ちた真剣な部下をサポートすることに、マネジャーとしての喜びを感じるだろう。こうした業務貢献度の高い部下が自分の部署にいてくれるのは非常にありがたいが、上司への要求も高いことは多い。A4ペラ1枚の業務改善計画ツールを活用して、その部下が引き続き自分の部署で、キャリア上の成長ができるよう、目標に向けた支援を行いたいものだ。

「いつでも声をかけて」とは言うけれど

「いつでも声をかけてね」と、あなたは部下に繰り返し伝えているだろう。だが、部下がこの言葉の真意を知るのに、そう時間はかからない。

「いつでも声をかけてね、ただし難題は持ち込まないでくれよ」という意味もあれば、「いつでも声をかけてくれていいけど、昇給や昇進の談判はしないでね」と受け取る人もいるだろう。「いつでも声をかけてくれていいけど、個人的なトラブルの話はやめてくれ」というのもあるかもしれない。部下はすぐ真意に気づくものだ。

「部下に好かれるつもりはない。敬意さえあればいい」などと言い出すマネジャーもいるだろう。だが、敬意を持たれるためには、まず好感を持ってもらうほうが早いのではなかろうか。

業績評価の面談は、部下が思っていることを自由に話してもらう良い機会だ。お互いに心を開いてコミュニケーションができたほうが、仕事でも上手にやっていけるだろう。

主観によるバイアスを自覚する

部下のことはできる限り客観的に見て、平等に接するべきだが、残念ながら、人間はそのようにはできていない。人にはバイアスがあり、他者への評価にもそれが影響する。部下の中にもお気に入りができてしまう。それ自体は当たり前のことだ。ただし、個人的な好き嫌いは業績評価から排除せねばならない。また注意したいのが、一緒にいて楽しい気の合う部下を、必要以上に手厳しく評価しがちなことだ。評価の際には、定量データや数値を活用して、主観が混じり込まないようにしよう。

マネジャーにありがちなのが、「ハロー効果」（後光効果、光背効果）によるバイアスだ。たとえば、評価対象の部下には5項目の目標を設定しており、そのうちの1つは部署のエラー率を5％削減することなのだが、これがあなたにとって他の目標より重要だったとする。部下がその目標を達成している場合、あなたがその部下を見ると、天使の後光《ハロー》のように光り輝いて見える。このハロー効果で目がくらんで「この部下には何も悪いところはないはず」と思い込んでしまうのだ。

ハロー効果が起こると、他の項目についても評価が甘くなりやすい。生活のどんな場面でもハロー効果は起きる。たとえば学校で担任の教師が理科を好きだとすると、理科が得意な生徒の頭に後光《ハロー》が見えてしまい、数学や歴史でも高い評価をしがちになる。理科ができるせいでバイアスが生まれているのだ。

ハロー効果の逆は「ホーン効果」（悪魔効果）と呼ばれている。部下がエラー率を削減できなかったとすると、頭に悪魔の角《ホーン》がついているように感じるわけだ。他のことでよい仕事をしていても、マネジャーの眼からは、たいしたことがないと判断される。その部下には悪魔の角《ホーン》があるからだ。

さらに「新近効果」というものもある。マネジャーも人間なので、最近起きたことをよく覚えているものだ。だから、評価を気にしている部下は、評価が6月1日に行われるとわかっていれば、特に4、5月に仕事を頑張ればよい。これは、豪華なプレゼントが欲しいからクリスマスが近づくと行儀がよくなる子どもと似た行動だ。この影響を避けるためには、評価対象期間を通じて記録をつけ、文書として保管しておくことだ。

マネジャーの主観を左右する心理的バイアスには、「厳格化傾向」もある。完璧な部下などおらず、誰もがより良い仕事をできる余地があるはず、とマネジャーは考えがちである。この考え方自体に異論のある人は少ないだろう。だが、この考えのせいで、部下に「優」などの最高評価を絶対につけないマネジャーがいるのだ。この行動は論理性を欠いており、しかも部下の士気を下げてしまう。目標を大幅に超えて達成し、非常に高水準で業務ができた部下には、最高評価をつけるのが当然だ。この手の上司は部下にベーブ・ルースがいても最高評価をつけないだろう。子どもがクラスで最高点の99点を取っても、親がそれを褒めずに「どうして間違ったの？」という例を聞いたことがあるだろう。この親は「厳格化傾向」に嵌まり込んでいる。満点を取るよう子どもに発破をかければ成績は伸びると信じているのだろうが、子どもの受ける心理的ダメージを考えるべきだ。

業績評価を左右する主観やバイアスには、もう1つある。新米マネジャーや、部下のことをまだ把握できていない上司に多い「中心化傾向」だ。たとえば最低1から最高5までの5段階で評価するとしよう。部下の目標設定をしていなかった、四半期ごとの振り返りができていなかった、業務記録をつけ忘れていたなど、マネジャーが課題をサボっていたせいで、どういう評価をつけるべきか自信がないとき、真ん中あたりに評価をつけるという雑な仕事をやりがちだ。マネジャーが仕事をしていれば、部下は別の評価点だったかもしれないのに、ひどい話である。

部下を「中心化傾向」の犠牲にすることは、自身のマネジャーとしての信頼性を傷つける行為であり、「部下はどうでもいいから、査定のためにわざわざ資料確認をするまでもない」というメッセージが部下に伝わってしまう。

評価の根拠となる行動を記述する

業績評価の書類にコメントを記載する際には、評価点の根拠となる行動の具体例を書くようにしよう。たとえば、「ジェイソンはちゃんと仕事をしない」と書くのではなく、1月8日、2月4日など具体的な日付を挙げて、「ジェイソンは業務が納期に間に合わなかった」と書くのだ。

また、不用意なことを書かないよう、細心の注意を配りたい。人事評価の書類は法的文書なのだ。裁判で不利になるような内容は書かないように。マネジャーが人事評価の書類に記載した、法的にも問題がある悪辣なコメントは裁判記録に多数残っている。以下の例のようなことは絶対に書いてはならない。

「脳細胞が足りていない」
「ゲートは降りた、信号はついた、でも電車がいない」
「ビール缶6本は揃ってるけど、束ねるビニール紐がない、という感じ」
「頭のキレが、12月のアラスカ並みにどんよりしている」

面談後のチェックリスト

業務評価の面談を終えたら、次回の面談をより良いものにできるよう、自分で今回の面談の振り返りをしておくとよい。以下のチェックリストの項目は、できていただろうか？

- 面談の目的を説明できた。
- 業績について、部下の考えや気持ちが理解できた。
- 部下がたくさん話せるよう、よい聴き手になることができた。
- うまく仕事ができている点を、部下にきちんと伝えられた。
- 改善すべき点については、やり方を提案し、部下にも提案を求めた（必要な場合）。
- 部下が気楽に話せるよう、リラックスした雰囲気を作ることができた。
- 業務改善に向けた行動計画について合意が取れた（必要な場合）。
- 業務改善に向けて具体的な時間軸を設定した（必要な場合）。

オンライン人事評価システム

企業として導入しやすいオンライン人事評価システムが出ており、マネジメント業務に役立つ機能も豊富なので、企業として投資を検討する価値はあるだろう。権限を付与されれば、どこからでも評価関連のファイルにアクセスできるし、コメントの記入サポート機能や、法的にリスクのある表現のチェック機能が搭載されたソフトもある。目標管理機能があれば、面談中に設定した目標の達成に向けた進捗管理もオンラインで可能になる。

業績評価で部下のモチベーションを上げる

業績評価は大仕事だ。部下について正確に記録をつけ、1年を通じて適宜、部下とのコミュニケーションを取りつつ、法的要請や社内のガイドラインに従い、評価シートに正確な内容を記入して、適切に面談を実施し、そしてプロセス全体を振り返るところまで、全部をやらなければならない。この業績評価のプロセスには、大変時間がかかる。直前になって必要な書類をバタバタと集めているようではうまくいかない。だが、ここで良い仕事ができたなら、その効果は非常に大きい。部下は何が求められているかを理解し、「上司は私が仕事で成功できるよう、いつもサポートしてくれる」と信頼してくれるようになる。

あなたが業績評価のプロセスに真剣に向き合って、公平に、適切に実施できるならば、業績評価は、部下一人ひとりのモチベーションを上げるのに、おおいに役立つツールとなることだろう。

第30章

給与業務

職務記述書、業績評価、給与業務はすべて、企業の人事計画の一環として矛盾なく設計されているべきだ。これらは、従業員に対して職務の要件を明示し、業績を公平に評価し、その業務に応じた報酬を支払う、という一連の仕組みとして設計される。要素のすべてに齟齬がなく、組織全体の目標達成に貢献できるよう、設計・運用されなければならない。

職務評価制度を導入している企業であれば、おそらく職務等級ごとに給与レンジが設定されており、あなたはマネジャーとして、既定のレンジ内で給与決定業務を行うことになる。

職務等級ごとに最低・最高給与額が規定されているのは合理的だ。同じ職務に何年も留まり続けるだけで職務価値に見合わない高給をもらえるような状況は許容すべきでない。長期在籍の従業員で、その職務等級での給与レンジの上限に近づいてきた部下には特に、この状況を理解させる必要がある。優秀な人材は、この問題にはほぼ無縁だ。そういう人は、より高い給与レンジが設定された役職へと昇進していくからだ。だが、マネジャーをしていると、長年、同じ職務に留まっている部下は出てくるものだ。おそらくは昇進を望んでいないのだろう。現状の業務が自分の能力に見合った仕事で、出世の梯子を上るとやっていけないのかもしれない。

こうした従業員には、その職務では組織での価値に上限があると理解させねばならない。その職務等級での給与額の上限に達したら、それ以上給与が上がるのは、上限額の規定が変わる以外にはあり得ない、と伝えよう。生活コストの上昇を受けて、全職務の給与を数パーセント上昇させる状況などは起こりうるが、それ以外には昇給の余地はない。

とはいえ、長年、その職務等級の上限の給与で同じ仕事を続けているベテランの従業員には、継続手当を出すことも考えられる。その従業員の業務貢献が大きく、永く勤めてほしい場合だ。対応策として、継続勤務年数に応じた手当を年1回出している企業もある。あるいは、年1回、上長の裁量で賞与を出す企業もある。

それを除けば、給与制度では、通常、従業員の業績評価に基づいて給与レンジ内での昇給判断が行われる。業績評価と昇降給の判断という2つの手続きは互いに影響するため、昇給の判断を業績評価と切り離して運用する企業もある。こうすれば、マネジャーの「これくらい給与を増やしておくべきだ」という考えで業績評価を操作できないからだ。マネジャーがこの2つを同時に判断する場合、欲しい答えに合うように判断をいじりたくなる誘惑にかられるだろう。業績評価と昇降給の判断を分離させるのは難しいが、手続き終了のタイミングを数週間か数カ月、離すだけでも効果はあるだろう。

職務等級別の給与レンジがあり、昇給判断には一定の制限がある企業では、当然、給与レンジは重複しているので、「低い職務等級のベテラン従業員の給与が、高い職務等級の新入りの従業員より高い」、「業績が飛び抜けて良い従業員が1階級上の凡庸な従業員より給与が高い」などは起こりうる。

公平性に配慮する

マネジャーとして、公平性には注意しておきたい。直属の部下の給与はすべてまとめて確認しておこう。自分の部署の全員を職務等級順に並べたリストを作るところから始めるとよい。名前の横には月次の給与額を記入していく。その職務での仕事ぶりから考えて、現状の給与は見合っているか、水準から大きく外れた給与はないかを確認しよう。

別のやり方としては、自分なりに、職務を部署内での重要性で順位づけする方法もある。経営層による職務評価と、あなたの見立てた序列には違いがあるだろうか？　看過できない食い違いがある場合には、上長に打ち合わせの依頼をし、この件をどうするか話し合うとよい。

こういった職務等級や評価、給与の話について、重要な点を今一度強調しておきたい。第29章で述べたとおり、人には個人的な好き嫌いがある。それを理解し、自分の個人的な感情から目を背けずに認める必要がある。「部下全員を同じように好きだ」というのは自己欺瞞でしかない。気が合う性格タイプの差は必ずある。重要なのは、評価や昇給、昇進の判断をする際に、こうした個人的な好き嫌いが不当に影響しないよう、切り分けておくことだ。

制度上、昇給判断の時期が一律でない場合は、かなり厄介だ。毎年一律のタイミングで全従業員の給与を決める方式であれば、部下を比較して昇給対象者を選ぶのも容易である。全員について一度に判断できれば全体のバランスもとりやすい。だが、従業員ごとに給与の定期更改が行われる制度（たとえば各人の入社月から12カ月ごとに更改）であれば、全員分を眺めて比べながら決定することはできない。

こうした場合には公平を保つことがより難しいが、それでも履歴をきちんと取っておけば対応しやすくなる。職務記述書、業績評価、昇給推薦書などはすべて控えを保管しておこう。企業によっては、マネジャーの手元に保管させず、記録は人事部に確認する仕組みを採用している。

昇給の判断

昇給判断の際には、昇給額が適切であるか、手を尽くして確認しよう。これは低すぎても高すぎてもいけないし、もちろん組織の業績評価の枠組みに収まっていなければならない。たとえば、一度大幅昇給をすると、「アンコール」問題が起こりかねない。次回の昇給額が少ない場合に、侮辱的だとか、業務内容が悪かった証拠だと受け止められてしまうのだ。

ただし、昇進に伴う大幅昇給であれば、これに当たらない。部下の側も、昇進という不定期なイベントと紐付けて理解できるため、「アンコール」を期待される危険はないはずだ。この場合には、昇給幅が大きかった理由をきちんと説明し、今後の昇給の前例とはならないと理解させておこう。

わずかな昇給は侮辱だと受け止められかねないこともあり、むしろ「昇給なし」としたほうがよい場合もある。給与微増の判断は、昇給をゼロにする勇気のないマネジャーの「逃げ」でしかないことも多々あるのだが、これは必要な判断を先延ばしにしているだけなので、今すぐ誠実に状況に向きあうべきだろう。

昇給額を検討する際に、従業員のニーズを判断要素に織り込むのは厳禁である。冷酷だと思われるかもしれないが、もし従業員のニーズで昇給を決めていたら、最も困窮した人がいちばんの高給取りになってしまう。その人の業績がトップであれば何も問題はないが、凡庸な業績だとしたら、どう考えてもおかしいだろう。

これは、私生活で困っている部下に冷淡であれ、という話ではない。部下の状況に合わせて、金銭に依らないサポートのやりようがあるはずだ。親の介護が必要であるとか、託児で困っている場合であれば、自宅勤務やオンラインでの会議参加を許可することが、部下の助けになるかもしれない。フレックス勤務制度も、給与に関係なく部下をサポートする方法のひとつであり、こうした形なら、報酬制度を毀損せずに部下のサポートができる。

給与管理業務は、一貫して実績に基づいて運用されなければならない。勤務歴が長いとか、子だくさんだとか、母親が病気だとか、そうしたことで昇給を決めていると、給与管理者としての職責を外れて慈善事業になってしまう。金銭的な問題を抱えた部下に対して親身になるのはよいが、あくまで友人のひとりとして、相談の聞き手として、あるいは、専門的な支援につながるための情報源としてサポートすべきであり、部下の個人的な問題を解決するために、自分が会社から預かった人事予算を使うのは論外だ。

困難を抱えた部下には、給与を少し上乗せしたくなるものだが、こうした誘惑を克服して、あくまで個人の業績を基準として、給与額を厳密に判断することだ。

タレントマネジメント

今後、起こりうる課題や案件に備えることも、マネジャーの職務の一つであるため、部下にこれから必要となるスキルや能力についても前もって検討しておくべきだ。まず、自分の部署の業務が今後どのように変化するか考えるところから始めよう。将来、何が起こり、どのように自部署の役割が変わるだろうか。自分の中で明確にならない場合には、上司や同僚マネジャーとも話してみよう。「うちのチームの役割が変わるような変化って、どんなことが起こるだろう？」と訊いてみればよい。

たとえば、業務をオンライン化するためのスキルが今以上に要求される、企業買収の影響で業務の進め方を変える必要が出る、第一言語以外の言語話者が部下や消費者に加わる、などといった状況が考えられる。

昇進などで部下が部署を出ていくケースも想定されるだろう。近いうちに昇進や退職が見込まれる部下もいるかもしれない。こうした事態が起こった際に、部署の業務能力が一気に下がることのないよう、早めに準備しておこう。

計画を立てるにあたっては、今後の課題や人事異動を念頭に置き、部下一人ひとりの能力について検討するのだが、このプロセスは意外にも難しくない。図版30－1のタレントマネジメント表を使ってシンプルに考えていこう。

手順は以下のとおりだ。

1　まず、計画の時間軸を決めておく。表の上にターゲットとする時期を書き入れておこう。現在から6カ月の短期計画でもよいし、2年計画でもよい。2年以上の長期計画となると、あまりに変数が多くなるため作成が難しい。

2　1列目に部下全員の名前を書き入れる。

3　2列目の列タイトルは「現在の能力」である。一人ひとりについて、現在の職務で発揮している主要なスキルを書き込もう。

4　ここが最も熟考を要するステップだ。列タイトルには「将来、求められる能力」と置き、組織の変化や人事変更に伴って、自分の部署の役割が変わった際に必要とされるスキルや能力を書き入れていこう。現在育成中のスキルで対応できるものもあるだろう。一部の部下には、何の変更もないかもしれない。それはそれでよい。判断すること自体に意味があるのだ。それ以外の部下には、新しいスキルの獲得が必要になるだろう。それを一覧化しておく。

5　将来、求められるスキルのうち、現状は足りていないものをチェックしよう。これを「補充すべき能力」の列に書き出そう。

図版 **30-1** タレントマネジメント表

チームメンバー名	現在の能力	将来、求められる能力	補充すべき能力	能力の開発方法	他から補う必要性
＿＿＿＿ 名前	1＿＿＿＿ 2＿＿＿＿ 3＿＿＿＿ 4＿＿＿＿	1＿＿＿＿ 2＿＿＿＿ 3＿＿＿＿ 4＿＿＿＿	1＿＿＿＿ 2＿＿＿＿ 3＿＿＿＿ 4＿＿＿＿	1＿＿＿＿ 2＿＿＿＿ 3＿＿＿＿ 4＿＿＿＿	□＿＿＿＿ □＿＿＿＿ □＿＿＿＿ □＿＿＿＿
＿＿＿＿ 名前	1＿＿＿＿ 2＿＿＿＿ 3＿＿＿＿ 4＿＿＿＿	1＿＿＿＿ 2＿＿＿＿ 3＿＿＿＿ 4＿＿＿＿	1＿＿＿＿ 2＿＿＿＿ 3＿＿＿＿ 4＿＿＿＿	1＿＿＿＿ 2＿＿＿＿ 3＿＿＿＿ 4＿＿＿＿	□＿＿＿＿ □＿＿＿＿ □＿＿＿＿ □＿＿＿＿
＿＿＿＿ 名前	1＿＿＿＿ 2＿＿＿＿ 3＿＿＿＿ 4＿＿＿＿	1＿＿＿＿ 2＿＿＿＿ 3＿＿＿＿ 4＿＿＿＿	1＿＿＿＿ 2＿＿＿＿ 3＿＿＿＿ 4＿＿＿＿	1＿＿＿＿ 2＿＿＿＿ 3＿＿＿＿ 4＿＿＿＿	□＿＿＿＿ □＿＿＿＿ □＿＿＿＿ □＿＿＿＿

6
次は、補充すべき能力を獲得する手段を考えよう。社内外での研修への参加、オンラインコースの受講、能力のある人のカバン持ち、現場でのトレーニング（ＯＪＴ）、複数業種の習得などうまくいきそうな方法を幅広く検討しよう。「能力の開発方法」という欄を作って、それらを書き込む。

7
最後に、そうしたスキルの習得が現実的でないメンバーの有無を判断しよう。そうした部下がいる場合には、最後の列にチェックする。ここでチェックが入った場合は、他からスキルを調達する必要があるわけだ。部内の別のメンバーなり、採用や人事異動で新たに連れてくるなり、外部リソースを利用するなりしてスキルを補う必要がある。

例を挙げて説明しよう。組織として新しいマーケットに進出するため、現在は運用できない言語でのコミュニケーション能力が必要になりそうだとしよう。これを「将来、求められる能力」と「欠けている能力」の欄に書き込む。

まず、このスキルを持つ部下がいないかを確認しよう。誰もいない場合には、スキルの獲得方法を検討する。オンラインの語学学校や、夜間の語学クラスに通う方法もあるだろう。トレーニングの一環として、その言語が話されている地域への出張を入れてもいいかもしれない。

あるいは、このニーズを満たす他の方法を検討してもよい。書類の翻訳が随時、発生すると判断したのであれば、社外に業務委託をしてもよいし、社内の別部署の人が担当できる場合もある。たまに翻訳が必要なだけなら、外部のリアルタイム翻訳サービスを利用すればいい話かもしれない。

こうして未来に備えて検討しておけば、何か起こっても慌てず対応できる。これは大事なことで、それこそがマネジャーの仕事だ。さらに、タレントマネジメント表をきちんと作成しておけば、あなたが上長と話をする際の強力な武器になる。部署への増員を掛け合う際に、この表を提示して理由を説明できれば、成功確率はぐっと高まるはずだ。

第5部

成長し、さらに上を目指す

人の成長をサポートする能力を、自分に向けても活用しよう。
そうすればマネジャーとして、より上を目指せるだろう。

第31章

EQ——心の知能指数を高める

「感情的知性《エモーショナル・インテリジェンス》」（EI、心の知性）というマネジメントの概念については、よく理解しておきたい。この「感情的知性」やEQ（心の知能指数）の高いマネジャーやリーダーは、EQが平均以下の人よりもずっと良い業績を上げていることが、社会科学者や心理学者によって実証されている。専門家によると、EQの高い人は、キャリア上でも成功しやすく、より強固な人間関係を築けており、ストレスを自分でコントロールできるため健康を維持しやすく、自分や他者が大きなことを成し遂げるためのモチベーションを高めることができ、他者を信頼することができると同時に、他者からも信頼されている。また、従来のIQテストで測定されるタイプの知性があるからといって、管理職で成功できるわけではないことも明らかになっている。

EQの歴史

ＥＱや感情的知性については、ダニエル・ゴールマンの著書、『ＥＱ こころの知能指数』が１９９５年（日本版は１９９６年）に出版され、大きな話題となった。この本が出て以降、このテーマについては多くの論文や本が書かれてきた。また、定評のあるマネジメント研修では、１、２コマが感情マネジメントの講義に当てられている。

ＩＱ――知能指数

ＩＱあるいは知能指数で示される能力は、ＥＱが表す知性とは異質のものだ。ＩＱの高い人は数学的能力に優れており、また語彙や文章の理解力も高く、抽象的な推論や空間認識にも優れ、情報を整理して理解する能力も高い。ＩＱのレベルは生まれつき決まっている部分も大きく、将来のＩＱも遺伝的要因に大きく規定されている。ＩＱのスコアは経年で変化しうるが、その幅は平均15％未満とされる。一方、感情的知性は学習で改善できる。ＥＱのスコアは年月をかければ大幅に変えられるのだ。

ＥＱ――心の知能指数

「感情的知性」がある、というのは、情動をコントロールする能力があることだ。以下の項目に「はい」と答えられる人は、おそらく高いＥＱの持ち主だろう。

- **部屋に入ってすぐ、場の雰囲気を感知できる。**
- **他の人の機嫌や感情に気づける。**
- **自分の感情が動いたとき、それを自覚して、やろうと思えばコントロールできる。**
- **ストレスの多い混乱した状況で、周囲の人を前向きな気持ちにできる。**
- **自分の思いや感情を他の人にうまく伝えることができる。**

こうしたＥＱの力は、人を思いやる態度と非常に近い。ＥＱは「対人関係スキル」と「自己理解」の組み合わさった能力なのだ。

ＥＱをテストしてみよう

ちょっとしたテストをしてみよう。以下の10項目で、自分のＥＱのレベルが判定できる。各項目について、自分にはどの程度できるかを、最低1～最高10までの10点満点でつけてみよう。正確な値を出すには、正直に答えることが大切だ。

1　ストレスの多い状況でも、リラックスすることができる。
2　他の人に言葉で攻撃されても、落ち着いていられる。
3　自分の感情の変化にすぐ気づくことができる。
4　挫折しても、立ち直りが早い。
5　対人スキルが高い。具体的には、傾聴力、相手に意見や感想を伝える技術、他者にやる気を出させる能力などが優れている。
6　他者への共感を態度で示せる。
7　周りの人が困っているだとか、イライラしている場合に、すぐ気づける。
8　退屈なプロジェクトでも、高いエネルギーを注いで打ち込むことができる。
9　他の人が考えていることが、自分にはわかるようだ。
10　「ポジティブなセルフトーク」をしている。

85点を超えていれば、すでに高いEQがあると言える。75点より高ければ、高EQまであと一歩のところだ。

ＥＱとマネジメント

マネジャーとしての成功に、ＥＱが関係していることは、疑う余地がない。人をマネジメントすることは、タスク管理やプロジェクト・マネジメントとは、おおいに異なる。ＥＱで表されるスキル、すなわち「自己や他者の感情が把握できる」、「適切な感情表現ができる」、「自分や周囲のモチベーションを上げられる」、「ストレス耐性があり、緊迫した状況や混乱にも対応でき、同時に周囲の人の精神的なサポートもできる」といった能力は、今日の職場で求められる優秀なマネジャー像にぴったり当てはまる要件なのだ。

第32章

「成功する人」になる

自分の能力に自信を持つのは健全なことだ。自己認識が実態と乖離していない限り、問題ではない。だが、こうした自意識の扱いをうまくできない人も多い。ポジティブな自己評価をすることに罪悪感を持つ人も一定数いるが、「隣人を自分のように愛しなさい」という言葉は真をついている。自分の隣人を愛せる力量は、どれだけ自分を愛せるかにもかかっているのだ。この原理はマネジメントにも当てはまるだろう。

自己イメージに関する良書は多く、それらはマネジャーにとって大切なことを教えてくれる。ここではマネジャーとしてのキャリアの支えになるような基本原則をいくつかお伝えしておこう。

実際のところ、成功も失敗も自己イメージ次第である。自己評価が低く、どうせ失敗すると思い込んでいると、無意識のうちにその結果に向かってしまう。逆に、良い自己イメージを持ち、成功できると信じていれば、成功のチャンスはおおいに広がる。単純化しすぎているきらいはあるが、基本の考え方はこういうことだ。心から成功を望み、成功できるという態度で、絶対にうまくやれると自信を持っていれば、成功の確率はぐっと上げられる。結局は態度の問題なのだ。逆に失敗すると思い込んでいれば、その確率も上がる。これは「予言の自己成就」という概念とも近い。人間は噂や思い込みに基づいて人を扱うものであり、予言とは、そうしたことを述べたものなのだ。

成功できる態度を保つためには、成功体験を積む必要がある。あなたはマネジメント職へと昇進できたわけだから、それも含めたすべての成功の経験が、さらなる達成に向けての足場となってくれるだろう。

実際に成功した実績がないのに見せかけの成功を気取ることは、まったく無意味である。それは詐欺だ。偽物の成功はすぐに見抜かれて、今後の自分にとって不利益になる。

傲慢な印象に注意

傲慢に見られてしまうのは、若い新任マネジャーによくあることだが、これは真剣に対処すべき問題だ。成功している自己イメージは持つべきだが、そのせいで高慢に思われないよう気をつけたい。管理職への昇進を誇りに思いつつも、生意気に見えない振る舞いはできるはずだ。むしろ、自信に裏打ちされた穏かさを印象づけておきたいところだ。

あなたについて「管理職に抜擢されたのはおかしい」、「失敗すればいいのに」などと思っている部下も中にはいるだろう。傲慢に見られるような態度をとると、こうした人に「やっぱりあいつはダメだ、自分たちの考えは正しい」とますます思わせてしまう。

自己イメージを改善する方法

より良い自己イメージを持つための取り組みとして、誰にでもできて、効果が実証されている3つの方法を紹介しよう。1つ目は「イメージトレーニング」である。自分にとって重要なことを達成するイメージを具体的に思い描いてみよう。脳内に映像を思い描くトレーニングは、トップアスリートによく活用されている。競技スキーの選手は、大会まで本コースの滑走が許可されていない。競技本番で初めてコースを滑ることになるのだ。オリンピックのスキー選手が、自分の滑走の前にかなりの時間、コースにいるのを見たことがあるだろう。各ポイントでターンをどうやるか、イメージトレーニングを行っているのだ。体操競技、カヤック、スノーボード、スカイダイビングなど、多くのアスリートがこの手法を採用している。

イメージトレーニングは、スポーツ以外にも使える。競技スポーツ選手のように、具体的な成功のイメージを思い描いてみよう。大型契約を獲得する瞬間でもよいし、セミナーを成功させて拍手喝采を浴びているシーンでも、大事な相手をサポートして、心からの笑顔を受け取った場面でもよい。ＣＥＯへの提案で承認を得る、部下を教育する、経営会議でプレゼンテーションを行う、などといった状況のイメージトレーニングを行うのもよいだろう。

イメージトレーニングを継続するうちに、そのイメージが自己認識や自分の行動についての認識の一部になってくる。脳に蓄積されたイメージが、後に効いてくるのだ。イメージトレーニングは、単なる希望的観測ではない。望む成果を出せるように、自分の知覚をプログラミングするテクニックなのだ。

２つ目の手法は、「Win-Win」（ウィン・ウィン）と呼ばれるものだ。部下にポジティブな意見をたくさん伝えて、部下が成功できるよう尽力しよう。そうすれば、部下の仕事ぶりについても、自分のマネジメント能力についても、より肯定的に捉えられるようになる。部下がうまくいくよう支援することで、あなたの自己イメージも改善でき、マネジャーとしての仕事に達成感が得られるだろう。

最後の３つ目は、「ポジティブなセルフトーク」である。人は1日あたり、１０００以上のメッセージを自身に送っているとされている。脳にポジティブな自己イメージを形成させるには、前向きなメッセージを自分に送ればよい。肯定的なフレーズをたくさん自分に言い聞かせれば、脳内で自己肯定感がどんどん高まっていく。ポジティブなセルフトークの具体的なフレーズを挙げておこう。

「私のマネジメント能力は、日ごとに向上している」
「私ならできる」
「失敗はしたけれど、次はもっとうまくやれる」

こうしたポジティブなセルフトークは、肯定的なメッセージだけが流れるMP3プレーヤーを心に内蔵しているようなものだ。

失敗から逃げない

マネジメントの仕事をしていれば、ときに失敗もあるだろう。判断を誤ることもある。間違いは誰にだってあるが、大切なのは、失敗をどのように受け止めて行動できるかだ。それは自己の成長のためにも重要であるし、同時に、他者があなたをどう見るかに大きく関わってくる。

あなたへの信頼が揺らいでいる状況では、その後の行動が重要だ。自分にも、関係者全員に対しても、とにかく誠実な姿勢を貫こう。ごまかしや言い訳をしてはならない。他人のせいにするのはもっての外だ。「私が間違いました」、「申し訳ありません」の2つをなかなか言えないマネジャーは多い。喉にひっかかって出てこないかのようだ。こうした言葉は、人間としての弱さを表すものではない。自分の責任を認めて謝れるのは、むしろ自信の表れであり、人間性が伝わる機会でもある。

新人のマネジャーは、部下の失敗に対する責任をうまく受け入れられない。ミスへの批判を避けようと、取り繕ってややこしい仕事を増やしてしまうのだ。こうした小手先の態度は、2つの悪い結果につながる。自分の出世の可能性が減る上に、余計な仕事に忙殺されることになる。堂々と振る舞えずに怯えたツケがこの2つなのだ。

この問題を解決するには、マネジメントの役割を完全にまっとうすることだ。もっと優秀な教育係を選ぶ、より適切な採用活動を行う、ミスとその影響を最小化できるように部内の管理を改善する、などだ。そして、ミスが起こってしまったときには、責任は自分にあるのだから、逃げずに認めて修正し、そこから学べばよい。いつまでもくよくよしないことが何より大切だ。ミスをした部下も自分も前を向いて進んでいこう。

うぬぼれと自己矛盾

最高の自分をイメージすることは大事だが、それが行きすぎて自己イメージが映画スターのようになってしまうと、自分のイメージ戦略に自分が騙されることになる。自分の短所や欠点からも目を背けず、認めるようにしよう。それができないマネジャーがあまりにも多いのには呆れるしかない。当然、彼らにも欠点はある。すべての分野の専門家になるのは無理な話だ。だが、出世をしていくうちに、気づけば周りの人が自分に迎合するようになる。

周囲から特別扱いを受けても、自分の能力や知性が高くなったわけではないのだが、それに気づけないマネジャーが多い。部下が媚びへつらう様子をふんぞり返って眺めているのはいい気分なのだろう。そのうちに、自分がそういう価値のある人間だと思い込む。自分にはカリスマがあると勘違いするだろうが、地位がそうさせているだけの話だ。

筆者がシリコンバレーの巨大ＩＴ企業の本社にいたとき、新しい経営者に迎合する部下について、教訓になるような話を聞いた。新たに選任されたＣＥＯが、部下との打ち合わせに来たときに、廊下を通りながら「ここがライトグリーンだともっといい感じだろうね」と言ったのだが、数日後、ＣＥＯが同じ廊下に来ると、もうライトグリーンに塗り替えられていた。ＣＥＯは驚いて、決まりの悪い思いをしたという。実際に塗り変えてほしくて言ったわけではなく、軽い雑談をしたつもりだった。この経験から彼が即座に学んだのは「適当な発言をしないよう注意せよ」という教訓だ。なんとか上長の機嫌を取りたいという部下の欲望が、思いもしなかった方向に望まぬ結果を産むかもしれないからだ。

CEOクラスになると、「自分は絶対に間違えない」という思い込みが顕著になる。新米マネジャーから経営トップまで、自分が正しいと思い込む度合いはさまざまだが、地位を得ても、自分を見失わないようにしよう。それでもCEOの一定数は、自分が正しいという信念に囚われてしまう。フォーチュン500に掲載されるトップ企業では、CEOの平均在籍期間が約4年半しかないのだが、その理由の一端は、この思い込みのせいだろう。

CEOになったからといって、急に今までより賢くなれるわけではない。だが、周囲の人は突然、あなたの発言には深い意味があるかのように、うやうやしく聞いてくれるようになる。これは単に権力を得たからで、頭の中身は変わっていない。権力の威光を知性やカリスマと勘違いしないことだ。

偉い人の言うことは鵜呑みにせず、言行一致しているか、実際の行動をしっかり見ておきたい。「自分より頭のいい人材を採る」と公言している役員が、実際には、クローンのように自分そっくりな人ばかりを採用してはいないだろうか。あるいは、「部下には、どんどん自分に反論してくれと伝えていますよ。イエスマンは周りに置きたくないですからね」と言っていたくせに、部下が別の観点について述べた際には突っぱねている上司はいないだろうか。普段は「いつでも話に来てくれよ」と言っている役員に、あなたが「今お時間ありますか？」と声をかけたところ、明らかに嫌そうな顔をされることもあるだろう。こういう人の言葉は薄っぺらで、まるで信用できない。発言と態度や行動が矛盾している。こういうのは反面教師にしておきたい。

仕事をしていると、立派な経営哲学を信奉している上長にも出会うだろうが、注意すべきは、そうした人が実際に権力を行使する際、別のよろしくない考えに基づいた行動をしてはいないか、という点である。

欠点と偏見

自分の弱点をわざわざ宣伝して回るような馬鹿な真似をする必要はない。弱点があることを受け入れて、改善に努めればいいだけの話だ。たとえば、苦手なタスクがあるとしよう。そのタスクはやっていても楽しくないだろう。これは当然の話だ。自分を律して、苦手な作業は先に片付けてしまおう。人事評価では、いくら業績が良いからといって、嫌いな仕事のミスは見逃してもらえない。自分にとってはどうでもいい業務にも、一定水準以上の品質は求められる。どんな仕事にも、苦手な要素は入っているものだ。うまく先に片付けて、苦手なことに気を取られずに楽しい仕事に取り組める状態を作ろう。

自分の考え方や態度の欠点からも、目を背けないこと。意識できなければ、考え方の悪い癖は修正できない。あるマネジャーが、他のマネジャーが午後5時に定時退社するのをよく思っていないとしよう。「マネジャーになった以上、仕事を最優先するべきであり、家族や地域のための義務は後回しにするのが当然だ」という考えの持ち主なのだ。さらには「すぐ帰るマネジャーが仕事を全部できているわけがない。中途半端か、質が低いはずだ」と思い込んでいる。自分が定時までに仕事を終えられないから、他人もそうだと考えているのだろう。

これは個人の偏見だ。考え方に根拠がない。ただの感情論である。他のマネジャーたちの人生には仕事以外にも大切なことがあるのだから、他の人とうまくやっていくには、自分の考え方の癖を理解し、それを克服するしかない。ただし、意識しすぎてもうまくいかない。なかなか難しいのだが、まずは自分には欠点や頑固な考え方の癖があることを否定せずに受け入れて、その上で、対応するようにしよう。

抜き難い考えやバイアスが自分にあると認識できる能力は、精神的な成熟の核である。自分の考え方を完全に排除する必要はなく、それが他者への認識や対応の仕方に影響していることを自覚できればよい。自分の信条を一方的に押し付けて、場をうんざりさせてしまう人に遭遇した経験はあるだろう。そういう人にはならないように。同じ思想の持ち主と仕事以外の場で交流している分には問題ないが、ビジネスの場面では不適切だ。

このタイプの人に対して周囲の人は、意見が違った場合に面倒なので、接触や情報共有を避けるようになる。自分の思想信条を押し付ける人は、こうした点で損をしている。

自分の客観性を疑う

何年も仕事をしていれば、上司が「自分は問題を客観的に考えている」と言っておきながら、直後に出してくる施策や行動がどう考えても主観的だという場面は経験しただろう。上司が「完全に客観的に見ると」と話を切り出した場合には、「どうしてわざわざそう言うのだろうか？」と疑ってかかるべきだ。客観性が欠けている場合ほど、そうした発言が出るものだからだ。

完全に客観的になることは無理だろう。人は自分の経験の積み上げでできているのだから。部下の好き嫌いもあるし、その理由にも合理性がなく、ただ相性としか言いようのないことも多い。とりあえず自分に主観的なバイアスがあるのを自覚できていれば、個人的に苦手な部下への対応も、平等を心がけてうまくやれるだろう。

マネジャーとしては、主観や客観の議論を持ち出さないほうがよい。できる限り公平に部下に接して、主観だ客観だという話には立ち入らないことだ。そのためにも、まずは「完璧な客観性は難しい」と認識しておきたい。

上司に「君は客観的にできている？」と訊かれたら、「そうできるよう努力しています」

と答えればよい。完璧に客観的にできる人はいないが、そこに向けての努力は良いことだからだ。

意思決定の能力を高める

自分の意思決定の能力を、少しずつ高めていこう。判断を何度も繰り返す中で、その能力は磨かれていく。マネジャーとしての判断に、傑出した叡智が求められる状況はほとんどない。むしろ必要なのは、ファクトを集める能力と、集めた情報から判断すべきタイミングを見極める能力である。

感情的に判断してから、後付けで理屈をこねて正当化するのはNGだ。やるべきでなかったとわかっている判断を自己弁護するのは良くない。誤った判断には弁護の余地はない。それが自分の判断でも同じだ。無理に正当化しようとしても、深みに嵌まるだけである。

意思決定の迅速さこそが、できるマネジャーの必要条件だと思っている新人マネジャーは多い。銃を構えず腰に当てて早撃ちするように、瞬時に決断できるのが理想なのだろうが、このイメージは望ましいものではない。かといって、判断に時間がかかりすぎるのも問題だ。

要は、バランスと節度である。焦って拙速な判断になるのもダメだし、逆に延々と判断を先延ばししてもダメだ。意思決定に必要な情報がすべては集まらないことも多い前提で、必要な情報を集め、状況を分析し、そして決断するのだ。焦るのも良くないが、手に入りそうにもない情報を求めて待っているようでは、決断する前にチャンスが通り過ぎてしまう。

意思決定のパターン

意思決定をうまくやるには、決定方法のバリエーションを使いこなすスキルが必要だ。意思決定の方法には、単独、参加型、委任による決定、判断のエスカレーションの4つがある。

単独での意思決定

自分だけで決断するやり方だ。単独での意思決定は、自分の専門領域の案件や、時間のない案件、部下を巻き込むべきでない案件などで用いられる。たとえば、人事に関する決定は、部下を参加させず単独で行うべきだ。とはいえ、部下以外の人に意見を求めてもよい。判断の前に、別の部署のマネジャーから情報をもらう、上司に相談する、社外のメンターにアドバイスを求める、などが有効な場合もある。

参加型意思決定

部下に情報や意見を求めて、意思決定のプロセスに参加させるやり方だ。参加型の意思決定を行うことで、決定へのコンセンサスも取りやすくなるし、決定事項を実行する現場の担当者が判断に参加してくれれば、意思決定の精度も上がるだろう。また、育成の観点からも有益だ。部下は意思決定に参加する中で、そのプロセスについて理解し、スキルを身につけられるだろう。

委任による決定

決定権を部下に移譲して、部下に判断させるものだ。これは、自分より部下のほうが専門知識がある領域の案件、あるいは「どんな決断をしてくれても大丈夫だ」と腹を括れている場合に行う。参加型の意思決定と同様に、委任による決定は、育成の意味合いが大きく、部下への「あなたの判断を信頼しているよ」というメッセージを明確に伝えられる。

判断のエスカレーション

自分の上長に判断を委ねる場合を指す。自分には決定できるリソースがない場合はこの方法になるだろう。自部署以外への影響が大きい案件であれば、上長の判断を仰いだほうがよさそうだ。ただし、この方法を安易に選ばないこと。決断から逃げたがる、あるいは自分ひとりで決められない人だと上司に誤解されては困るからだ。それでも、場合によっては、自分を意思決定のプロセスから外す判断が正しいこともある。

意思決定のやり方が1種類しかないマネジャーにはならないこと。フレキシブルに使い分けよう。状況に応じて適切な意思決定の方法を選べるようになれば、それが自信になり、マネジャーとしての自己イメージも良くなるはずだ。

自分らしいリーダーになる

「マネジャーとして部下には模範を示すように」と言われてきたことだろう。このアドバイスは正しい。だが、模範的なリーダーとは別次元のリーダーシップも存在する。それが「オーセンティック・リーダーシップ」と呼ばれる、自分らしいリーダーの在り方だ。これは、リーダーが自分を偽ることなく、その人らしさを発揮することで、部下からの信頼を勝ち取り、リーダーシップを発揮するやり方だ。このオーセンティック・リーダーシップに不可欠なのが「言行一致」である。求める行動を言語化し、それを自分の行動で示すという言行一致なしには、自分らしいリーダーはあり得ない。

部下はあなたのことを細かく観察しているものだ。ある程度は信頼して従ってくれるが、それはあなたが上司だからだ。だが、自分らしいリーダーシップを発揮できれば、仕方なしにではなく、部下は本心からあなたを信頼し、尊敬してくれるようになる。これこそが本物のリーダーシップである。

現状は、上司に目をつけられると困るから、部下はあなたの言うことを聞いて従っているのかもしれない。だが自分らしい真のリーダーになれたなら、この関係性は変わる。部下は義務だからではなく、あなたに触発されて、やる気を出してくれる。こうなれば部署は強くなれる。

自分らしいリーダーとして、あなたが高いレベルで自己を律していれば、部下も触発されて同じような態度を取るようになる。思いやりがあって意思決定の倫理観も高潔であれば、部下もそうなりたいと思ってくれるだろう。自分と意見が合わない同僚にも敬意を持って接していれば、敬意ある態度が部署中に広がるはずだ。落ち着いた品のある行動ができる人なら、部署全体の品格も高まるだろう。

自分自身を偽らず、自己理解を深めた上で、どの点で部下の見本になりたいのかを考えてみよう。そして、そのとおりの行動を徹底しよう。こうすれば、周囲に良い影響を与えるリーダーになれるし、人間としても向上できるはずだ。

社内政治というゲーム

先述のとおり、あなたの評価は自分の担当部署の業績で判断される。自分のキャリアにとって、上司と同じくらい、直属の部下は重要なのだ。これは社内政治についてもあてはまる。社内政治は至るところにある。社内政治と聞くと顔をしかめる人が多いのは、政治家や政治に良いイメージがないからだろう。だが現実には、2人以上の人がいるところには必ず政治の要素が発生するものだ。

だから、むしろポジティブな定義で政治を捉えておきたい。社会における人間関係の複雑な在りようはすべて政治なのだと考えればよい。この観点では、複数の人が関わるあらゆる状況には政治が存在する。社内政治も当然存在し、その駆け引きには従業員のほぼ全員が関わっている。実際に駆け引きに参加するプレーヤーもいれば、見ているだけの観客もいるが、マネジャーは、プレーヤーとしてこのゲームに関わっていることが多いだろう。

部下からは「いいカモにされている」と思われている人でも、上司の覚えはめでたく、「思いやりのある寛大ないい奴だ」と認識されていたりする。その人が社内政治の駆け引きを堂々とプレーしているから、こうしたことが起こるのだが、長期的に見れば本人は得をしない。職場でどれだけ野心を叶えたところで、人間としては失敗だろう。

もしあなたが、まともな人間性よりも出世を重視するのであれば、この章は読まずに飛ばしてくれていい。どうせ内容が気に入らないだろうから。

勝ち馬に乗ってばかりの機会主義者になれば、誰でも一瞬は成功するだろうが、その代償を考えるべきだ。確かに昇格や抜擢の決定が、能力に基づいた公平なものだと思えないことは多い。人生は不条理なものだから仕方ないのだ。

能力や公平性ではない何かに出世が左右されていると感じることは多い。だが、たとえ企業がフェアな決定をしようとしていても、そうは見えないことも多い。また、経営陣にとっては合理的な判断が、あなたには理不尽に思えることもある。「自分が昇進すべきなのにおかしい」と感じた場合はこれかもしれない。

それでも、昇進したいのであれば、準備はしておこう。セレンディピティ(偶然の出会い)や運頼みでは、チャンスは少ない。準備によって得られることはいくらでもあるが、失うものは何もないはずだ。ひょっとすると、出世のチャンスは社外にあるのかもしれない。その可能性のためにも準備はしておきたいところだ。

代役を育てておく

マネジャーとして、自分の仕事をできるようになったら、すぐに自分の代行要員を探し始めるようにしよう。理由は明快だ。あなたを昇進させると運用に穴が空くような状況ならば、昇進させないでおきたいと経営陣は考えるものだからだ。代わりができる人材を育てて、自分の役割を引き継げるようにして、自分が昇進しやすい状況を作っておくのだ。

とはいえ、適切な代役を見つけることは慎重を要する作業だ。自分の後任者候補をあまり早いタイミングで任命すべきではない。その候補者がうまく成長してくれず、職務を引き継ぐのに必要なスキルを発揮できなかった場合、厄介なことになるからだ。いったん決めた後任者を差し替える判断は、あらゆる方向に問題を引き起こしかねない。

自分の業務を引き継ぐ準備の進め方は非常に重要だ。その業務をできる能力のある部下がいる場合は、部下の育成をできるだけ迅速かつ徹底的にやればよい。

自分の仕事を細分化して、その後任候補に少しずつ任せていこう。いきなり全部の仕事を丸投げして、ふんぞり返って新聞や経済誌を読んでいては絶対にダメだ。そんなことをさせるために会社はあなたを役職につけたのではない。

後任候補に仕事の範囲を少しずつやらせてみて、ほぼ全部を習得できるところまで持っていこう。一度覚えた業務を忘れてしまわないよう、あまり間を置かずにそれぞれの業務を再度やらせること。新規の採用があれば、後任候補を呼んで面接のプロセスに参加してもらうといいだろう。

部下が自分の代わりを満足に務められる状態になったら、いよいよ交代に向けての「政治キャンペーン」を開始しよう。上司には、この部下の順調な成長を強く印象づけておきたい。業績評価のシートには、「昇進に十分な働き」、「マネジャーの有力候補として成長している」などの文言を入れておく。もちろん、事実に反する内容は、絶対に書いてはならない。嘘を並べるのは、自分にも部下にも不利益になるだけだ。本当に部下が順調に成長しているなら、露骨なやり方は避けつつも、上司にしっかりPRしておこう。

これにより、自分の後任候補が別の部署に昇進で出ていってしまうリスクは生じる。だが、このリスクは取るに値する。たとえ後任候補を他部署に繰り返し引き抜かれた場合でも、「人材育成の腕が素晴らしい」という名声は得ることができる。これは自分の出世にプラスに働くはずだ。部下育成は非常に充実感のある仕事だとも実感できるだろう。部下を昇進させようとあなたが育成に奮闘している間、おそらくあなた自身の上司はあなたのキャリアや未来について、同様に考えて動いてくれているはずだ。

複数の候補から後任を選ぶ

自分の代役として適任な1人を選べない場合には、複数の部下に自分の業務を分割して少しずつ任せてみて、新しいチャンスや責任を与えられた部下たちがどうなるかを見守るとよいだろう。この方法はあなたのためになる。複数の後任候補をまとめて育成しておけば、その全員が一挙に自分の部署から引き抜かれる事態にはならないはずだ。こうした防御策を講じておけば、緊急時にも助かるだろう。

この場合、拙速に1人の候補者を選ばないこと。代行を1人に絞った途端に、他の部下たちは努力を放棄してしまう。これは昇進に関連してよく起こる問題だ。選ばれなかった人たちはモチベーションを失い、一時的であれ、業績にも悪い影響が出るだろう。

「部下が野心をもって頑張れるよう、常に狙えるものを設定しておこう」というアドバイスは有効だ。1人の部下を後任として選ぶ段階まで来たら、他の候補者には、「他部署への昇進の可能性もあり、それに向けて引き続きサポートしていく」と伝えて理解してもらおう。

1つのポジションを複数で競わせている限りは、その全員を平等に扱わねばならない。

タスクは全員に順番にやらせるようにし、全員があなたの職務のすべての側面を経験できるようにしておくこと。自分が一定期間、オフィスを離れる間の運用責任者についても毎回同じ部下に任せず、順番に担当させよう。マネジメント業務のうち、人事面についても、全員に機会を与えるべきだ。

定期的に候補者全員を集めて打ち合わせの時間を取り、マネジメント業務について話し合おう。「私の職務について議論しよう」などと大上段に切り出さず、実際にやってみて困った具体的な問題を話し合うとよい。全員がそうした対話から得るものがあるだろう。あなたの不在時にマネジメント業務を任された部下にイレギュラーな問題が起こった場合には、候補者全員がその経験から学べばよいのだ。

「かけがえのない人」の危険

決して「替えの利かない人」にならないこと。この重要性は改めて強調しておきたい。この手の状況を抜け出せなくなるマネジャーは、たいてい、業務の質を下げたくないために、「難しい課題や意思決定の際には、必ず声をかけるように」と部下に命じる。そのうちに、部下は「何か普段と違うことがあれば全部、上司に確認すればいい」と考えるようになる。それで自分の業務時間が削られるのも困るが、部下が複雑な問題に自分で立ち向かわなくなることが何よりも問題だ。

部下の成長のためにも、自分で答えを見つけられるよう部下を支援することが重要だ。もちろん、委任できる業務責任の範囲は限定されるが、部下に業務についての責任を持たせつつ、業績の成果責任はマネジャーが取る、というマネジメントが望ましい。

「自分の休暇中には職場が立ち行かなくなってしまう」などと心配して愚痴を言う人がいるが、本当に不安なのは、自分なしでも職場が回ってしまうことだ。部下をしっかり育成して、マネジメント業務もバックアップもできるようにしておけば、「自分が不在でも部署はきちんと機能するはずだ」と安心して休暇を取れる。本当に優秀で献身的な経営者であれば、さらに、自分が永遠にいなくなっても大丈夫な組織を作っておいて、自分の昇進や転職を決めるだろう。マネジャーの役割について勘違いをして、自分を「替えの利かない存在」にしてしまうと、ずっと同じ役職でキャリアを停滞させることになる。

こうしたマネジャーの問題は、マネジメントという仕事の本質を理解できていないことだ。マネジメントとは、自分が手を動かして業務を進めることではなく、人に業務を遂行させることである。

前任者から引き継ぐ

前任者が本当にひどいハズレで、現場を修羅場にしたまま退任したのであれば、これは非常に仕事がしやすい状況ではある。あなたがよっぽどの下手を打たない限り、前任者に比べれば「改善を主導する人」のように見える。喜ぶことではないが、こうした状況のほうが、部署の運営はスムーズにできる。

逆に、社内のヒーローのような人の退職や他事業部への栄転で後任を任された場合には、そのヒーローと比較されてしまう。多少うまく仕事をしたところで、ヒーローが在籍中に築いた伝説と比べられるのは、かなり厳しい状況だ。

だから、もしもカオスな部署と順風満帆な部署のどちらを担当するか選ぶ権利があるのなら、ひどい部署を選ぶべきだろう。自分のキャリアに残るような名声が得られる貴重なチャンスかもしれないのだ。難しい状況を選んで後悔することはまずない。経験からより多くのことを学べるはずだ。

学びを継続しよう

昇進に備えて、担当領域のビジネスに関する知識を広げておきたい。役職が上がれば、業務に直結する専門知識だけではなく、企業経営についてのより広範な理解が必要になるためだ。

知識を得るには、さまざまな方法がある。その分野の良書を読むことでも知識を広げられる。自社の運営や経営哲学を理解するために何を読めばいいか、上司に良書を薦めてもらうのもよい。部下からアドバイスを求められて失礼に感じる上司はいない。

ただし、あまり頻繁にアドバイスを求めていると、自分で何も決められない人なのか、あるいは上司に気に入られたいだけなのか、と疑われてしまうので気をつけたい。そんな印象を持たれては、出世に差し障る。

自社が教育プログラムを提供しているならば、それに参加するのもよい。受講してすぐ実益につながると思えなくても、長期的な視野で見れば、自分の得になるはずだ。加えて、学習意欲を社内にアピールできる。受講の際は、今の業務や今後の目標に関連したコースを選ぶよう気をつけよう。業務とのつながりも考えずに、どんな科目でもやみくもに登録する人だとは思われたくないだろう。また、履修にともなって、業務に充てていた時間がどのくらい削られるかも把握した上で、適切な判断をしよう。昇進のチャンスを掴むには、今の仕事で最高の成果を出すことが最優先である。

できる人の服装

ファッションには流行があるため、今はビジネスシーンにふさわしくない服装でも、この先数年後、なんなら数カ月後には適切だとされるかもしれない。マネジャーとしては、極端に派手な、あるいはアバンギャルドなファッションで、トレンドセッターを気取るのはやめておいたほうがいい。納得できないかもしれないが、経営幹部の会話で「変な服の人」と言われていては、出世は難しいだろう。

職場に相応しい服装、やりすぎな格好というのは、業界や国・地域によっても異なる。たとえば、ファッション誌編集部のオフィスで一目置かれる服装は、格式ある保険会社では浮いてしまうだろう。米国西海岸のドレスコードでは、東海岸では浮くかもしれない。工場の現場マネジャーも、本社に行く際にはいつもと違う格好をするはずだ。要するに、成功したいなら、成功していそうな格好をすることが大事なのだ。かといって極端にしてはならない。外見で声高に語りすぎず、抑制されたメッセージを周囲に感じさせるくらいがちょうどよい。

会社によって服装がまったく違うことがよくわかるエピソードを挙げよう。数年前、ある若い男性が、ハリウッドの映画スタジオの制作部門の控用面接を控えていた。担当者に連絡して、「どんな格好で行けば良いですか？」と確認したところ、担当者は「カジュアル」と答えた。そこで、若者はスラックスにアイロンの効いたシャツで出向いたのだが、面接室に入ると自分以外は全員、タンクトップにショートパンツ姿だった。同じ「カジュアル」でも、志望者と志望先企業では解釈がまったく違ったわけだ。ファッションについては波長が合わなかったものの、その若者は採用に漕ぎつけることができた。

この話には、企業によって服装やスタイルが違う、ということに加えて、もう1つ示唆がある。ビジネスパーソンとしては、多少フォーマルすぎるほうが、カジュアルすぎる場合よりも失敗がない、ということだ。スーツとタイで決めてイベントに出かけた場合、会場がカジュアルであれば、ジャケットを脱いでタイを外せばいい。逆にラフな格好をして出かけた先で全員スーツにネクタイだった場合、服や小物をプラスして場に合わせるのは、難易度が高い。

何を着ればよいか自信がない場合には、カジュアルよりフォーマルに寄せておこう、というのが経験則からのアドバイスだ。あとは、組織の上級役員の服装をチェックするのも役に立つことが多い。

さりげなくアピールする

たとえあなたが多才であったとしても、その才能に誰も気づかなければ、脚光を浴びることはできない。できるだけ効果的なやり方で、経営陣や人事の意思決定者に自分のことを知ってもらう必要があるのだ。

あからさまな自己アピールをしていると、周りからはいい印象を持たれない。ほら吹きの自慢屋だと悪評が流れるかもしれない。実際に優れた能力があるのに、露骨すぎる自己宣伝が仇となって、冷遇されるに至った人は多い。

自己アピールは、さりげなくやることが大事だ。コミュニケーションが上手な人だと思ってもらえたほうがよいだろう。

他人の気分を害さず、鬱陶しくない、上手な自己アピールの例を示そう。大学の社会人対象の講座に、自分の職務や今後の昇進に役立つ内容のコースがあったとしよう。自分の受講状況や学習意欲について、上司や会社にわかってもらうために、以下のような行動を取ろう（過剰にやりすぎず、望む状態を手に入れることを目標とする）。

まず、CCに上司を入れて、人事部に「人事の記録に講座を受講中である旨を追加してください」とメールを送る。こうして自分の人事ファイルに情報が追加されれば、どこかの部署が管理職候補者を探している場合に、あなたの人事記録で受講歴を見てもらえる。受講を修了した際にも、人事部にその旨を共有すること。修了証の出るコースであれば、その写しを送ってファイルに入れてもらおう。

人事へのメールのCCを上司がスルーした場合は、くだけた会話をしているときに、「昨日、会計コースの先生が面白いことを言ってたんですよ」などと話題を出せば、上司も「会計コースって？」と訊ねてくるだろう。

机に教科書を置いておくのもよい。そのうち、向こうから話しかけられるかもしれない。理解できなかった授業中の議論について、上司に教えを乞うのもよいだろう。

講座の同級生に職場に来てもらって、ランチをする場合には、そのクラスメートを上司に紹介しよう。「ジョーンズさん、会計コースの同級生を紹介させてください。リズ・スミスさんです」という具合だ。

イメージはできただろうか。こうした控えめな伝え方であれば、自己顕示が激しくて鬱陶しいとは思われづらい。自己アピールの何たるかを知っている上司であれば、あなたが頑張りをわかってほしがっているのに気づいているものだ。ここでうまくやれば、自己アピールの巧みさも含めて、一目置いてもらえるかもしれない。

資格を取得し、スキルを身につけて、周囲の若手マネジャーを実力で凌駕しても、それを誰にも気づいてもらえなければ、何も得られない。「キャリアアップのために、何か自分で取り組んでいる？　教えてくれるかな」と向こうから言ってくる上司はまずいない。だから自分できっかけを作るしかないのだ。

「黙って良い仕事をしていれば、昇進も出世も、勝手に巡ってくる」と考える経営者もいるが、この戦略はリスキーだ。そんなチャンスが巡ってくるまで待つ余裕はない。あなたの修学状況や取り組みについて、上司や経営層が情報を持っていなければ、考慮などできるはずもない。職業人としての自己成長やスキルの獲得について、スマートに伝える技術を磨こう。他の人の気分を害したり、押しの強さで困惑させることがないよう、さらりと控えめなアピールができるようになろう。

プレゼンテーションでアピールする

プレゼンテーション能力を向上させることは、周囲に自分の能力をアピールする最善策の1つだ。自信を持ってプレゼンテーションができるようになれば、自分の能力や知識について話すチャンスが掴める。大半の人々はプレゼンテーションを避けたがるので、周囲から抜きん出ることができるだろう。何より、聞き手の全員があなたの存在、立場や能力を意識するようになることが大きい。

人前で話すのが苦手な人は多く、あなたもその1人かもしれない。気が乗らないのは、人前で話した経験が少ないから、あるいは嫌な思いをしたからだろうか。第39章のアドバイスを読めば、こうした苦手意識から抜け出して、プレゼンテーションのスキルを高められるはずだ。

出世競争に勝つ意味はある？

マネジャーのキャリア形成の定番は、今の仕事で実績を出しつつ、さらに1段、出世の梯子を上る準備をすることだが、上昇指向が無いならば話は別だ。「高い代償を払ってまで出世を目指さない」という姿勢は何も間違っていない。本当にそう感じているなら、自己理解のよくできている健全な態度だといえる。人それぞれに、これ以上の昇進は難しい、という地点があるのかもしれないし、あるいは、もっと上に行けると評価されていても、本人が今の位置を望んでおり、昇進に伴うストレスは要らないと思っている場合もあろう。そもそも、出世のピラミッドは頂点に近いほど狭くなっていくのだ。取締役会長やCEOになってしまえば、自社ではそれ以上の昇進は望めない。

本書の旧版では、「自分の昇進可能性ついては、状況と見通しを教えてもらう権利がある」として、「上司にその確認をしておこう」と推奨までしていた。だが、この点は考え直すべきだろう。現状、出世に興味がないならば、わざわざ訊く必要もないだろう。もし昇進をオファーされたら、嬉しくなって気が変わるかもしれない。

逆に、自分は昇進したいのになかなか上がれない場合に、その件を上司に訊ねた結果、「あり得ないね。君が昇進できるわけがないでしょう」と言い返されたら、あるいは、その話題を避けられて満足な回答を得られなかったら、かなり厳しい。さらに、上司が人事ファイルに「課長が昇進を要求してきたので、上がり目はないと伝えた」と記入したならば最悪だ。仮にその上司が転職して、新しく来た上司とはうまく仕事ができているとしよう。あなたは、自分の人事ファイルに「上がり目はない」という記述があるのを恨めしく思うはずだ。わざわざ自分に都合の悪いリアクションを上司から引き出して、記録に残されてしまうのは、軽率に過ぎる。

今後も昇進したいなら、将来の可能性にばかり気を取られず、今の仕事に集中することが大切だ。新しい挑戦への意欲を経営陣に知ってもらうのも良いが、自分のキャリアを切り拓く上で最も効果的なのは、与えられた仕事で抜群の業績を出すことだ。今の仕事に熟達することが最優先である。出世への野望などは優先順位の2番目以下にしておかなければ、良いキャリアは築けない。

支援者を獲得する

上司があなたの評判を上級管理職の間で広めてくれれば、昇進には有利だ。自分が役員と接触する機会があれば、全員と良い関係性を築くようにしよう。仕事の質の高さと良い態度を見せて、「活きのいい若手がいるな」と意識させておきたい。

自分を評価してくれているのが直属の上司だけの場合、その上司が退社してしまった途端、あなたは後ろ盾を失う。当の上司が転職先で良いポジションを確保してくれていれば話は別だが。社内の役員の多くが、あなたの名前を好印象とともに覚えてくれていれば、出世にはかなり有利だ。スター役員の何人もが、自分の後ろ盾になってくれれば最高だ。だから、現状の業務はきちんとやりつつ、部門横断のプロジェクトや委員会の仕事も喜んで引き受けておきたい。そうすれば自分の事業部以外の役員やマネジャーとも接点を作ることができる。

スタイルの重要性

この章で述べた目標を達成するには、まずは高い業績と仕事への自信が求められる。その前提で、「よい仕事」と「すごい仕事」の差を分けるのが、イメージやスタイルだ。業績が優秀である上に、役員や上司に受けのよいスタイルで仕事を進めれば、より好印象を与えられる。逆に、無礼な態度や気に障るやり方をしていると、ネガティブに受け取られるため、注意したい。

優れた仕事をした上で、最大限の効果を引き出そうとするのはよいが、たいした仕事でもないのに、さも凄いかのように見せかけるのは論外で、トラブルにつながる。掲げるメッセージと実際のパフォーマンスは同期させるべし。言行一致が重要なのだ。

第33章

タイムマネジメント

その日に終わらせるべき仕事が何ひとつ終わらなかった、と落胆しながら帰路についたことはないだろうか。トラブルの火消しで1日が終わる経験は誰にもある。仕方ないこともあるが、こうした状況がしょっちゅうある場合は、タイムマネジメントに問題がありそうだ。

タスクを細分化する

以下に紹介するタイムマネジメント術は、とある著名なノンフィクション作家にとって非常に効果があったようだ。本人の言葉を紹介しよう。

「10年前、本気で執筆に取り組み始めた頃は、1週間に1章という執筆計画を立てていた。だが1行も書けずに1週間が過ぎた。これは、1章を書き上げるにはまとまった時間が必要だと思い込んでいたためだった。その結果、何もできなかったのだ。そこで目標を細分化することにした。目標を1日2ページに変更したのである。目標を達成できない日は出てくるが、その場合には翌日4ページを書くことにした。何かの理由で2日以上、原稿が書けない場合には、それ以上、目標を積み上げないことにした。累積させてしまうと、1章まるごとを目標にして何も書けなかった状況に戻ってしまうからだ。」

「より現実的な目標を設定した結果、他の時間的制約は変わらないのに筆が進むようになった。変化したのは、問題に対する自分の姿勢とアプローチだけだった。2ページを書こうと机に向かって、それ以上、10ページ、15ページを書き上げることもあった。もし1日あたりの目標を15ページと設定していたら、書き始めることすらできなかっただろう。」

要するに、プロジェクトをまるまる一気にやろうとすると、どこから手をつけてよいかわからず、結局、何も始められない、ということだ。プロジェクトは細分化し、短期間で完了できる要素に落とし込むべきなのだ。

リスト化する

米国の実業家、ヘンリー・カイザーについて聞いたことがある人もいるだろう。多くの業績を残したが、第二次世界大戦中、リバティ船と呼ばれる規格型輸送船を建造した企業の創始者であることで知られている。リバティ船は建造期間が非常に短く、圧倒的に優れた事業であった。

カイザーが毎朝、オフィスに入って最初にやるのは、大型のメモ用紙にその日に完了したいことをリスト化し、優先順位をつけることだった。日中は、そのリストを机上に置き、完了したタスクには線を引く。未完了の項目は翌日のリストに書き込む。カイザーは常に優先順位に基づいて行動した。

このシンプルな方法で1日を整理してみれば、1日にできることが意外に多くて嬉しくなるはずだ。その日のタスクを書き出すにあたって、否が応でも1日の行動計画が整理される。これが、この手法の最大のメリットである。

現代は、カイザー氏が使えなかったツールを使って簡単にTO DOリストを管理できる。スマートフォンやタブレット、PCも使えるし、タスク管理用のアプリもある。「タスク管理　ツール」と検索すれば、結果が山ほど出てくる。テキスト入力ソフトを使って毎日、書くだけでも十分だ。PCモニターは大型化と低価格化が進んでいるので、モニターの画面の隅に、タスク表を出しっぱなしにしておいてもよいだろう。

スマートフォンのアプリには、リスト管理機能が豊富で、目標ごとにタスクを紐づけて管理できるものも多い。「タスク　管理」でアプリを検索すれば、たくさん出てくるだろう。

ポケットに入る手帳を持ち歩いて使う派もいるだろう。どれでも自分にあったツールを使えばよい。ただし、あれこれ手を出さず、1つに集約すること。

タスクの種類とタイミング

効率的なタスク管理のために、ひとつ考慮しておきたいのが、取りかかるタイミングである。自分の体質や体調のことは、誰よりも自分がわかっているはずだ。

1日の中で朝にエネルギーのピークが来るタイプなら、朝一番に、最もエネルギーを要するタスクを設定すればよい。もし午後になってやっと本調子になるタイプなら、その傾向に合わせてタスクを設定しておこう。エネルギーが高いときに、苦手なタスクをやるよう自分を追い込むのもよいが、いずれにしても優先順位の高い順に仕事を進める原則からは外れないこと。優先度の低いタスクは、少し置いておいても大丈夫だろう。

1日のスケジュールを立てる上で、もうひとつ考えるべきことは、タスクの性質だ。タスクの種類によって、クリエイティブな能力がより必要なものと、論理性や正確性が問われるものがある。企画書の作成やプレゼンテーションの構成はクリエイティブな作業であり、業務報告書や予算管理は、論理性や正確性が重要なタスクだと言える。

このような観点でタスクを分類すれば、右脳系と左脳系の活動とよく言われるものに分けられる。右脳系はクリエイティブな作業であり、左脳系は論理的な作業だ。実際に脳のどちら側を使っているかはともかく、こうしてタスクをタイプ分類することが重要だ。

朝や、夕方遅くからなど、ある時間帯のほうがクリエイティブな作業が捗る人がいる。別の時間帯には論理的なタスクの効率が上がるようだ。この点を意識して自分を観察し、生産性の高い時間帯を見つけてみよう。なかなか進まなかったタスクが、あるとき突然捗ったことはないだろうか？　そうした時間帯とタスクのタイプ（クリエイティブか論理的か）をメモしておこう。観察を重ねれば、より生産性を上げるヒントが見つかるはずだ。

クリエイティブなタスクはまとめて一気にやったほうが生産性が上がるという人もいる。これはタスクのタイプによって思考プロセスが異なるからだろう。「ランチの前にクリエイティブなタスクをやって、昼食後を論理的な作業に充てる」など、自分に合ったやり方で効率的に仕事をしよう。いったん論理的な作業に取りかかるとクリエイティブな作業にうまく戻れないので、クリエイティブなタスクから予定を組む、という人もいる。

タスク表の炎上

ここまで読んだ人の中には、「タスク管理リストは良いアイデアだけど、うちの職場は予定外のことだらけで、どんな方法でリストを作ろうが、1つもタスクに手がつけられないこともあるんだよ」と思っている人もいるだろう。それはわかる。タスク表は引火性物質なのかと思うほど、1日が始まった途端に炎上しがちだ。それが現実でも、だからといって1日の計画を立てる習慣を放棄していい理由にはならない。

あなたがマネジャーとして選ばれた理由の一つは判断力であるはずだ。その判断力で、リスト順にタスクを進めるか、いったん無視するか、そしていつリストを修正するかを判断していこう。1日のうちに幾度も修正が必要になることもある。これをうまくやれる能力は、キャリアの成功に大きく影響する。成功した経営者には、状況の変化に合わせて優先順位をつけ直せる才能のある人が多い。自社でそれが上手な人を観察して、そこから学ぶようにしよう。

タスクに優先順位をつける

タスクリストをA、B、Cの3つに分けて管理するマネジャーもいる。リストAには、まず完了すべき必須タスクを並べる。Aのタスクが多い場合は、カテゴリー内での順位づけが必要になる。リストBのタスクは、時間ができたときにやればよいものだ。リストCのタスクには緊急性はない。「やってる感」が欲しくてCのアイテムから手をつけるマネジャーもいるが、この罠にかかってはならない。作業がほぼ進展しない上に、重要かつ緊急性の高いリストAのタスクを後回しにして、大変な事態になる。

状況は変わるので、リストAからBへとタスクの優先順位が下がることもよくある。リストの見直しと最新化は、1日のほんの数分で済むが、やっておけば生産性が向上し、その恩恵を幾度も受けるはずだ。

リストAのタスクがあまりに大きく、複雑すぎて手のつけようがない場合には、細分化していこう。本章冒頭の執筆術で示したような要領でやればよい。リストに1つのタスクを書くのではなく、いくつかに分けるのだ。来期予算の策定を例に考えよう。このタスクは大きすぎる。リストに「来期の予算を作る」と書いても、どこから手をつけていいのか途方に暮れてしまうので、細かいタスクに分解していこう。

・来期の四半期毎の収益予測を立てる。

・暫定の人員配置計画を作る。

・仕入れ担当から材料費の予測を入手する。

完了したタスクに線を引いて消すのは、気分が上がるものだ。目標管理プログラムやアプリを使っている場合、アイテムを削除するのではなく完了フォルダに移動することで、完了した実感が得られる。項目に完了の印をつける際に太いラインマーカーを使う人もいる。1日の業務の終わりに、多くのタスクに太い線が入っているのを見れば、実にいい気分になれるはずだ。

手書きでリストを運用する場合には、帰宅時に捨てず、置いて帰ろう。翌朝、昨日のリストが2つの点で役に立つのだ。まず、前日に完遂できたことを思い出せる。これは良いことだ。未完了の残タスクも一目瞭然だ。それらを新しいリストに記入していこう。長期プロジェクトの場合には、特にこれが重要になる。リストからうっかり抜けてしまいがちだからだ。書き残しておかないと、プロジェクトの計画もクリエイティブなアイデアも、どんどん抜け落ちていってしまう。

仕事の課題を考えながら眠りにつき、夜中に解決策が思いついて目が覚めたことがあるだろうか。でも朝には忘れてしまっている、という場合には、夜中に思いついたことを書き留められるよう、紙とペンをベッド脇に置いておけば解決できる。

「即時性の暴力」に対処する

生産性と効率の障壁となるのが、妨害が入って作業を中断しなくてはならないことだ。もちろん、中にはすぐに対応すべき正当な案件もある。その場合は、先述の優先順位をうまくつけ直す必要がある。

だが、飛び込んでくる横槍の大部分は緊急性が低い。ＩＴ技術の発達のせいで、邪魔が無限に入るようになった。メール、携帯電話へのショートメッセージ、電話、各種メッセージアプリ、ツイッター（X）、会議参加リクエストなど、前世代には存在しなかった妨害はいくらでもある。

これらの共通点は、緊急かと思わせる見せかけでアラートが上がることだ。本物の緊急案件も中にはあるが、たいていは違う。それでも緊急かのように見えると、そちらを優先したくなってしまう。実際にはたいして重要でもない項目が、いきなりタスク表や目標リストの最上位に躍り出る。緻密な計画と優先順位づけが、ほんの一瞬で崩されてしまったわけだ。これは「即時性の暴力」という、緊急だと知覚されたものが優先される法則である。

この即時性の暴力の犠牲にならず、着実にタスクを行うことが重要だ。１件のショートメッセージに午後のタスクをいきなり支配されないよう、鑑識眼を働かせよう。「この案件はタスクリストのA、B、Cのどこに入るだろう。そもそも、どこにも入らないかも？」と考えるのだ。新しい問題が飛び込んでくれば、救急車の運転手のように素早く応答したくなるものだ。そのほうがワクワクするかもしれない。が、着手する前に、本当にやる必要があるのかを確認しよう。直感に惑わされて、即時性の暴力の犠牲にならないことだ。

応答しない時間を作る

一部の企業では「集中時間」が導入されている。これは1日の生産性を上げるための仕組みだ。たとえば、2時間の「集中時間」が設定されていれば、その間は社内では誰とも話さず業務に集中する。社内電話もせず、社内打ち合わせも入れない。本当の緊急時には迅速に対応する。顧客や消費者など外部からの入電には対応する。

この方法には大きなメリットがある。1日2時間は社内の誰からも電話や口頭で干渉されない時間が作れるのだ。その時間には何をやるかを自分でコントロールできる。IT技術による「即時性の暴力」についても、社内からは来なくなるので、影響が弱まるはずだ。

週末に出社して仕事を片付けたら、普段よりもずっと捗った経験のある人もいるだろう。「集中時間」は、顧客や消費者からの連絡は遮断しない前提を守った上で、組織全体で活用できる良いアイデアだ。

内省の時間をもつ

穏やかな時間を毎日のスケジュール上に確保しよう。毎日は無理だとしても、大きな夢について考えたり、ゆっくり自分を見つめ直すような時間を取ることは大切だ。これは自分のメンタルヘルスにも不可欠であるし、太刀打ちできないような困難も、こうした静かな時間の中で、良い見通しが得られることもある。

穏やかな時間を作って内省するより、さらに上を行くやり方もある。「アイデアの解放」と呼ばれる、この強力なテクニックは、本書の著者マコーミックの共著書、『Business Lessons from the Edge: Learn How Extreme Athletes Use Intelligent Risk Taking to Succeed in Business(エッジからのビジネスレッスン：エクストリームスポーツの選手に学ぶ、成功のための賢いリスクテイク術)』(邦訳未出版)で紹介されている。「アイデアの解放」は、その本で紹介しているとおり、多くの優秀なアスリートや経営者が採用しているクリエイティブな戦略だ。

これはシンプルな2つのステップで行う。まず、アイデアをよく思いつく時間帯をメモしておこう。たいていは、周りに邪魔されない、業務外の時間であろう。たとえばウォーキング、自転車、ハイキング、さまざまなエクササイズ、シャワーを浴びているとき、瞑想中、運転中、公園のベンチに腰掛けているとき、湖や海を眺めているときなどにアイデアが浮かびやすいようだ。心当たりがあるだろう。日常の中で「この活動をしているときにアイデアが浮かびやすい」というものを思い浮かべてみよう。見つかっただろうか？

「アイデアの解放」の第2のステップは、意識して定期的に、そうした状況に自分を置き、浮かんでくるアイデアを受け止めることだ。携帯電話は持たないか、電源を切って、メールなどもチェックできないようにしておく。

「アイデアの解放」の前提にあるのは、アイデアは頭の中で跳ね回っている、という事実だ。それをいかに刈り取るかが、クリエイティブ・シンキングの肝になる。仕事に集中しているときには、頭の中にアイデアがあるのになかなか気づけない。

だから、まずは新しいアイデアが浮かぶタイミングを観察した上で、自身を定期的にその状況に置いて、思いつくアイデアに意識を向ける、という2ステップが必要なのだ。この方法なら、効果的にクリエイティブなアイデアが手に入るはずだ。

その他の時間管理術

最後に、さまざまな領域の経営者に推薦してもらったタイムマネジメントのヒントを載せておこう。役立つものが見つかるだろう。

締め切りを設定する

先延ばし癖がある人には特に有効だ。土壇場でバタバタと仕上げるのはやめよう。「火事場の馬鹿力でいい仕事ができる」という人もいるが、ストレスがなければもっと良い仕事ができるはずだ。試してみよう。

「緊急」と「重要」の違いを意識する

緊急でやるべきことは誰にもあるが、その重要度も意識しておきたい。緊急案件と重要案件を区別できる力は、成功に欠かせない能力だ。重要な案件に集中しよう。これは先述の「即時性の暴力」とも重なる話である。

タイムログをとる

1～2週間ほど、時間をどのように使っているか記録してみよう。タイムログをとって、すべてを書き出すのだ。何に多くの時間をかけているかを見ると、意外に感じるかもしれない。時間の使い方を分析せずして、タイムマネジメントは改善できない。自分の時間の使い方について他の人に意見を求めるのもよい。自分で意識できていなかった点を指摘してもらえるだろう。

翌日の計画を立てる

当日の朝より前日の夕方がより効果的だ。1日のスタートの時点で、何に集中すべきかが明確にわかるからだ。当日の朝に計画を立てると、いきなり脱線するリスクもある。とはいえ、夜が無理なら朝でかまわないので、とにかく計画を立てることが大事だ。

週の計画を立てる

週末に仕事がある場合でも、土日のどちらかで数分かけて、翌週の計画を立てるのは有意義だ。前週のうちに計画を立てておけば、月曜日にはいいスタートが切れるし、月曜の朝、あるいは週のどこかで不可避な緊急の案件が起こっても、軌道修正がしやすい。

70・30ルールに従う

スケジュールの70％以上を埋めないこと。残りの時間には計画を入れずに空けておき、計画外のタスクや他人の急ぎの仕事、緊急事態などに備えておこう。全部の時間に予定を詰め込むと、すべてはうまくいかず、イライラしがちだ。

スケジュールに組み込む

電話やメールのやり取りに充てる時間や、部下が相談に来てよい時間などをスケジュールに組み込んでおこう。これは2つの面で役立つ。類似のタスクをまとめれば時間が効率化できる上、周囲の人があなたの時間の使い方を理解してくれるようになる。

優先順位の高いものに手をつける

優先順位の高い案件に取りかかる際には、良いタイミングやコンディションを待たず、とりあえず手をつけること。ベストな時間や気分は永遠に来ないかもしれないのだから。

自分にご褒美をあげる

リストAの重要なタスクを終えたら、自分にご褒美をしよう。ランチに行くとか、少し早めに帰るとか、久々に話したいと思っていた友人に電話するとかである。

時間を守る

時間どおりに行動する習慣をつけよう。決まった時間に出社し、納品の締め切りを守り、部下にもそれを指導する。時間管理の達人として、部下の手本になろう。

個室を確保する

集中力を高めたい、邪魔をされたくない、という場合には、人に捕まらないような場所で仕事をするのもおすすめだ。自宅やリモートオフィス、使われていない会議室や空きスペースなどを活用しよう。他の業務と並行で行うと数日かかるタスクでも、邪魔されずに自宅でやれば半日で終わることもある。

第34章

文章力を高める

とても理路整然とした思考の持ち主が、その考えを文章に書いてみろと言われた途端に、おぼつかなくなることはよくある。これには驚くし、ちょっと面白いものだ。

白紙や真っ白なPCモニターを前に、怯んでしまう人も多い。普段は有能で自信に満ちた人が、書くとなった途端、なぜパニックになってしまうのか、その理由を考えてみよう。

理由の1つには、「テスト恐怖症」的なものがある。試験を受けるときにパニックになってしまう人はいる。目の前に白紙のテスト用紙があり、頭の中には知識が入っており、あとは頭の中身を取り出して紙に記述するだけなのだが、試験中に何も書けなければ点はもらえない。

文書作成が苦手な理由の2つ目は、あまり読書をしないことだ。書くのが苦手な人は、仕事に必要な資料は読むものの、趣味の読書や、自己成長やキャリア構築のための読書はせず、テレビやネットにかなりの時間を費やしがちだ。テレビやネットでの情報摂取は、読書より受動的であり、テレビを眺めてネットサーフィンをしているだけでは、文章術は習得できない。文章の書き方は、読書を通じて身につくものなのだ。なにもテレビやネットが悪いとかあらゆる社会問題の根源だと言うつもりはないが、そのせいで読書時間が減っているのは事実であり、文章の運用能力にはマイナスに作用している。メールや携帯電話のメッセージ機能では、文章スキルはあまり上達しない。こうしたツールでの文は、略語や不完全な文章の多い、ぶつ切りの文体だからだ。

さらに、メールやショートメッセージ以外の文を書く機会が減っていることで、長い書類の執筆や手書きレターへの心的抵抗は強まっている。人前でのスピーチに例えればわかりやすいだろう。スピーチ経験がほとんどない人は、その状況に怯えて焦ってしまう。そうなると落ち着いて話すことができず、緊張もひどくなる。話す調子はこわばり、自信のない話し方になる。聴衆もあなたの不安を感じ取って落ち着かなくなる。話し方のせいで聞き手の信頼を失い、話の内容にも不安を持たれてしまうわけだ。

同じことが文書のコミュニケーションでも起きる。書くときに緊張していると、文章は堅苦しく、たどたどしくなる。そこで、より丁寧な表現を使ってごまかそうとするのだが、友達との会話で使ったことがないような語彙は、うまく使えるはずもない。

ビジネスレターの書き方や社内文書の書き方に関する書籍や研修は多く、役立つだろう。書くのが苦手、あるいは、さらにうまくなりたい場合には、そうした研修や本を活用しよう。自分の考えを文章でうまく表現し、書面で説得できるようになれば、仕事はより順調に進み、さらなるキャリアアップも望めるはずだ。

ストーリーの力を活用する

提案や説得をしたい場合は、ストーリーの力を使うことを常に考えたい。論理展開の堅固な議論よりも、ストーリーの威力は大きい。ストーリーにすることで、あなたの主張はより印象に残る。人間はストーリーを紡いで生きているのだ。議論や演説の名人が、要点を伝える際にはたいていストーリーを用いているのはこれが理由だ。本書でも、要点の説明では、簡単な物語ふうの事例を使って議論を強めている。他の箇所よりその部分が、印象に残っているはずだ。たとえば、シンガポールのホテルの例（92ページ）、スペイン語を学習している部下の話（205ページ）、木工の「蟻継ぎ」（ダブテール・ジョイント）の例え（203ページ）はすべて、ストーリーを使って議論を補強した例である。

読み手を想像する

文章を書くとき、心理的なイメージを活用するのは、とても効果的な方法だ。まっさらな白紙や何も書いてないモニターを前に気圧されるのではなく、文章を宛てる相手のことを具体的に想像してみよう。読者の具体的なイメージを思い描くのだ。執務室で快適な椅子に座って、コーヒーを片手にあなたの文書を読んでいる様子を思い浮かべてもいいだろう。あるいは、その文書でメッセージを伝えたい相手と喫茶店にいる場面を想像して、どう話すかをイメージしてもよい。

打ち解けた雰囲気で会話をしている様子を想像できたら、さあ、話すように書いてみよう。会話に使う言葉を使って書くのだ。普段の会話で堅苦しい文語調の表現を使わないなら、文章にも使わないことだ。心理学者によると、読み手を感心させたくて、普段は使わない気取った表現をするのは、劣等感の表れだそうだ。文章がぱっとしなくても、無理に飾り立てないこと。自分らしい文章から乖離しないことが重要だ。

読み手のイメージを思い浮かべる際には、親しみのある柔らかい表情を思い浮かべるとよい。たとえ、自分が我慢できない相手にメールを書いていても、友達に宛てて書いているイメージを持とう。敵意のある相手を思い浮かべると、文章にその感情が出てしまうのでやめておこう。読み手の和やかな表情を想像すれば、文章にも和やかであたたかいトーンが表れるはずだ。

さて、読み手の人数が多い場合について考えてみよう。メールを部署全員や部門全体に送る場合などだ。45人が講堂であなたのスピーチが始まるのを待っている状況は想像したくもないだろう。これはあまりにフォーマルすぎる。自分が大勢の前でもリラックスして喋れる演説の達人でない限りは、このイメージを想定すると、文章が硬く、ぎこちなくなってしまう。

そうではなく、2、3人の親しい部下との会話のイメージを思い浮かべよう。休憩やランチで一緒にいる場面だ。そこで話す内容やトーンを文章に起こせばいい。他部署のマネジャー宛のメールでも、似たようなイメージを使えばよいだろう。

社長や役員などへの報告を書く場合、しかも、近づき難い印象の気難しい相手に対しては、どうすればよいだろう？　社長のイメージをそのまま思い浮かべても、うまくいきそうにない。代わりに、緊張しないで話せる相手を思い浮かべよう。その人が社長になったと想像してみよう。それで報告を書けばいい。文章のトーンはまるで違ってくるはずだ。

フォーマルすぎない文章がよいとはいえ、文章の不備や文法の間違いには気をつけよう。高学歴のビジネスパーソンからのメールでも、中学2年生を教えている国語教師がうんざりするような文章は多い。ビジネス文書、特にメールの書き方については社内で研修を行っている企業も多い。メールを書く際には、誤字脱字のないよう確認しよう。短文のメール、美文でないメールは許容されるが、誤字脱字、文章の間違いは許されない。社会人としてのスキルの欠けた、でたらめな仕事をする人だと思われるので注意しよう。

メールでも練られた文章を書くべき場合もある。相手を説得したいときや、多くの人にメールが読まれる場合などだ。メールは自身を表すものであり、しかも永遠に保存されるのだと覚えておこう。メールは際限なく転送が可能なので、自分のたどたどしい文章を、まだ会ったこともない人が目にする事態もあり得る。それを読まれたせいで、初対面の相手から、知性のない人だと先入観を持たれるのは嫌だろう。逆に、メールがうまく書けていれば、あなたの能力のアピールになる。よく配慮ができる、説得力がある、仕事ができる、などの印象が広まることだろう。

文章を書くにあたって、言葉遣いや表現に自信がないなら、基本を学ぶようにしよう。そう難しいものではなく、たいして手間はかからない。値ごろな文章読本を読むとか、関連する講座を受けてもいいだろう。類語辞典は、適切な表現を見つけるのに役立つ。文章執筆をアシスタントや同僚に頼らないようにしよう。そうした楽な道に逃げていては、重要な能力はいつまで経っても身につかない。

正確な文章を書くべき理由は他にもある。書く文章がおかしい場合は、口頭でも間違っている恐れがある。きちんとした場での発言内容はもちろん、くだけた会話でも怪しい。その場合は、今後の昇進やキャリアの障壁になるだろう。

文書、口頭のいずれでも、言葉は正しく大切に扱い、自分の意図をきちんと表現したいものだ。なお、親しい読み手のイメージを思い浮かべて書くテクニックは、ぜひ覚えて活用してほしい。

第35章 クチコミの効果

どんな組織でも、5人以上いれば噂は発生するものだ。人は互いにコミュニケーションして、起こっていることを把握しようとするものだ。だから噂やクチコミが発生するのは当然だ。わからない場合は状況を推測する。噂を絶滅させるのは不可能なのだから、その存在から目を背けず、組織の隅々まで届くものだと理解しておこう。良し悪しを言っても仕方がない。それは存在するものだ。大切なのは、噂やクチコミのメカニズムを理解し、その犠牲にならないようにすることだ。

クチコミは、組織の第2の伝達系統であり、公式よりも効果的だと認識しておくべきだ。業務連絡、メール、イントラネット上での告知といった公式の情報ネットワークを主要な幹線道路や国道だとすれば、クチコミはその脇を走る一般道路である。どちらの道でも同じ目的地に着くのだが、一般道路を行った人が早く到着することもある。高速道路が渋滞していて、脇道の車はビュンビュン走っている状態だ。同様に、クチコミの情報速度が公式な情報伝達に勝ることも多い。

マネジャーがクチコミの犠牲にならないためには、まずは、部下と良いコミュニケーションをしておくことだ。明確な情報をきちんと共有しておけば、自分の管轄範囲については不正確なクチコミの拡散を抑制できる。憶測やゴシップをゼロにはできなくとも、情報共有を徹底することで、誤った憶測は減らせる。とはいえ、完全に止めるのは無理なので、それは諦めよう。

クチコミは終業時間のあとも電話やメールで広がる。夜に出回るメールはこんな感じだ。「おつかれさまです。今日、早退されたので、最新情報を共有させていただきます。信じられないと思いますが……」などと続くわけだ。

新人マネジャーなら、以下の話がよくわかるだろう。ある銀行の新人マネジャー数名が、「うわさ話が伝わる速度と正確さはどんなものだろう？」と疑問に思って実験を行った。ゴシップ流通の主要人物が5階にいるのはわかっていたので、1人が5階に行き、あり得ないようなひどい噂をその人に伝えた。そして階段を降りて、1階の自分の席に戻った。その間、10分足らずである。席に着くなり、秘書が「信じてもらえないとは思うんですけど」と、上階で蒔いてきたうわさ話に尾ひれがついた内容を話してきたのだった。

ときにクチコミを利用してみる

マネジャーとして、送信と受信の両面でクチコミを活用できる。部下と良い関係を築けていれば、何が起こっているか教えてもらえるだろう。最新スクープを誰より先に伝えようと競う部下まで出てくるほどだ。

クチコミで情報を発信することも可能ではある。それをうまく使いたくなるタイミングも出てくるだろう。その際には、伝言ゲームの内容の正確さはコントロールできないと肝に銘じておこう。だからこそ、部下とは直接コミュニケーションを取るようにして、うわさ話につきものの不正確な追加情報が出ないようにしておきたい。

クチコミを試したい場合には、まずクチコミ情報網の重要人物を見つけることだ。「情報を広めるのに、誰に伝えればいちばん早く拡散してくれるだろう？」と考えてみよう。ここで思いついた人物が、クチコミの起点である。この人に情報を伝えれば、噂は確実に広まる。おそらく、あなたがその人の席を離れた瞬間から拡散が始まるだろう。

情報を広めるには、本題の前に「これは君にしか言わないんだけどね」や「重大な機密情報なんだけど」といった前振りをつければ完璧である。高速で拡散するだろう。覚えておきたいのは、誰か1人にでも話した時点で、秘密はもはや秘密ではなくなることだ。

第36章

部下への権限移譲を進める

マネジャーは、部下への仕事の任せ方をきちんと理解して、うまく活用すべきだ。部下に業務を適切に任せることで、あなたは実作業よりも、リーダーとしての職責やマネジメント戦略に時間と労力を使えるようになる。

権限移譲は「作業の押し付け」ではない。権限移譲の目的は、自分の業務を部下に任せることを通じて部下のスキルを伸ばすこと、そして組織をより効率化させることだ。「忙しすぎるから、この仕事は君がやって」というのは作業の押し付けで、権限移譲とは異なる。

権限移譲の利点

権限移譲の利点はたくさんある。部下にとっては、新しいスキルの獲得や成長につながるため、やる気と責任感を持って業務に取り組むようになるし、組織の目標達成によりコミットするだろう。組織にとっては、権限移譲によってコスト効率が改善できる。マネジャーの担当業務をできるスタッフが社内から出てきたのだから。また、あなたの時間や能力を別のことに使える点もメリットだ。

権限移譲をすることで、あなたの視野も広げられる。マネジャーとして成功したいなら、ビジネスチャンスや経営課題が目の前に来てから気づくのでは遅い。事前に気づくことが重要なのだ。権限移譲を進めることで、より先まで広範囲を見通せるようになる。例えで説明すると、士官である自分が塹壕の中にいると視野が限られるが、権限移譲によって、現場作業という塹壕から出れば、広い視野をもって、自身の能力をよりうまく活用できるわけだ。

さらに、権限移譲は部下育成の最強ツールでもある。部下に研修を受けさせるのもよいが、現実世界の業務を通じて実際に困難に立ち向かう機会を与えたほうが、座学の研修よりずっと学びの効果は大きく、仕事人として成長できるはずだ。

新人マネジャーが権限を移譲できないわけ

権限移譲がそんなに素晴らしいものなら、なぜマネジャーはもっと実践しないのだろう。理由の1つは、やり方を知らない、ということがある。権限移譲にはスキルが要求されるのだ。あるいは、不安だからと権限移譲をしぶるマネジャーもいる。もしも自分より部下のほうが業務をうまくやれたら、あるいは「この業務も私がやるのか。上司はいったい何をしているんだろう？」と思われたら困ると考えるのだ。もちろん、実務が好きで手放したがらないマネジャーもいる。いちばんありがちな理由は、「部下がうまくやれるか確信が持てない」というものだ。自分でやれば、進捗と完成形のイメージがつくが、他人にやらせて、自分でやる場合とアウトプットが変わるのが嫌なのだ。

どれも、権限移譲をしない理由としては不適切だ。権限を移譲すべきでない状況があるとすれば、それは自分の上長がやるなと言った場合か、部下がまだ育っていない場合か、部下の業務が忙しすぎて移譲ができない場合だ。

絶対に渡すべきでない業務

人事関連業務だけは、決して部下に任せてはならない。たとえあなたがCEOであっても、自分でやるべきだ。業績評価、給与決定と振り返り面談、評価のフィードバック、コーチング、懲罰、解雇などは、人に渡さず自分がやるべき仕事だ。前述のとおり、採用面接だけは例外で、部下に候補者の採用面接に入ってもらうのは、部下育成の機会として有益である。また、部門の縮小などセンシティブな機密情報についても、関連業務を部下に渡すべきではない。権限移譲を担う者としての自覚を持って移譲が可能なものを見極め、それについては100％の移譲を目指そう。

誰に割り振るか

部下の全員が権限移譲の対象になり得るとはいえ、もちろん相手を選んでやり方を変える必要はある。そしてくれぐれも、仕事ができるからといって、いちばん優秀な部下を過重労働に追い込まないこと。その部下ばかりに業務を振り続けると、本人が燃え尽きてしまい、できる部下を失うはめになる。

経験やスキルがまだ十分でない部下に業務を割り振る際には、やるべきことをはっきりと説明し、経験やスキルに合わせて、きめ細かく進捗確認を行う必要がある。以前に権限移譲でつまずいた経験のある部下に、改めてチャンスを与えるのもよい。再起の機会を得て、失った自信を取り戻せるかもしれない。手を焼いている部下にも、あえて権限移譲をやってみる価値はある。新しいチャレンジやプロジェクトを与えることで、仕事への態度が変わることもあるためだ。

権限移譲のステップ

以下は権限移譲のプロセスの参考例である。このとおりにやってうまくいくか試してみるとよいだろう。

1 業務の分析

自分のタスクやプロジェクトのうち、どれなら部下に渡せるかを分析するところから始めよう。その業務を完遂するには何が必要か、どのくらいの期間がかかるか、どんなリソースが必要かなどを検討する。

2 割り振りの検討

タスクについて、誰に割り振るかを決める。チャンスを与えればいちばんモチベーションが上がるのは誰か、労働時間は大丈夫か、現状のスキルで問題ないか、あるいはスキルの習得ができそうか、職責を広げたいと意欲を示していたのは誰か、考えてみよう。

3 打ち合わせ

誰に割り振るかを決めたら、その部下と打ち合わせの場を持ち、業務についてできる限りの詳細を伝えよう。あわせて権限を持つことのメリットもきちんと伝えること。新入社員や経験が浅い人の場合は、より時間をかけて丁寧に詳細の説明をする必要がある。

4　目標と納期の合意

タスクの目標と守るべき納期について合意を取ろう。これは必須である。書面に残すように。打ち合わせのあとに、成果物や納期など合意した内容を記したフォローアップのメールを送っておくのも良い。そのタスクを担当する部下にメールを書かせて、理解の程度を確認するのも良いだろう。複雑なタスクの場合には、複数回の確認と中間成果物の提出を設定すべきだ。このステップは非常に重要であり、目標を明確化することが、うまい業務移譲の核心となる。

5　進捗の確認

最後に、進捗モニタリングの方法について部下と話しておこう。

完璧主義の罠

部下への権限移譲が進まない理由に多いのが、完成形のイメージが持てないことだとは先に述べたが、こうした完璧主義の問題はきちんと取り上げておくべきだろう。完璧主義を良い性質だと捉えている人は多いが、それは違う。完璧主義は、言うほど完璧なものではないのだ。

完璧主義の一般的な定義は、「不完全なものを受け入れない」ということだろう。考えてほしいのだが、完全など実際にはほぼあり得ない。どんな優れた製品や成果にも瑕疵の1つはあるものだ。そのうえ、あなたにとっての完璧を求めることで、託されて業務を担当する部下は裁量を奪われてしまう。

権限移譲の際に、あなたの仕事を渡す相手に対して、いきなり各論まで言うとおりにやるよう細かく指示すると、相手はあまり気持ちが乗らないだろう。言われたまま忠実に業務をやるロボットを作ろうとすると、相手のモチベーションを奪うことになる。相手の経験、視点、創造性はすべてあなたとは異なるのだから、それを活かさず無駄にするのはもったいない。

権限移譲をうまくやるには、移譲する相手が自分とは別のやり方で仕事を進めることを受け入れて、その価値を認める必要がある。目的地への到着日時を約束した上で、どの経路で行くかは本人に選ばせるような具合だ。自分の経験から、そのルートはどう考えても問題があるという場合には知らせてやればよい。だが、自分では選ばないけれど、うまくいきそうなルートを選択できている限りは、本人の判断を尊重しよう。部下の判断を信頼できないなら、タスクを移譲すべき相手ではないのだ。

業務を完璧にやりたいという欲望についても、一考する余地がある。確かに業務によっては、ほぼ完璧な結果が求められるものもある。だが、たいていは違う。できるマネジメントの秘訣は、どのタスクは完璧を目指すべきで、どれはそうでもないのかを見極めることだ。

例を挙げよう。新しいプロジェクトについて経営会議でプレゼンテーションをする場合には、これは重大案件かつ重要な業務であり、全力で取り組むべきだろう。結果的に完璧にできなくても、最高品質を目指すことに意味がある。時間をかけて準備し、プレゼンテーションをリハーサルし、質疑についての想定問答をロールプレイしておくべきだろう。

一方で、自分の部署内で新しい手順を説明する場合はどうだろうか。これも確かに重要な業務だが、そこまでの完璧さは求められていない。経営会議でのプレゼンテーションと同じ手間暇をかけて準備するのは正当化されないだろう。同様に手間をかけたいと思うのであれば、あなた個人が抱える完璧主義の問題について真剣に考えるべきだ。

「許容されるレベルの成果を上げるために、必要なだけの労力を使おう」という戦略がよいだろう。完璧に近い成果物を完成させるには、通常の2～3倍の時間がかかるのを意識して、業務に要求されるレベルを判断しよう。時間は有限で貴重である。不必要な完成度を求めて仕事にこだわる結果、時間を無駄にしてはならない。

部下の仕事は引き取らない

部下があなたに仕事を渡そうとしてくる場合には、素直に受けてはならない。部下の中には、多忙すぎるとか、業務が難しすぎるので、上司のあなたのほうが自分よりうまくできる、と言ってくる人もいるだろう。この場合には、部下が業務を進められるようサポートするか、その案件に詳しい人を連れてきてサポートさせるようにしよう。上司であるあなたが引き取らないこと。仕事を通じて部下を成長させるのがあなたの仕事であって、部下を仕事から解放するためにマネジャーをやっているわけではない。

未来に向けて

あなたにも、自部署にも、そして会社全体にとっても、権限移譲は強い味方になる。マネジャーとしての成長には必要不可欠だ。うまく移譲ができないと、出世もおぼつかなくなる。今すぐに、あるいは近い将来に移譲できる業務がないか、さっそく検討を始めよう。権限移譲のやり方に習熟し、それを実践していけば、あなた自身にも部下にも大きなメリットがあるはずだ。

第37章

ユーモアのセンス

マネジャーになることを、深刻に捉えすぎている人は多い。人生は困難が多く厳しいものだ。それでも生きていくためには、ユーモアのセンスは欠かせない。新任マネジャーは、深刻に悩みすぎず、ユーモアのセンスを持って仕事にあたる姿勢を身につけよう。

自分のこととなると必要以上に真剣に考えてしまうものだ。その理由は、身の回りの世界のことは切迫して感じられるからだろう。自分の日々の行動を気にするのは、それが自分にとって唯一の身近な世界の出来事だからだ。職場のあれこれも、すべて自分にとっては切迫した問題だから一喜一憂してしまう。もちろん仕事には全力で取り組むべきだが、最善は尽くしたと自分で思えたなら、あとは悩んでも仕方がない。「最善を尽くしたと自分で思えた」かどうかがポイントである。多くの人は自分に対して、誰よりも辛辣な批評家になりがちだが、そんな必要はない。

もちろん、自分の仕事は重要だ。そうでなければ給料はもらえないだろう。だが、自分のやっていることを遠目に眺める視点も必要だ。その仕事は職場では重要だし、仕事関係者にとっても確かに大事だろう。だが人類の歴史にとって、それほど重要だろうか。最悪な1日でもうダメだと思ったら、「100年後には誰も気にしていない」と考えてみよう。その程度の小さなことには、長期間くよくよする価値はない。1年はおろか、1カ月、1週間、ひと晩でも思い悩むのはもったいない。仕事は確かに大事だが、近視眼にならないようにしたい。

英国の著述家ホレス・ウォルポール（1717〜1797）の名言に「この世とは、感情的に受け取れば悲劇だが、理性的に考えれば喜劇になる」というものがある。ユーモアのセンスがあれば、自分のことで深刻に悩み過ぎず、生きやすくなるだろう。ほとんどの人はユーモアの持ち主だが、人によって切れ味に差はある。たとえ自分はあまり面白い人間ではないと思っていても、ユーモアのセンスは磨けるものだ。

ユーモアのセンスを磨く

ここで希望の持てるニュースをお届けしよう。面白さや、機転の利いた発想、遊び心のあるクリエイティブなどで定評のある人の多くは、実はもともと面白い性格なのではない。圧倒的な記憶力と、それを呼び起こすセンスに優れているのだ。過去に読むなり聞くなりした記憶の蓄積の中から、状況に合ったものを高速で手繰り寄せて、取り出しているのである。周囲からはユーモアのセンスがあると思われており、確かにセンスはあるが、ゼロから笑いを創造しているわけではない。天性の面白い人と彼らの能力の違いは、生まれつきの絶対音感と、後天的に獲得できる相対音感の差のようなものだ。

つまり、読書や面白い映画の鑑賞、コメディ番組の分析をすることでユーモアのセンスは身につけられるのだ。面白い話で人気のあるテレビタレントのトーク術に注目してみよう。顔面パイ投げや、尻から転ぶような視覚的な笑いは参考にならない。体を張ったギャグは職場で実践する機会がないからだ。社会生活でもあまり出番がないだろう。

笑いの勧め

自分のユーモアのセンスを磨くだけでなく、マネジャーとして、のびのび笑える楽しい職場環境を作っていきたいものだ。面白くて楽しい職場なら、部下は相談や報告に来やすくなるし、より熱心に仕事に取り組むようになり、生産性も上がるはずだ。部署で笑いを推進する方法はいくつもある。その一部を紹介しよう。

・会議の冒頭に笑えるトークを入れるか、参加者の誰かに面白い話をしてもらう。

・笑いのための掲示板を作る。1コマや4コマ漫画、面白いネタを貼り出して、同僚が見て笑えるような場所を作ろう。

・あるカリフォルニアのマネジャーは、物置を「笑い部屋」に改造して、DVDプレーヤーを設置し、コメディ番組のDVDを置いておいた。部署のメンバーは笑いが欲しくなると、その部屋に入って、数分間DVDを観て、笑顔で出てくるわけだ。

これらのテクニックを試してもいいし、自分なりのやり方を編み出してもよいだろう。

ユーモアと皮肉は違う

さりげないユーモアのセンスで評判を呼ぶのはよいが、職場の道化師だと思われるのはまずい。この違いはわかるだろう。ウィットに富んでいて面白いのと、下品な冗談でふざけるのは別だ。それから要注意事項として、もしも職場で面白いことを何も言ったことがないならば、ユーモアは少しずつ取り入れよう。そうでなければ、何が元ネタなのかと怪しまれるだろう。

皮肉とウィットを勘違いしている人は多い。確かに皮肉が面白いことはあるが、職場で皮肉屋になることは2つの面で問題だ。まず、シニカルで冷笑的な笑いは評判にはなるだろうが、冷笑的な気質は、経営陣には受けが悪い。さらに、皮肉な笑いは、誰かをコケにしていることが多いのも問題だ。他人の弱点や特性をいじって笑いを取ることに価値はない。あなたも、誰かの感情を害したり、敵を作ったりしたいわけではなかろう。他人を犠牲に笑いをとる「コケにする笑い」は禁じ手だ。誰かを馬鹿にしていないと不安になる、器の小さい人間だと思われるのも嫌だろう。

自分自身をネタにするか、何も傷つけない優しい笑いにしておこう。他人をけなさず、自分の性格やちょっとした欠点を笑いにする自虐ネタはよさそうだ。他の人とのけなし合いの応酬が面白くなる場合もあるが、初心者が手を出すべき芸風ではない。とりあえずやめておこう。

ユーモアで緊張をほぐす

猛烈に忙しい緊迫した状況でこそ、ユーモアはその価値を発揮する。絶妙な間でユーモラスな発言があると場が和み、緊張がほぐれるものだ。それは蒸気のバルブを緩めて、圧を逃すような働きである。緊迫した状況でユーモアが出てくるのは健全だ。声に出して面白おかしいことを言うべきでないシリアスな場面でも、それを考えるだけで顔がほころび、頭痛もマシになるだろう。

いつだって面白いことは周りに起こっている。それに気づけるかが問題なのだ。美しいものが、実は身近なところに必ずあるように、面白いことも見えていないだけで、そこらじゅうにある。気をつけていれば、どんな状況でもそこに面白みを感じられるようになるだろう。

仕事や人生については深刻に考えすぎないほうがよい。そのもっともな理由を最後に挙げておこう。生きたまま人生から抜け出せる人はいないのだ。それに、今のところ、「もっと職場で過ごせばよかった」と刻まれた墓石の発見報告はない。

第38章

会議のマネジメント

第33章では、一部の企業が導入している「集中時間」という電話や会議のない時間帯について説明した。一定時間、邪魔されずに自分の業務に集中できる施策だ。もしも1年間、企業や政府が3人以上での会議や打ち合わせを禁止したら、生産性は急上昇することだろう。会議というのは非常にコストを食う。業務から人を遠ざけているのだから当然だ。

会議以外に方法がないか、常に考えるようにしよう。情報共有だけが目的なら、添付ファイルをつけてメールを送っておけばいい話だ。議論や意思決定が必要でも、会議は必須ではない。オンライン上に書類をアップして、コメント機能を使って議論をする方法もある。最終的な意思決定の場としては使えなくても、事前にこれをやっておけば、会議を短く効率的にできる。ときおりメンバー全員が集まる機会は設けるべきだが、一方的な情報伝達のために集まって会議を開く必要はない。

会議の費用対効果を見積もる

費用対効果の観点から、会議の実施は正当化できるだろうか？　自分を含めて10人が集まって2時間の会議をするとして、会議のコストを計算してみよう。あくまでも試算だが、平均年収を500万円、年間総労働時間を2000時間とすれば、時給換算で2500円。2時間で5000円だから、10人でざっと5万円である。それに会議室の賃料、軽食やコーヒー代などもかかる。さらに部下の一部がこの会議のために拠点から移動している場合には、移動時間分の業務も見積もるべきだ。

さて、本章冒頭の「費用対効果の観点から、会議の実施は正当化できるだろうか？」という問いに戻ろう。答えが「イエス」なら、会議をやればよい。費用が効果に見合わない場合には、他の方法を考えることだ。

会議の生産性を高める

会議の生産性を上げる方法として、会議のアジェンダを数日前に参加者に送っておくことが挙げられる。事前情報を持たずに会議に集まるのは非生産的だ。もちろん緊急会議が必要なこともあるが、少なくとも定例会議にはアジェンダの準備が必須だ。

自分以外が会議の案件を知らなければ、自分のエゴは満たされるかもしれないが、会議の質は犠牲になる。アジェンダを作ってすべての議案をリスト化し、案件ごとの予定時間も明記しておこう。できる限り、予定時間どおりに議事を進行したい。予定終了時刻を超えて続く会議ほど腹立たしいものはない。

予定終了時刻が近づいてもまだ議案が残っている場合には、会議を延長するか、再招集をかけるか、次回に持ち越すかを決定しよう。時間が足りなくなったら、アジェンダを修正して、残り時間で緊急案件から片付けるようにしよう。

議案によって議事進行の担当を替えるのも妙案だ。担当者は、より会議に主体的に関わるようになるし、リーダーシップやファシリテーションのスキルを獲得する機会にもなる。参加者の主体性を高めるには、次の会議で発言して意思決定に貢献できるよう部下に準備させるのもよい方法だ。気づかなかった組織課題や今後のビジネスチャンスを指摘してくれるかもしれない。

会議は常に時間厳守で始めよう。開始時間を過ぎても誰かを待つようでは、貴重な時間と労働力が無駄になってしまう。必ず定時に開始すると周知されれば、参加者の時間に対する意識も高まるはずだ。それに、時間どおりに来た参加者たちに「私たちより、遅刻してくる人のほうが大事なのか？」と感じさせてはまずい。

アジェンダは、重要な順に議論するのが鉄則だ。些細な案件が冒頭に設定されているため、そこに時間を食われるダメな会議の経験はあるだろう。これでは重要案件を議論する時間は永遠に足りない。

マネジャーのやりがちな会議での過ち

会議のプロセスに慣れていないマネジャーは、すべての案件で自分の意見を述べなければならないと考えがちだが、そんな必要はない。問題だとあなたが思う案件に対して意見すべきであって、喋ったほうがよさそうだから喋るのでは意味がない。すべての議案にガチャガチャと口を挟むよりも、案件を絞って考え抜かれた意見を述べるほうが、ずっと効果的だ。会議に同席する上長に「ジョンはいつも何か発言しているが、たいして大事なことは言わないな」と思われるのではなく、「ジョンは思慮深いね」と思わせたいところだ。

かといって、会議中まったく黙っているのは問題外だ。発言する自信がない、会議に何も貢献できない、あるいは議題に興味がない、などと思われてしまう。そんなイメージを持たれるのは嫌だろう。たとえ本当は緊張していても、狼狽ぶりを見せてはならない。第39章では人前で喋ることについてアドバイスをしているので、その内容も有益だろう。

会議では自分の部下をけなすような発言をしないこと。自分の部下を信用できないのかとネガティブに受け止められる。対処すべきは状況であって、個人攻撃は不要だ。上級役員の前で自分の部下をボロカスに言ったために、キャリアが終わったマネジャーもいる。冗談のつもりだったのかもしれないが、この手の場違いな行動は損をするのでやめておきたい。

上級役員の参加する会議を、自分のマネジメント能力と判断力のお披露目の場だと捉えているマネジャーもいる。それが上手にアピールできるなら問題にはならないのだが、他のマネジャーとの競争だと勘違いすると、おかしなことになる。マネジャーの目標はチームの一員として生産性を高め、組織貢献することであって、他のマネジャーに恥をかかせることではない。会議の議論に競争を持ち込むのは間違いだ。

他にありがちなマネジャーの間違いとしては、経営トップがどちらの判断をするかを読んで、その意見の側につくことだ。上長は自分に賛同してくれるマネジャーを気に入るはずだ、あるいはマネジャーは上役には賛同すべきだ、と思い込んでいるのだろうが、これは経営者には瞬時に見抜かれて、気骨のない奴だと思われるだろう。上司と意見が違う場合には、攻撃的にならずに感じよく、論理的に説明をするべきだ。何にせよ、反論はあるべきだ。全員が何でもトップに賛成するなら、そもそも会議など不要である。

とはいえ、経営トップと異なる立場を取る勇気のないマネジャーは多い。何の意見も持たずにトップに賛成するだけよりも、たとえ反論であっても考え抜かれた意見を言えるマネジャーのほうが、キャリア上、おそらく有利になるはずだ。さらには、あえて間違った意見を投げてみて、権力に従順な奴は誰かをチェックしてから、正しく反論を述べた側に同意する役員もいる。太鼓持ちのスキルだけで役員まで出世できた人は少ないだろう。

プロジェクトの議長や、会議出席者の中で役職が上の人は、他の全員が意見を述べた後で自分の意見を言うほうがうまくいくだろう。たとえば、メンバー7人の企業再編プロジェクトを社長が束ねている場合、他の6人が意見を言うまでは、社長は意見を言わずにいるのが賢明だ。これで社長に媚びた発言も防げるし、社長の反応を恐れて反論や不都合なデータを出しそびれる事態も避けられる。

経営者は自分と意見を合わせてくれる部下やプロジェクトメンバーを求めているわけではない。トップが最後に意見を言う方式を取れば、新人マネジャーは「違う意見があっていいんだ」と学習できるだろう。もちろん、先述のように、「イエスマンは不要だ」と言いながら、実際には真逆の態度を取る役員もいる。こういう経営者のもとでは、上司におもねった発言しかしない部下と、たいして検討せず承認印を押すだけのチームになってしまう。これでは全員の時間の無駄使いである。

プロジェクトに参加するメリット

プロジェクトへの参加依頼を受けることもあるだろう。断ってもよい場合も多い。どの委員会やプロジェクトに入るかには、常に目利きが必要だ。プロジェクトには時間がかかるので、現在の仕事に充てる時間が削られてしまうためだ。とはいえ、プロジェクトチームに参加する利点は多い。

まず、声がかかった時点で、仕事に貢献ができる人材だと思われているのだ。参加すると決めたら、最大限の成果を出して、この評判を広めておきたい。

第2に、他のさまざまな部門の役員やマネジャーと接点ができる。こうした接点を活用して人脈を形成しておきたい。

第3に、自分の職責を超えて、意思決定に関与できるチャンスでもある。経験の幅が広がることで、組織全体を俯瞰した広い視点から自部署の戦略を考えられるようになるだろう。

会議の運営を任されたら

会議のリーダーを任されるのは嬉しいことだ。リーダーシップがある、少なくともその資質がある、と見込んでもらえているのだから喜んで引き受けよう。チャンスに尻込みしていてはもったいない。

会議運営のベストな訓練法は、ひどい会議に出席することだ。たいていの会議は長すぎる。「仕事をするより会議でぼんやり座っているほうが大事だと思っている人がいるのか？」と訝しむほどだろう。だが、会議が長すぎるのは、たいてい準備や議事進行が下手なせいなのだ。

事前のアジェンダ共有については先述のとおりだが、加えて、前回の議事録も配付しておくとよい。参加者のほぼ全員が読んでから会議に臨むようになる。ちょっとした訂正は入るだろうが、議事録の承認もさっと済ませられる。会議に集まってから15分もかけてその議事録を座って読んで、細かい指摘を延々とやる事態は避けられる。

すべての議案には開始時間を記載すべきだが、さらに終了時間も明示しておけば、より時間厳守できちんと運営できるはずだ。休憩時間が会議スケジュールに組み込まれていれば、参加者は目の前の問題により集中できる。

たいていの会議はそこまでフォーマルではない。国会のように厳密なルールで議事進行してくれということは稀有だろう。本当にフォーマルな会議であれば、議事進行の原則を記した古典、『ロバート議事規則』でも読んで準備しておく必要がある。この本を参照するのは良い考えだが、ほぼ必要ないだろう。仕事を始めて以来、仕事の打ち合わせや会議にはたくさん出てきただろうが、ふざけてわざと言うのを除けば、国会のような質疑は経験したことがないはずだ。

会議の運営は良識を持って落ち着いてやろう。他人の発言でパニックにならないこと。参加者全員に丁寧に接し、きつい言葉を使わないようにしよう。独裁者ではなくファシリテーターとして振る舞おう。議事から脱線しないこと。発言を途中で遮らないことは大事だが、議事に関係のない話はさせないように。目の前の議論に集中しよう。また、同じ点を繰り返す発言を咎めるのも、公平な議事進行にとって重要だ。

他の参加者が個人の性格の問題を言い出しても、自分は加担しないこと。会議出席者の誰よりも、私情を挟まず、きちんとしていよう。参加者と信頼関係を築けていれば、突発的な案件については事前に相談してもらえるようになり、寝耳に水で驚くことはなくなる。全員にフェアに接して、少数派の意見も公平に扱うこと。少なくとも、きちんと発言が聞き届けられるまでは、多数派の視点が少数派の意見を押さえつけないように仕切ろう。

すべての考え方をフェアに扱っていれば、参加者全員があなたに敬意を持つようになるので、どんな参加者も発言しやすくなるはずだ。多様な意見を歓迎する組織のほうがイノベーションは進みやすい。議事進行をうまく捌けることは、自分のリーダーシップのスキルを示すチャンスである。

効果的な会議運営のヒント

会議の最初に基本ルールを決めておこう。これは、全員が従うべき態度についての合意であり、これを決めておけば、会議はよりスムーズに進み、進行を妨げるような行動を防ぐことができる。参加者の態度に関する基本ルールには、「他人の発言中には喋らない」、「あくまで案件について議論し、個人攻撃はしない」、「手短かに話すよう議長が要求した場合には従う」、「論点から脱線させない」などがあるだろう。会議においては、「脱線禁止」、「全員参加」、「人格攻撃は厳禁」なども基本ルールである。こうした基本ルールの設定はとても効果的なので、会議参加者と一緒にルールを決めてもよいだろう。会議中、携帯電話やノートPCをショートメッセージやメールの送受信に使用してよいかのルールも必要だ。貴重な時間を浪費しないためにも、事前に決めたルールを参加者にメールで共有しておくとよい。

アイデアや相関図を、ホワイトボードやフリップボードに図示して整理してくれる人がいれば、参加者は、自分の意見がスルーされずに要点が伝わっていると安心できる。これには、同じ意見の繰り返しを減らす効果もある。同じ内容の発言が繰り返された場合、あなたはホワイトボード上でその意見が既出であることを示し、追加の論点がないかを確認するだけでよい。

会議中、複数の人が話したがっている場合は、その要望を把握して、順に聞いていくと伝えよう。自分の順番が間違いなく来るとわかれば、落ち着いて待てるだろう。同様の方法は、発言を遮って口を挟んでくる参加者にも効果的だ。あとで話す機会を与えると伝え、「今はみんな、○○さんの発言を聞きたいのです」と言えばよい。

議論が展開するうちに、2人の論争になって他の参加者には関係なくなった場合には、別の時間で2者が話すよう説得しよう。議題に関係のある議論であれば、2人で話し合った内容を次回の会議かメールなどで共有してもらえばよい。こうすれば、1対1の会話で参加者全員の時間を食わなくて済む。この状況は意外にもよく起こるのだが、当の2人は、会議の目的から外れて2人にしか関係のない話をしていると気づかないことが多い。

議論を仕切る際には、参加者が発言する前に、「2分でお願いします」（2分に限らず、3分、5分、10分など適当な長さ）と伝えて、制限時間を相手に同意させれば、相手も「手短かに話さなければ」と理解してくれる。最初に割り当てた時間を発言で使い切ったら、丁寧な姿勢でいったん話を止めて、あとどのくらい時間が必要かを確認しよう。こうして、話者に「早くまとめて終わらせなければ」と意識させれば、時間どおりの議事進行がしやすくなる。

会議の最後には、5〜10分程度、その会議について参加者に感想を言ってもらう時間を確保しよう。会議へのフィードバックをもらっておけば、次回、主催する会議の質を改善できる。

会議の目的と目標を、アジェンダの冒頭にきちんと書いておくことも大事だ。

本当に必要な人だけを出席させよう。経験則から、参加人数は最低限が望ましい。また、参加者は最初から最後まで出ずっぱりでいる必要もない。自分に関連する、あるいは必要のある議題だけに参加すればよいのだ。

できる限り会議は短くしよう。およそ2時間を超えると、人の集中力は続かなくなる。長時間で会議をする場合には休憩が必要となり、時間が取られてコスト効率も悪化する。

会議で決定した施策については、担当者ごとの行動計画を具体的に作成しよう。参加者が全員の分を確認できるようコピーを共有し、各担当者の責任範囲を把握できるようにしておくこと。

できるだけ会議の数は減らし、やる場合にも効率よく短時間で終わらせることにプライドを持とう。そうしていれば、参加者の意識も向上し、会議の成果も上がるはずだ。

リモート参加者のいる会議運営のヒント

社内に常駐していない部下や担当者を、オンラインで会議に参加させることもよくある。この状況で、会議の質と生産性を保つのは、独特の難しさがある。出席がほんの短時間でない限りは、音声のみの参加は認めず、カメラをオンにしてもらおう。音声のみの参加では、視覚から情報が得られないため、リモート参加者側にも、会議室にいるリアルの参加者にもコミュニケーション上の支障が出やすい。

リモート参加者を含めた会議を運用する際の基本事項をいくつか挙げておく。

- **リモート参加者のいる会議は、対面での打ち合わせとは状況が異なる。全員が一堂に会している際と同じ対応ではうまく運用できない。**
- **リモート会議には、より綿密な事前準備が必要となる。**
- **たとえカメラ映像があっても、姿勢や表情などの非言語の情報は、対面の会議より損なわれる。普段以上にはっきりと具体的なコミュニケーションを心がけたい。**

・リモート参加のメンバーと時差がある場合には配慮すること。一部のメンバーは業務時間外での参加となる場合、会議の時間をずらすなどして、特定のメンバーだけに負担のかかる状況を改善しよう。
・必要に応じて、リモート参加のメンバーとは事前に電話等で1対1で話し合っておき、こちらの要望を伝えつつ、相手の意図や懸念について把握しておくとよい。こうしておけば、会議中に相手の考えがわからず、確認に手間取る事態も避けられる。
・案件が多岐にわたる長い会議は、リモートでは運営しづらい。また、ブレインストーミングや戦略のアイデアを議論する際には、話す順番を決めず、自由に情報や説明が飛び交う状態が望ましいため、リモート参加者がいると会議の運営が難しくなる。

以下のようなリモート会議用の基本ルールを設定しておくと、運営しやすくなる。

・参加者全員に会議の目的を明確に理解させること。どんな会議でも基本のことだが、リモート参加者を含む会議では、特に重要となる。
・アジェンダ、参考資料、会議の基本ルールといった資料を全員に事前配付しておくこと。
・議論の議案は2つ3つに絞ること。

・リモート参加者には、背景や雑音が気にならないよう、静かな環境で会議に参加してもらおう。この点から、カフェやファミリーレストランからのリモート参加は望ましくない。
・会議の冒頭に、参加者全員が名前と役割を自己紹介する時間を取ろう。参加者同士が知り合って場の空気がほぐれると、事務的で盛り上がらない会議にはなりづらい。
・参加者全員に、携帯電話の電源を切るか、少なくともマナーモードに設定してもらおう。これはあなたの判断で決めればよい。電源をオフにしない場合、リモート参加者同士がショートメッセージをやり取りしがちである。これで良いのか問題なのか、あなたが判断すべし。
・ファシリテーターは、リモート参加者が議論についていけるよう配慮すべきだ。画像や音声が大丈夫か、内容が伝わっているかを、ときおりリモート参加者に確認しよう。
・リモート参加者にも、意見や感想を言う機会を確保すること。事前に「意見を訊くからね」と伝えて、心の準備をさせておく。
・発言がかぶらないよう、話者をきちんと仕切ること。
・資料を画面上に掲出している、カメラから見切れているなどの理由で、顔が画面上に映っていない人が発言する際には、まず名前を言ってもらうこと。これはリモート参加者だけでなく、会議室にいる参加者にも徹底させよう。

・会議の途中で勝手に離席する人が出ないように、30分おきなどで短い休憩を取ること。

会議のマナー集を事前に配付して、参加者に求める水準を明確化しておくのもよい。やりすぎだと思うかもしれないが、リモート参加者は、自分が他の参加者に迷惑をかけていても、気づくのが難しいのだ。以下は、リモート参加者のいる会議でのマナーの例である。

・リモート出席者は15分前にはログインして、接続状況と会議アプリの作動を確認すること。
・会議に集中すること。オンライン会議の最中に、片手間でメールを送る、ネットサーフィンをするなどのマルチタスクはNGだ。キーボードの打鍵音も迷惑になる。キーボードを使わず、手書きでメモを取るように指示してもよいだろう。
・ビデオ会議でもアイコンタクトは重要だ。しっかりカメラを見るようにしよう。
・適切な服装をすること。もちろん、出席者全員がスーツ着用でもない限り、そこまでは求めないが、とにかくパジャマで出てくるな、という話だ。
・退席する際には必ず、議事進行担当に声をかけてから退席すること。

なお、オンライン会議では背景にも要注意だ。仕事向きでない背景や、気が散るものは避けたい。気になる場合は、たためる衝立《ついたて》を買って、ビデオ会議中は後ろに立てておけばよい。照明にも気を使うこと。照明が合っていないと、顔が不気味に映るか、具合が悪そうに見える。これは避けたい。

部署の全員が同一拠点に勤務していても、リモートでの会議参加が必要になるケースは出てくる。そうした場合にも生産的で楽しい会議ができるよう、部下に協力してもらうのも、マネジャーであるあなたの役割なのだ。

第39章

プレゼンテーション技術を磨く

面白いことに、優秀なマネジャーでも人前でうまく喋れない人は多い。演壇に立つ姿に活気がなく、不安げで、才気が感じられないと、聞き手は「仕事もできないんだろうな」と思うものだ。その印象には根拠がないかもしれないが、先にも述べたとおり、人間は受けた印象に基づいて行動を変える生き物なのだ。

事前準備をする

スピーチが下手なマネジャーはたいてい、本番までに何の準備もしていないからダメなのだ。そのときになってからでは遅すぎる。たとえあなたが非常に仕事のできるマネジャーだったとしても、人前で喋る前にはよく準備をしておかなければ、世間はそうだと認識してくれない。

しっかり準備してスピーチに臨むマネジメント人材はレアなので、それができるだけでも、多くの同輩を出し抜けるだろう。たいていの人は、人前で話すのが苦手で、スピーチの機会を避けたがる。マネジャーに限らず、人前で話すのを怖がる人は多い。人が恐怖を感じる行動としてスピーチは常に上位にランクされる。

新人のマネジャーなら、社外でのプレゼンテーションやスピーチをしないで済むかもしれないが、社内では避けて通れないだろう。組織の全体会議で部署の方針を共有する機会や、責任者の退職パーティで「はなむけの言葉」を求められる場面もあるだろう。クライアントや自社の経営陣へのプレゼンテーションの機会もあるはずだ。急病の上司の代役を務めることが直前に決まる状況もあり得る。こうしたスピーチの機会から全力で逃げる人もいる。出張や休暇の予定を入れて、なんとかその時間に不在を決め込むわけだ。だが、残りの人生もずっと人前で喋ることから逃れる方法を考えて生きていくのは大変だ。スピーチのスキルを身につけて、こうした状況をチャンスに変えられたら、どれほど良いだろう。

あまり気づかれていないのだが、人前で話す技術を習得すれば、即興のトークもうまくなる。不意に「ちょっと一言お願いします」と言われた際にもうまく対応できるのだ。

プレゼンテーションの訓練をしたからといって、まったく緊張しなくなるわけではないが、緊張のせいで「仕事のできない人」に見られる危険はなくなるはずだ。

スピーチのトレーニング方法

プレゼンテーションの上達には、具体的には、「トーストマスターズ」というNPOへの参加、研修やコースの受講、そしてパーソナル・コーチングの3つがおすすめだ。

プレゼンテーション能力を磨くために、誰でも手軽にアクセスできる団体として、「トーストマスターズインターナショナル」が挙げられる。この国際的な非営利教育団体は、パブリックスピーキングとリーダーシップを学ぶクラブを各地で開催しており、実践と会員からのフィードバックでスピーチの技術を磨くことができる。トーストマスターズは費用も手頃だ。世界中にクラブがあるので、インターネットで地元のクラブを検索してみるとよいだろう。

・トーストマスターズインターナショナル（英語）https://www.toastmasters.org/
・ディストリクト76（日本語）https://district76.org/ja/

トーストマスターズのクラブには専門家もスタッフもおらず、スピーチのスキル向上をともに目指す会員たちによって運営されている。格安の受講費で、スピーチに関する資料を入手でき、自分のペースで学べるのも魅力だ。クラブの会員は聞き手としてフィードバックをくれるし、心の準備ができれば、公式のスピーチコンテストに参加してもいいだろう。

「トーストマスターズ」のユニークなトレーニングに、「テーブルトピックス」と呼ばれる、即興のスピーチ力を高めるための催しがある。トピックマスターに指名された人（たいていは当日に正式なスピーチの予定がない人）が2、3分の即興トークをすることになる。テーマは出たとこ勝負で、準備時間はほんのわずかである。スピーチの技術と一緒に度胸もつく、とても有益なトレーニングだ。

「トーストマスターズ」に参加する意義には、社外の人びとに出会える点も挙げられる。業務外でネットワークを築く絶好の機会なのだ。トーストマスターズのクラブは世界中にあり、自分の地域にも見つかるだろう。

プレゼンテーション力を磨く方法としては、企業の研修や大学の社会人向けコースを受けるのもよい。研修制度が整った企業なら、プレゼンテーション関連のコースも用意されているだろう。こうした研修を提供している団体はさまざまだが、その1つがアメリカンマネジメントアソシエーション（AMA）であり、本書の米国での発行元でもある。AMAは、各地で通年、プレゼンテーション・スキルに関するプログラムを開講している。

・ＡＭＡ公式サイト（英語）https://www.amanet.org/
・ＡＭＡブランドのサービスを展開するクインテグラル株式会社（日本語）
https://www.quintegral.co.jp/

プレゼンテーション上達法の３つ目として、1対1のコーチングの利用が挙げられる。自費あるいは会社負担で、講師から個人レッスンを受けるわけだ。プロのプレゼンテーション講師は意外と利用しやすいもので、話し方の技術だけでなく、プレゼンテーションの内容までコーチングしてくれるので、効果は大きいはずだ。費用は高額だが、それに見合う価値はあるだろう。自社の人事部が、優秀なコーチを見つけるサポートをしてくれるかもしれない。

これら3つの方法は、あくまで例に過ぎない。プレゼンテーションに関する本を読むのもよいし、実際に専門家がスピーチするところを観察するのも効果的だろう。プレゼンテーションの達人が社内にいれば声をかけて手伝ってもらってもよい。専門家によるオンライン講義を受講するのもよいだろう。

とはいえ、プレゼンテーション技術の向上に何より効果があるのは、実際に人前で喋ることだ。どれだけ知識を蓄え、準備をしたところで、実際の経験には替えられない。面白いことに、いったんスピーチへの心的抵抗や不安を乗り越えると、人前で喋るたびに自信が高まっていくものだ。

来週のプレゼンテーションに備えるなら

ここまで読んできて、「良さそうな内容なのでそのうち試してみたいけれど、とりあえず来週のプレゼンテーションの乗り切り方を教えてほしい」と思っている読者もいるだろう。大勢の前でプレゼンテーションをする際に意識すべきこと、やることの基本をお伝えしよう。

プレゼンテーションの目的を決めて、1文に表す

必ず1文におさめて、誰が読んでも聞いてもわかるよう、明確に書いておこう。プレゼンテーションの目的は、情報伝達か、あるいはモチベーションアップの2種類である（両方を目指す場合もある）。情報伝達を目的にしたプレゼンテーションは、聞き手に何かを覚えてほしい、ある手続きについて理解してほしい、何かの使い方を物理的に習得してほしい、などの意図で行われる。一方、モチベーションアップのプレゼンテーションは、聞き手の意識や態度にポジティブな影響を与えるためのものだ。これら2つの目的を意識しつ

つ、プレゼンテーションの目的を1行にまとめよう。

内容のアウトラインを作る

「聞き手は主な論点1つと、サブの論点3つしか覚えていない」と研究で実証されている。プレゼンテーションはできるだけ短く簡潔にしよう。

プレゼンテーションの「決まり」を常に念頭に置く

「何を伝えるかを伝える」(導入)、「伝えるべきことを伝える」(本論)、「伝えた内容をまとめる」(結論)である。これは本書のオリジナルではなく聞き慣れた話だろうが、本当に効果的だ。一度聞いただけで物事を覚えられる人は少ない。冒頭でプレゼンテーション全体の概要を伝えることで、聞き手はメッセージを受け止める準備ができ、理解しやすくなる。

聞き手の分析をした上で、伝え方を組み立てる

オーディエンス像を把握すること。そこにいる理由、興味や教育レベル、考え方の傾向、文化的バックグラウンド、年齢など、聞き手のことを理解しよう。事前に聞き手について理解できれば、そこに合わせてうまく準備ができるはずだ。特定の案件についての聞

き手側の考えを把握することが重要であれば、事前に電話で確認する、ネットで調べるなどして事前情報を得ておこう。そうやって努力して得た情報が、聞き手の意識や態度を理解する上での鍵になることもある。

プレゼンテーション中は聞き手の様子に注意する

聴衆は笑顔を浮かべて前のめりで聞いてくれているだろうか。それとも落ち着きなく、そわそわしたり、隣の人と私語をしたり、携帯電話やPCでメールを送ったり、なんなら立ち去ったりしているだろうか。声のボリューム、話すスピード、簡潔にするか具体的に細かく説明するか、声のトーンなどを聴衆に合わせて調整しよう。プレゼンテーションを聴衆に合わせて多少は変更できるよう、心の準備をしておこう。

資料に向かって話さず、聞き手に話しかける

パワーポイントなどのスライドを使うプレゼンテーションでは、新人マネジャーはつい、資料を見て話しがちなので、気をつけたい。スライドや画像はあくまで補助のツールであり、アトラクションの主役は自分自身なのだ。直立不動でパワーポイントを棒読みするのは、いかにも新人まる出しで格好が悪い。スライドは論点を強調するためのもので、プレゼンテーションの台本や備忘録のような使い方はNGだ。

スライドの要素はシンプルに、フォントのサイズは大きめに設定しよう。文字が読めないスライドではプレゼンテーションは台無しになる。これまで見た中で最低のプレゼンテーションは、スライドに判読不可能なエクセルの表が貼り付けてあり、読めない表のセルをレーザーポインターで指しながら説明するというお粗末なものだった。表を貼り付けずに、表から要点を3～4つ抽出して、それをスライドに載せるべきだろう。

練習、練習、また練習

しっかり準備できて、話す内容に自信があれば、本番でも舞台恐怖症を起こさず、肩の力を抜いてプレゼンテーションができるだろう。とはいえ、一字一句を暗記するのはやめておこう。どこを話していたか忘れてしまうと悲惨なことになるからだ。次に話す内容が飛んでしまわないよう、キーワードのメモや、大きめの文字で出力したアウトラインを手元に置いておくのは賢い方法だ。

どんな状況になっても慌てない

プレゼンテーション中に何が起こるかはわからない。力作のスライドや映像が、機器の不調のせいで使えないこともある。その場合にはプレゼンテーションを即座に組み立て直すことになる。あるいは、プレゼンテーションの中で聞き手に小グループに分かれて話しをさせ、合意をしてもらおうと思っていたのに、備え付けの椅子が動かせない会場だった、という事態もあり得る。そうした場合に備えて、プレゼンテーション開始前に「終わった……」とならないよう、代替案を用意しておくべきだろう。

きちんと準備ができているかを確かめる方法としては、あえて予定時間の半分でプレゼンテーションをしてみるとよい。プレゼンテーションの練習にこれを取り入れる利点は2つある。まず、自分のプレゼンテーションの核となる部分を明確化できることだ。そして、実際に直前で持ち時間を短縮されてしまった場合にも備えられる。こうしたケースは少なくない。時間制限を気にせず喋る役員の直後に、自分の出番が予定されているときには起こりがちである。

熱心に、活き活きと、楽しんで話す

自分が熱を込めて話していないのに、聞き手には興味を持って熱心に聞いてもらおうというのは虫が良すぎる。プレゼンテーションというより、むしろ対話のようなトーンと熱意で話すとよいだろう。笑顔も忘れずに。

プレゼンテーションの達人を目指すメリット

社内や社外に、プレゼンテーションの達人を何人知っているだろうか？　それほど多くはないはずだ。その数少ない一員を目指してみてはどうだろう。社内での昇進のチャンスが広がるだけでなく、このスキルがあれば、地域のコミュニティや業界内でも、リーダーとして活躍できる。事実、社内より先に、外の世界でリーダーシップの機会を掴めることもある。リーダーの出現を待ち望んでいる人々は多い。卓越したリーダーに共通する特徴が、人前で話すときの説得力だ。あなたも、そうした稀有なリーダーの1人になれるかもしれない。

第40章

ボディランゲージの基本

ボディランゲージについての基本を理解しておくと、マネジャーの仕事はやりやすくなる。ここで述べるのは、あくまで基礎的な内容なので、より詳しく知りたい場合は、各種の専門書に当たってほしい。

ボディランゲージに関する基本知識を持っていると、他の人の気持ちを読む上で有利になるし、自分の意図も相手にうまく伝えることができる。ボディランゲージは、ざっくり2つのタイプに分けられる。開いたオープンな仕草と、閉じたクローズドな仕草だ。

オープンなボディランゲージとは、相手を歓迎し、受け入れる姿勢を示すものを指す。相手の気持ちを和らげ、信頼していいと思わせるような身振りや声色である。あなたの周りにも、笑顔や目の表情、仕草などで一緒にいたくなるような雰囲気を醸している人がいるはずだ。ひょっとするとあなた自身もそのタイプかもしれない。

こうしたオープンなボディランゲージの例を挙げよう。

・口元だけでなく、目で微笑む。目の周りに笑い皺ができるような表情はオープンなボディランゲージだ。
・手のひらを広げ、肩や腕をのびのびと開く仕草。自分を守るような縮こまった姿勢とは逆のメッセージが伝わる。
・会話を続けたい思いが伝わるような目の表情や、頷く仕草。
・緊張や不安、苛立ちを抑えようとする仕草がほとんど出なければ、穏やかな会話ができる感覚を与えられる。
・相手との間に壁を作らない態度。一緒にいて心地よく、打ち解けた対話ができそうなので、相手の側も頑なな態度をしなくなる。

一方、クローズドなボディランゲージには、何かを我慢している場合や、避けたいと思う気持ちが反映されている。こうした姿勢や声色は、人々に警戒心を持たせる。先ほどのオープンなボディランゲージを真逆にすると、クローズドなボディランゲージとなる。

・こわばった作り笑顔や愛想笑い。目が泳いでいて、こちらに目線を合わさない。
・拳を固く握る、あるいは、腕組みなど腕を胴体に近づける姿勢。
・アイコンタクトを避ける。あるいは睨みつけてくる。

・そわそわと体を動かす、あるいは何度もペンをクリックしたり指をこすり合わせたりするのは、緊張や不安、イライラといった感情の表れである。

・相手との間に物理的な壁（机、パソコン、電話）を作る。また、話している相手に対して体を背ける「肩透かし」な態度も、相手との壁を作るジェスチャーである。

オープンとクローズド、両方のボディランゲージは、コミュニケーションの性質に応じて、マネジメントの現場に登場するものだ。人を受け入れたいと思っているならば、基本的にはいつもオープンなボディランゲージでいきたいところだ。一方、クローズドなボディランゲージは、部下と距離を置く必要がある際、それとなく伝えたい場合には有効かもしれない。ただし、仕事の場でクローズドなボディランゲージを使うのには注意が必要だ。たとえサブリミナル的な効果だとしても、このボディランゲージは強力なので、ある程度は相手に気づかれるだろう。

どんなメッセージを送るにせよ、神経質そうに見える仕草は常にやめておこう。イライラした仕草をしないためには、不愉快だとかストレスを感じているときに何をしているか、すべてを特定するのがベストだ。手をこすり合わせる、耳に手をやる、髪を指で梳く、クリップや紙を指でいじる、足を小刻みに動かす、その他いろいろとある。こうした癖は、ほとんどの人にあるのだが、自覚して初めて、問題の大きさに気づくものだ。誰か信頼できる人に依頼して、自分の癖を指摘してもらおう。無意識でやっている神経質そうな仕草があるはずだ。

人の態度を読む際には、オープンあるいはクローズドなボディランゲージに気をつけて、特にそれが別の仕草に変わる瞬間を意識しよう。会話の途中で、相手の仕草が変化したのはなぜなのか考えてみよう。自分の声のトーンや話す速度の変化、体勢を組み替えたことが、会話の相手に影響しているかもしれない。よく観察しよう。

繰り返しになるが、これはボディランゲージのあくまで初歩に過ぎない。興味があれば、もっと掘り下げて情報を探してみよう。

第6部

人としての総合力を高める

マネジメントはやりがいのある仕事だが困難なことも多い。自分自身が潰れてしまわないよう、自分のケアも怠らないようにしよう。

第41章

ストレスに対処する

仕事をうまくやりくりできればストレスはなくせるはず、と新人マネジャーは考えがちだが、ストレスは不可避で、しかも不意にやってくる。それにどう対処するかが重要だ。何が起こるかは自分でコントロールできないが、それにどう対応するかは、自分に主導権があるはずだ。

仕事関連のストレス源になるもの

仕事まわりのストレスは数えきれないほど存在する。問題によって対処の仕方はさまざまだが、人の身体や精神にネガティブに作用するものはすべてストレスになる。仕事関連のストレスの原因として典型的なものを挙げておこう。

- **上司から指示がない。あるいは矛盾した指示を受ける**

・PCやシステムのトラブル
・頻繁に仕事の邪魔が入る
・優先順位の相次ぐ変更
・上司や経営陣がコロコロと変わる
・企業の合併
・部門の縮小
・組織再編、リストラ
・社内政治
・締め切りのプレッシャー
・業績へのプレッシャー
・時間の管理がうまくできない
・私生活の問題が仕事に影響する
・慢性的な長時間労働

こうしたストレス要因の多くは、あなたにも覚えがあるだろう。

経験とともにストレスは減っていく

キャリアの浅いマネジャーが感じるストレスについて、興味深い特徴をお伝えしておこう。知れば気分が軽くなるはずだ。

マネジメント経験の少ない人が感じるストレスの多くは、経験を重ねるにつれ、ありがちな出来事、もっと言えば日常の一部に変わる。今、ストレスを受けているのは、状況のせいではなく、自分の未熟さや経験不足のせいかもしれない。ちょっとしたことのようだが、この差を意識しておけば大違いだ。

自動車教習所に通っていた頃を思い出してほしい。初めての運転ではストレスが大きかっただろう。経験を重ねるにつれて運転スキルが上がり、やがて、歯磨きと変わらないほど自然にできるようになったわけだ。車の運転という行為自体は変わっていない。変わったのは、あなたの経験値と、状況の受け止め方である。

ストレスを強いられる状況での振る舞い方にも、マネジメント・スタイルが表れる。眉をひそめ、黙り込んで、深刻に悩んでいるような反応を示すマネジャーもいる。残念ながら、こうした態度は職場に伝染して、悪い影響を与える。一方、ストレスフルな状況でも、マネジャーが笑顔を絶やさず機嫌よくしていれば、部下たちも慌てずに落ち着いていられる。

また、緊張や不安は明晰な思考の妨げになるため、落ち込んでいると、状況はますます悪化する。二重にまずい事態が起こるのだ。ストレスになる問題が発生した上に、自分の受け止め方のせいで問題解決能力を劣化させているわけだ。

さらにまずいことに、ここにプレッシャーが乗っかってくる。問題にどう対処するかで、マネジャーとしての力量を周囲が判断するとわかっているため、プレッシャーを感じる三重苦の状態である。「緊張するな」と自身に言い聞かせるのは、他人に「気にするな」と言うのと同じで、言うは易し、行うは難し、である。

一方で、ストレスの多い場面でこそ人は最良の力を絞り出せると考える人もいる。「大変なときこそ力の見せどき」などと言われるように、恐怖心さえ克服できれば、ストレスのある状況でこそ力が発揮できるものだ。恐怖心は、せっかくストレスで増幅された出力を削ってしまうため、取り除きたいところだ。

ストレスの原因に対応する

うまくやるためには、ストレスフルな状況での恐怖心を、タフな状況に挑戦するやりがいへと転換できる必要がある。今後もストレスフルな状況を経験するであろうマネジャーのあなたに向けて、7つのアドバイスを伝えておこう。

1 状況を悪化させないこと：パニックになって衝動的な行動をとると、事態はますます悪くなる。

2 とりあえず落ち着こう：何度か深呼吸をして、肩の力を抜こう。冷静になるのが難しくても、意識的にゆっくりと話すとよい。そうすれば周囲の人も落ち着きを取り戻せるのだ。「上司はテンパっていないんだから、私も冷静にならなきゃ」と思ってもらえる。

3 重要なことから順に：すぐに対処できる2～3項目に、当面の緊急事項を絞っておこう。残りの課題は緊急対応ではなく、適宜の対応でよくなる。

4 負荷を分散させよう：要素を3つ4つに分割して複数の部下に割り振り、それぞれを作業させてから、それをまとめ上げていこう。

5 アドバイスを求めよう：部外にいる聡明な同僚マネジャーや、経験豊富な部下から助言をもらうとよい。

6 冷静に考えよう：自分がどう思われるかは気にせず、問題に集中しよう。

7 知性を体現しよう：自分は役者であり、冷静沈着で決断力のある知将を演じているのだと考えてはどうだろう。その役柄を徹底的に演じているうちに、その姿が演技ではなく自身の性質になるはずだ。

能力に自信を持とう

マネジャーに昇進したことで、以前よりも難しい問題を処理することになる。簡単な問題なら誰でも解決できるわけで、あなたには難題を解決する能力があると判断されたからこそ、今の役職についているのだ。出世の梯子を上るごとに、問題はより複雑になるように思えるだろう。だが、たいていのストレスは、経験によってストレスではなくなるのだ。しばらくマネジメント経験を積むうちに、就任後の数カ月とは違って、落ち着いた対応ができるようになる。対応力が身について、対処もうまくなるはずだ。

マネジャーになって間もない時期は、仕事自体がストレスだ。そのせいで、新任マネジャーは、まるで全世界を背負っているような張り詰めた表情をしがちである。なんとかうまくやりたいと心を砕いている姿勢は立派だが、そんなに緊張していては、良い仕事はできない。あなたの仕事は、求められた成果を出すべく、部下がタスクをやれるように管理することであって、何も、銃剣を構えて部下を塹壕から連れ出し、地雷原を走り抜けて白兵戦をやれと言われているわけではないのだ。

新人マネジャーのあなたに何より伝えたいアドバイスはこれだ。「気楽にやろう」。

第42章

ワーク・ライフ・バランスの重要性

初めてマネジャーになった人は、新しい職責に没頭するあまり、起きている時間のほとんどを仕事に注ぎ込みがちだ。仕事に没頭する姿勢は素晴らしい。経営陣の一員として、良い仕事をして業績を上げようという意志の表れだからだ。

とはいえ、仕事とそれ以外の生活のバランスを保たなければ、健やかな人生は送れない。仕事のキャリアも大切だが、それだけが人生ではない。実際のところ、仕事偏重でないバランスの取れた人間になれたほうが、マネジメントでもバランス感覚に優れた良い仕事ができる。これらは切り離すことはできないのだ。

「何をしている人ですか?」と問われると、人は自動的に仕事の話を始める。歯医者だ、会計士だ、あるいは弁護士、営業スタッフ、マネジャー、美容師、トラック運転手など、仕事の話になるわけだ。だが、私たちの人生は仕事だけではない。仕事しか人生にないのなら、むしろそちらを改めるべきだろう。

退職した途端に自分が何者であるかを見失い、自尊心をなくす人は多い。人生と仕事がイコールだったため、退職と同時に、生きる目的が消えてしまうのだ。こうなるのは、人としてバランスが取れていなかったためである。家族を除けば、すべての関心がキャリアを中心に回っていたのだ。仕事が充実していたなら、それを恋しく思う気持ちはわからなくもないが、退職で意義ある人生が終わるというのは悲しすぎる。

仕事にしか関心のない人は、一面的で薄っぺらい。そうした人は、マネジャーとしての能力でも、多面的な魅力を持つ人には敵わない。就任直後の数カ月はやむを得ないが、滑り出しの時期を過ぎたら、自分の関心を広げて、仕事以外の活動にも取り組もう。

社外活動に参加する

経営者を志す人は、ぜひ地域コミュニティの活動に参加しておきたい。自分の所属するコミュニティから恩恵を受けておいて、何の還元もしないようではまずい。同じことは職業上のコミュニティにも言える。業界団体などを通じて、後進に恩恵を還元すべきだ。

こう勧めるのは、完全に利他的な理由だけではない。もちろん主な目的は地域コミュニティや職業団体のサポートだが、そこには副次的なメリットが存在する。地元や業界での知名度は上がるし、自分の知識も増え、つながりや友人もできるだろう。これによりマネジャーとしての基盤は広がり、昇進にも有利になるはずだ。企業内での役職が上に行くほど、リーダーシップはより重視される。地域や業界団体でのリーダー経験は成長の好機であり、社内でも「経営向きの人材だ」と好評価を受けやすいだろう。

昇進の判断では、業務面ではほぼ同条件の2候補から1人を選ぶ場面はしょっちゅうだ。そうした微差の判定の際には、社内外でのリーダーシップ経験が昇進の分かれ目になることもあり得る。昨今では、「課外活動」制度を導入し、会社が認可したコミュニティ活動プログラムへの参加を従業員に推奨する企業も増えている。

仕事を離れた読書

業務関連の読書はもちろん、それに限らず本をよく読むことは重要である。マネジャーは情報感度を高め、自分の地域や国政の動向を把握しておくべきだ。ニュースサイト、新聞、雑誌、専門家ブログ、業界誌などで最新情報をキャッチしておきたい。マネジャーたるもの、世界情勢の知識も問われる。会社は確実に世界情勢の影響を受けているはずだ。折に触れて、優れたフィクションを読むのも自分のためになる。良書を読むことは文章力の糧となるし、優れたフィクションの作家は人間について優れた洞察力を持っているためだ。さらに、フィクションを読むのは楽しく、楽しい読書はポジティブな行為だ。

部下に課題図書を読ませて会議や部内イベントで議論させているマネジャーもいる。課題図書のテーマはリーダーシップやコミュニケーションでもよいし、業界に関連する内容でもよい。この取り組みは、部署のメンバーが互いについて新しい発見をする機会となり、業績の高いチーム作りに役立つだろう。

人生のどの時期でも、人は知的にたゆまず、向上心を持ち続けるべきだ。幅広い分野に関心を張り巡らせていれば、自然とそうなるだろう。読書は、その良い方法だ。

公私の時間を分ける

仕事と、それ以外の私的な時間とを、きちんと分ける能力と意志を持たなくてはならない。仕事は職場で終わらせて、残りの時間は仕事以外の活動を充実させるべきだ。趣味や興味関心など、仕事以外の側面も必要である。自分に合っていて継続しやすいエクササイズのプログラムへの参加もよいだろう。運動はストレス解消にも効果が大きい。

もちろん、仕事を持ち帰らざるを得ないことはある。そこまでではなくても、自宅で夜にメールチェックをすることはあるだろう。自宅では仕事をせずに済むのが理想だが、現実問題としては、仕方ない場合もある。ただし、その罠に嵌まって、業務中に仕事が進まなくても自宅で追いつけるなどとは考えないこと。持ち帰りで仕事を片付ける場合には、仕事の時間をきっちり決めて公私の区切りをつけよう。とにかく、持ち帰り仕事に私生活を埋め尽くされないことだ。健全なワーク・ライフ・バランスを保つために、私生活の時間を確保しておこう。IT技術の発達のせいでこれはより難しくなっているが、仕事から離れる時間は必要である。

常時接続の世界でワーク・ライフ・バランスを保つ

ワーク・ライフ・バランスを保ち、プライベートの時間を確保するためには、その旨を仕事関係者にはっきり具体的に示すしかない。良し悪しはともかく、昼夜問わずいつでも連絡できる時代である。仕事と私生活の区切りを失い、仕事に人生を埋め尽くされないためには、2つの課題がある。1つ目は、対応しない時間帯を決めて自分を律することだ。着信時間も気にせず四六時中、メールや携帯電話のメッセージをチェックしなければ気がすまないようでは、ワーク・ライフ・バランスは絶対にうまくいかない。

第2の課題は、部下を教育することだ。「この時間帯は、真の緊急事態でない限りは連絡を受けられない」と部下にはっきり伝えよう。さらに、電話をマナーモードにしておくか、別の部屋に置いて、何度も鳴らない限りは電話に気づかないようにしておくのもよいだろう。ここでは、時差のあるエリアの部下や顧客への対応も考えなくてはならない。

「この時間帯は、そちらの営業時間ではあるが、私は就業時間外で、私用や就寝のため対応できない」と理解してもらおう。

時間を気にせず、平気でショートメッセージや電話をよこす部下にも対処しなくてはならない。こうした人に「連絡を受けられない時間がある」と理解させるのはあなたの責任だ。時間外の連絡に対しては、翌日の業務時間まで一切応答しないのが、いちばん効果的な指導法かもしれない。どうしようもなく身勝手な人でも、その時間帯にまったく連絡が取れなくなれば、さすがに状況を理解できるだろう。

まずはあなたから始めるべきだ。一定の時間帯はオフラインにすると自分に課したルールさえ守れず、部下と連絡をとっている限り、あなたの私生活は他人に支配されっぱなしだ。自分の時間を自分のものにできるかは、あなた次第なのだ。

第43章

マネジャーの品格

品格はさまざまな意味に取れる言葉だが、マネジャーとしての品格は「行動に表れる洗練と気品」だと考えておこう。経営者やマネジャーの品格は、「何をするか」と「何をしないか」で決まるものだが、往々にして「何をしないか」はより重要になる。

・品格とは、人としての尊厳をもって部下に接し、単なる仕事の道具として扱わないことだ。
・品格は、社会的地位とは無関係である。行動が品格を決める。
・品格のある人は、たとえ苛立っていても汚い言葉は使わない。人を罵倒するような語彙とは無縁の人こそ、品格があるといえる。
・品格のある人は注目をむやみに求めない。他の人が脚光を浴びていても、ひがまずにいられるのが品格だ。
・品格のある人は卑猥な冗談や差別的な軽口を言わない。

・品格があれば、性的欲求は職場から切り離すことができる。異性に対して、母親の前で言えないような言葉を吐かないのが品格だ。
・品格とは、自分の組織を誹謗しないことだ。たとえ会社に失望し、自分の言い分は正しいと思っても、暴言は慎むのが品格である。
・品格のある人は、他人のネガティブな言動に引きずられて同調しない。
・品格のある人は落ち着きを失わない。後先を考えない行動はしないものだ。
・品格のある人は、自分の間違いをごまかさず、失敗から学んで前進していく。
・マネジャーの品格とは、ワンマンにならず、チーム志向であることだ。
・品格とはマナーの良さである。
・品格とは、自分を大切にし、それを基盤として他者を尊重できることだ。
・品格のある人は、配偶者やパートナーについて侮辱的なことを言わない。こうした侮蔑的な発言は話題の対象よりも、むしろ話している本人のことを表すものだ。
・マネジャーの品格は、部下への信頼に表れる。
・品格のあるマネジャーは、部下より自分が優れているとは考えず、それぞれ異なる職責を担当しているだけだと知っている。
・品格のある人は、怒りに任せた行動をせず、冷静な理性が戻るまで待つ。品格のある人は衝動的ではない。

・品格のある人は、自分が成功するためには、まず他の人をサポートすることだとわかっている。
・品格のある人は、評価や賞賛を気にしすぎない。ときには誰かが実際よりも評価されることも理解している。日陰で目立たない時期にも平静を保てるのは、この考えがあるためだ。
・品格とは、自分を偽らず、常に言行一致に努めることだ。
・品格のある人は、自分の立場を守るために他人をこき下ろさない。
・品格のある人は、自らが模範となってリーダーシップを発揮する。
・品格のある人は、柔和な笑顔の重要性と価値を理解している。

結び

本書では、リーダーとして人を動かす方法について、幅広いトピックスを扱ってきた。とはいえ、マネジャーとしてのキャリアでは、本書で解説していないような状況も起こるだろう。就任後、数週間でいきなり遭遇するかもしれない。

1冊の本にマネジメントのすべてを収録するのは不可能だが、本書を通じてあなたが、人をマネジメントする技術について新たな視点を獲得し、仕事への理解が深まり、やりがいを持って楽しくマネジメントができるよう祈っている。本書には「態度」の話、あるいは自己認識や問題の捉え方の話がやけに多いと感じたかもしれない。だが、これこそが、人と働く上での成否を分けるものなのだ。考え方こそが成功の鍵である。

「自分は状況に従うしかない」と思い込んでいる人もいるが、そう考えて何になるのだろう。自分は単なる人形にすぎず、巨大な人形遣いに操縦されている、という見方は、現実とは違う。たしかに自分にはコントロールできない事象は起こり、人生にも影響するが、それでも自分の考え方や視点は自分で決められる。事象にどう立ち向かうか、自分の態度をコントロールできるのは自分なのだ。

本書では、取り繕わず本音で語るようにした。「面倒を起こさず真面目に働いていれば出世できる」といった無責任な話はしていない。とはいえ、基本的な原則には従っておいたほうが、無視するよりはチャンスが広がるはずだ。「すべてが公平で、能力のある人から順当に選ばれる」と約束されてビジネスの世界に入ったわけではないし、現実もそうはいかない。それでも、ぼんやり座って何かが起こるのを待っているだけでは、目標達成などできるわけがない。

誰もが人として成長すべきだ。本書はマネジメントの本だが、人間としての総合力を高めることも同様に重要だと考えている。仕事は人生の時間の多くを占めるものだから、キャリアアップは、人としての成長にもプラスに作用するだろう。好きでもない仕事はすべきではないが、一方で、どんなキャリアを選んでも、嫌な要素はつきものだという現実も受け入れるべきだ。重要なのはバランスである。楽しく充実してやりがいもある仕事が大部分ならば、自分にとって些細なことには耐えられるはずだ。仕事の大半が嫌いであれば、どう考えてもキャリア選択を間違っており、別の道に進むべきだろう。人生は短い。自分が削られるような仕事に、貴重な時間と労力を使っている場合ではない。

退職金の額だけを理由に、好きでもない仕事にしがみ付いている人もいるが、もし退職前に健康を害してしまったら、退職金の予定額など何の価値があるだろうか。さらには、それほど長生きできないかもしれず、退職後の計画が思うようにいかない可能性もある。あるいは仕事の愚痴ばかり言うわりに転職活動をしない人もいる。変化や新しいことへの恐怖が仕事を嫌う感情よりも強いためだ。未知より予定調和（たとえ悪い内容でも）を好む人も一定数はいる。

アブラハム・リンカーンの「およそ人は、幸福になろうとする決心の度合いに応じて幸福になれるものだ」という言葉は、おそらく正しい。本書で述べてきた態度の重要性について、要約すればこの1文にまとまる。

人は、中年に差し掛かるにつれ、世の中への貢献の度合いで物事を考え始めるものだ。そして、自分の仕事にはあまり意義がないと思い込んで、がっかりする人が多い。「ねじメーカーのマネジャーにたいした意味はないよな」などと考えてしまうのだ。その視点からは、今ひとつ重要に思えないかもしれないが、「仕事や私生活で出会った人に、自分はどんな影響を与えられているだろうか？」と自問してみるべきだろう。

この問いにポジティブな回答ができるのであれば、ねじメーカーだろうが、人命を救う医薬品メーカーだろうが関係ない。人生で接点を持った相手に与える影響こそが重要であって、会社名や製品で決まることではないのだ。また、組織で少しばかり役職が上だからといって、他の人よりあなたの方が重要とはならない。経営者やマネジャーとは、人を率いると同時に、人に仕える存在である。経営者の中には、人に仕える側面を認めたがらない人もいる。自分のほうがランクが上だという考えに反するからだ。

だが、事実はこうだ。育成制度や取り組みを設計することで、あなたは部下に仕えている。給与業務と人事評価を効果的に運用することも、部下のための仕事だ。部下のキャリア上の目標を組織のニーズと継ぎ合わせようと心を砕くことは、部下への奉仕に他ならない。部下がリラックスして休暇を満喫できるよう、出勤日の調整を行うのも部下へのサポート業務だし、優秀な人材の採用と教育は、在籍する部下に対する貢献だといえる。

「一国の大統領や首相は、強大な権力を持つと同時に、国民に奉仕している」という命題に異論のある人はほぼ皆無だ。国のトップこそ第一の公僕であるべきで、同じことがマネジメント職にもいえる。権威と、人に奉仕する職責という、一見すると矛盾した概念の組み合わせである。このバランスをうまく保てれば、自分が重要人物だとうぬぼれることなく、よい仕事ができるはずだ。

マネジャーとして出世したからといって、それだけで頭のキレが鋭くなるわけではないが、経験を積むことで、賢明にはなれる。呼び方はさておき、もっと仕事がうまくやれるようになるはずだ。人とともに働く経験をさまざまに積む中で、より有能なマネジャーになれる。あるいは同じ経験を積み重ねる中で、より円滑に仕事ができるようにもなるだろう。

そして、基本的なことの繰り返しになるが、これは強調しておきたい。部下の立場に立って考え、共感できることで、得るものは本当に大きいはずだ。もし自分が部下の立場なら上司にどうしてほしいか、本気で考えているだろうか？

部下は起きている時間の約半分を仕事に注いでいる。そんな彼らを導くあなたが、マネジャーとして最良の仕事ができるよう、心から願っている。マネジャーとして成功できるかは、まずはあなた次第であり、仕事に対するあなたの態度なくしては始まらないのだ。あなたが、ワクワクするような人生の新しい章を始める上で、この本が役に立てば本当に嬉しい。成功を祈る。さあ、マネジメントを楽しもう。

マネジャーの全仕事

いつの時代も変わらない「人の上に立つ人」の常識

発行日　2023年11月25日　第1刷
　　　　2024年12月 2 日　第9刷

Author　ローレン・B・ベルカー　ジム・マコーミック　ゲーリー・S・トプチック
Translator　佐々木寛子（翻訳協力：株式会社トランネット）
Book Designer　tobufune　小口翔平　神田つぐみ（装丁）
小林祐司（本文・図版）
Publication　株式会社ディスカヴァー・トゥエンティワン
〒102-0093　東京都千代田区平河町2-16-1平河町森タワー11F
TEL　03-3237-8321（代表）03-3237-8345（営業）／ FAX　03-3237-8323
https://d21.co.jp/

Publisher　谷口奈緒美
Editor　原典宏

Store Sales Company
佐藤昌幸　蛯原昇　古矢薫　磯部隆　北野風生　松ノ下直輝　山田諭志　鈴木雄大　小山怜那　町田加奈子

Online Store Company
飯田智樹　庄司知世　杉田彰子　森谷真一　青木翔平　阿知波淳平　井筒浩　大﨑双葉　近江花渚　副島杏南
徳間凜太郎　廣内悠理　三輪真也　八木眸　古川菜津子　斎藤悠人　高原未来子　千葉潤子　藤井多穂子　金野美穂
松浦麻恵

Publishing Company
大山聡子　大竹朝子　藤田浩芳　三谷祐一　千葉正幸　中島俊平　伊東佑真　榎本明日香　大田原恵美　小石亜季
舘瑞恵　西川なつか　野﨑竜海　野中保奈美　野村美空　橋本莉奈　林秀樹　牧野類　村尾純司　元木優子　安永姫菜
浅野目七重　厚見アレックス太郎　神日登美　小林亜由美　陳玟萱　波塚みなみ　林佳菜

Digital Solution Company
小野航平　馮東平　宇賀神実　津野主揮　林秀規

Headquarters
川島理　小関勝則　大星多聞　田中亜紀　山中麻吏　井上竜之介　奥田千晶　小田木もも　佐藤淳基　福永友紀
俵敬子　池田望　石橋佐知子　伊藤香　伊藤由美　鈴木洋子　福田章平　藤井かおり　丸山香織

Proofreader　文字工房燦光
DTP　朝日メディアインターナショナル株式会社
Printing　中央精版印刷株式会社

ISBN978-4-7993-2995-5
Manager no zenshigoto by Jim McCormick,Loren B.Belker,Gary S.Topchik